普通高等教育"十三五"规划教材

环境与资源保护法

吴 婧 张一心 主编

化学工业出版社

·北京·

全书共分为十章，内容主要包括中国环境法的渊源、环境行政管理机构与环境行政执法、环境纠纷与环境损害的解决机制、环境与资源保护法的基本原则、环境保护基本法律制度、环境污染防治、自然资源保护、生态保护、绿色发展法律法规、国际环境法。

本书可作为高等院校环境专业师生的教材，也可供相关领域的研究人员、管理人员参考。

图书在版编目(CIP)数据

环境与资源保护法/吴婧，张一心主编.—北京：化学工业出版社，2017.3（2021.11重印）
普通高等教育"十三五"规划教材
ISBN 978-7-122-29047-2

Ⅰ.①环… Ⅱ.①吴… ②张… Ⅲ.①环境保护法-中国-高等学校-教材②自然资源保护法-中国-高等学校-教材 Ⅳ.①D922.6

中国版本图书馆 CIP 数据核字（2017）第 026994 号

责任编辑：满悦芝　　　　　　　　　　　　文字编辑：荣世芳
责任校对：王素芹　　　　　　　　　　　　装帧设计：张　辉

出版发行：化学工业出版社（北京市东城区青年湖南街 13 号　邮政编码 100011）
印　　装：天津盛通数码科技有限公司
787mm×1092mm　1/16　印张 13½　字数 324 千字　2021 年 11 月北京第 1 版第 3 次印刷

购书咨询：010-64518888　　　　　售后服务：010-64518899
网　　址：http://www.cip.com.cn
凡购买本书，如有缺损质量问题，本社销售中心负责调换。

定　　价：39.80 元　　　　　　　　　　　　　　　版权所有　违者必究

前　言

从 1972 年我国环境保护事业发端至今已经走过了 40 余年的历程，在这期间我国环境政策与法律体系迅速成长。然而面对经济的飞速发展，环境保护仍显得力不从心。2014 年第十二届全国人民代表大会常务委员会第八次会议修订通过《中华人民共和国环境保护法》，这是对我国环境法实践深刻反思的结果，标志着在经济发展与环境保护共赢的战略共识下、生态文明制度改革的顶层设计下、环境质量改善的总体目标下，环境政策法制改革与发展的新起点。环境法不仅是政府环境管理的重要手段，也是公众维护环境权益的重要武器。

本教材是特别针对环境科学专业本科生"环境与资源保护法"课程编写的。特别关注近年来环境法的新发展，尤其对环境管理制度进行了系统的总结。全书共分为十章，第一章从中国的法律体系入手，论述了环境法的渊源；第二章论述了环境行政管理机构与环境行政执法；第三章论述了环境纠纷与环境损害的解决机制；第四章论述了环境与资源保护法的基本原则，尤其对公众参与原则进行了详细的讨论；第五章论述了环境保护的 14 项基本法律制度；第六章论述环境污染防治；第七章论述自然资源保护；第八章论述生态保护法；第九章论述绿色发展法律法规；第十章论述国际环境法。

本教材获得国家自然科学基金项目"战略环境评价有效性评估指标体系与评估方法研究"（编号：41401658）资助。本书由吴婧、张一心主编，参与编写的还有刘娟、齐曼古丽·依里哈木、王嘉炜、李倩、周渝、吴珂、历志、张婧卓、郄迎翔、胡蓉、南波。此外，南开大学张墨老师在本书编写过程中提出了许多中肯的意见。

由于笔者时间和水平有限，疏漏之处在所难免，如读者不吝指正，我们将衷心感谢。

编者
2017 年 3 月

目 录

第一章 中国环境法的渊源 1
第一节 法学基本概念 1
一、法的概念 1
二、法的基本特征 1
三、法的渊源 2
四、法的分类 4
第二节 环境法的产生和发展 6
一、西方国家环境法的产生和发展 6
二、我国环境法的产生和发展 6
第三节 环境法的法律体系 9
一、《中华人民共和国宪法》中关于环境与资源保护的规定 9
二、综合性环境与资源保护基本法 9
三、环境与资源保护单行法 11
四、其他部门法中关于环境保护的规定 12
五、环境资源保护行政法规和部门规章 13
六、环境资源保护地方性法规、规章 17
七、环境标准 17
八、环境与资源保护的国际条约与协定 17
习题与讨论 19
阅读材料 19

第二章 环境行政管理机构与环境行政执法 20
第一节 我国环境行政管理机构 20
一、我国环境行政管理机构的发展 20
二、我国环境行政管理体系 21
第二节 环境行政执法 22
第三节 环境行政责任 24
一、环境行政责任构成要件 24
二、环境行政责任形式 26
第四节 环境行政救济 27
习题与讨论 28

第三章　环境纠纷与环境损害的解决机制 …… 29
第一节　环境民事诉讼 …… 30
一、环境民事诉讼的特点 …… 30
二、环境民事诉讼的分类 …… 31
三、环境侵权民事责任 …… 32
第二节　环境行政诉讼 …… 33
一、环境行政诉讼的特点 …… 33
二、环境行政诉讼的分类 …… 33
三、环境行政诉讼受案范围 …… 34
第三节　环境刑事诉讼 …… 34
一、环境犯罪 …… 34
二、环境犯罪的构成要件 …… 34
三、环境刑事责任 …… 36
第四节　环境公益诉讼 …… 36
一、环境公益诉讼的特点 …… 36
二、我国环境公益诉讼的发展 …… 37
三、环境民事公益诉讼 …… 37
四、环境行政公益诉讼 …… 38
习题与讨论 …… 39
阅读材料 …… 39

第四章　环境与资源保护法的基本原则 …… 40
第一节　保护优先原则 …… 40
第二节　预防原则 …… 41
一、预防原则产生的背景 …… 41
二、风险防范原则 …… 41
三、预防原则与风险防范原则的关系 …… 42
第三节　综合治理原则 …… 42
第四节　公众参与原则 …… 42
一、公众的定义 …… 43
二、公众参与的层次 …… 45
三、公众参与的方式 …… 46
四、我国公众参与的发展 …… 48
五、公众参与环境管理的理论基础 …… 49
六、我国环境管理中公众参与原则的发展 …… 50
第五节　损害担责原则 …… 50
习题与讨论 …… 51
阅读材料 …… 51

第五章　环境保护基本法律制度 ························ 52

第一节　环境规划制度 ························ 52
一、环境规划的发展历程 ························ 52
二、环境保护与国民经济和社会发展规划 ························ 55

第二节　环境影响评价制度 ························ 62
一、环境影响评价制度的形成和发展 ························ 62
二、环境影响评价制度的改革 ························ 64
三、环境影响评价制度的基本内容 ························ 67

第三节　"三同时"制度 ························ 67
一、"三同时"制度的形成和发展 ························ 68
二、"三同时"制度的基本内容 ························ 69

第四节　排污收费制度与环境保护税制度 ························ 70
一、排污收费制度的形成与发展 ························ 70
二、排污收费制度的内容 ························ 71
三、环境保护税制度与环境保护税费改革 ························ 72

第五节　环境保护目标责任制和考核评价制度 ························ 73
一、环境保护目标责任制的形成和发展 ························ 73
二、生态环境保护"党政同责""一岗双责" ························ 74
三、领导干部实行自然资源资产离任审计 ························ 75

第六节　排污申报登记与排污许可证制度 ························ 75
一、排污申报登记与排污许可证制度的形成与发展 ························ 76
二、排污申报登记与排污许可证制度的实施过程 ························ 77
三、排污许可证制度的主要内容 ························ 77

第七节　污染集中控制制度 ························ 79
一、污染集中控制制度的建立 ························ 79
二、污染集中控制的方式 ························ 79

第八节　污染物排放总量控制制度 ························ 80
一、污染物排放总量控制制度的形成和发展 ························ 80
二、污染物排放总量控制目标分类 ························ 81
三、污染物总量控制分类 ························ 82
四、污染物总量控制方法 ························ 82

第九节　公众参与制度 ························ 83
一、我国公众参与环境管理的立法进程 ························ 83
二、公众参与环境管理的方式 ························ 85
三、公众参与环境管理的其他途径 ························ 86

第十节　环境信息公开制度 ························ 87

第十一节　生态保护红线制度 ························ 89
一、生态环境保护红线制度的形成 ························ 89

二、资源环境领域红线的实践 ································ 90
　　三、资源环境生态红线的设计框架 ···························· 91
第十二节　生态补偿制度 ······································· 93
　　一、重点领域补偿 ·· 93
　　二、重点区域生态补偿 ···································· 95
　　三、地区间生态补偿 ······································ 96
第十三节　污染防治区域联动机制 ······························· 96
　　一、开展大气污染联防联控的必要性 ·························· 96
　　二、重点区域和防控重点 ·································· 97
　　三、优化区域产业结构和布局 ······························ 97
　　四、加大重点污染物防治力度 ······························ 97
　　五、加强能源清洁利用 ···································· 98
　　六、加强机动车污染防治 ·································· 98
　　七、完善区域空气质量监管体系 ···························· 98
第十四节　生态环境损害赔偿制度 ······························· 99
　　一、国际经验 ·· 99
　　二、必要性 ··· 100
　　三、相关政策 ··· 100
　　四、诉讼权利与监管权力间的平衡 ·························· 101
习题与讨论 ·· 102
阅读材料 ·· 103

第六章　环境污染防治 ·· **104**

第一节　大气污染防治 ·· 104
　　一、主要大气污染物和大气环境问题 ························ 104
　　二、大气污染防治立法 ··································· 106
　　三、环境空气质量标准 ··································· 107
　　四、大气污染防治行动计划 ······························· 107
　　五、大气污染防治措施 ··································· 108
第二节　水污染防治 ·· 112
　　一、我国水环境问题 ····································· 112
　　二、水污染防治立法 ····································· 114
　　三、水污染防治措施 ····································· 115
　　四、水污染防治行动计划 ································· 118
第三节　噪声污染防治 ·· 126
　　一、环境噪声污染防治立法 ······························· 126
　　二、环境噪声污染防治的主要措施 ·························· 127
第四节　固体废物管理 ·· 129

一、固体废物污染环境防治立法 ·· 129
　　二、固体废物主要管理措施 ·· 130
　第五节　海洋环境保护 ··· 134
　　一、海洋环境污染 ·· 134
　　二、海洋环境保护立法 ·· 135
　　三、海洋环境保护措施 ·· 136
　第六节　核与辐射管理 ··· 140
　　一、辐射来源 ·· 140
　　二、放射性污染防治立法 ·· 143
　　三、放射性污染防治的措施 ·· 144
　　四、电磁辐射环境保护的管理规定 ·· 145
　第七节　化学品环境管理 ··· 146
　　一、新化学物质 ·· 146
　　二、危险化学品 ·· 148
　习题与讨论 ·· 155

第七章　自然资源保护 ·· **156**

　第一节　水资源保护 ··· 156
　　一、水资源 ·· 156
　　二、水资源立法概况 ·· 156
　　三、水资源保护的主要制度 ·· 158
　第二节　土地资源保护 ··· 161
　　一、土地资源 ·· 161
　　二、土地资源立法概况 ·· 162
　　三、土地资源管理的主要法律规定 ·· 163
　第三节　矿产资源保护 ··· 165
　　一、矿产资源 ·· 165
　　二、矿产资源立法概况 ·· 166
　　三、矿产资源管理的主要法律规定 ·· 166
　第四节　森林保护 ··· 167
　　一、森林资源 ·· 167
　　二、森林资源管理立法概况 ·· 167
　　三、森林资源管理的主要法律规定 ·· 168
　第五节　草原保护 ··· 170
　　一、草原资源 ·· 170
　　二、草原资源立法 ·· 170
　　三、草原保护的法律规定 ·· 171
　习题与讨论 ·· 172

阅读材料 ·· 173

第八章 生态保护 ·· 174

第一节 野生动物保护 ·· 174
一、野生动物 ··· 174
二、野生动物保护立法 ·· 174
三、保护野生动物的法律规定 ·· 175

第二节 自然保护区 ·· 176
一、我国自然保护区概况 ··· 176
二、自然保护区立法 ·· 177
三、自然保护区的法律规定 ··· 177

第三节 水土流失 ·· 178
一、我国水土流失概况 ·· 178
二、水土保持立法 ··· 178
三、水土保持的法律规定 ··· 179

第四节 土地沙化 ·· 181
一、我国土地沙化概况 ·· 181
二、防沙治沙立法 ··· 181
三、防沙治沙的法律规定 ··· 181

习题与讨论 ·· 182

第九章 绿色发展法律法规 ·· 183

第一节 清洁生产促进法 ··· 183
一、清洁生产 ··· 183
二、清洁生产促进法立法 ··· 183
三、促进清洁生产的主要措施 ·· 184

第二节 循环经济促进法 ··· 186
一、循环经济 ··· 186
二、促进循环经济的立法 ··· 186
三、促进循环经济的主要措施 ·· 187

习题与讨论 ·· 191

第十章 国际环境法 ·· 192

第一节 国际环境法的基本原则 ·· 192
一、国家主权原则 ··· 192
二、国际合作原则 ··· 192
三、公平原则 ··· 192
四、预防原则 ··· 192

第二节　国际环境法主要领域 …………………………………………… 193
　　　一、臭氧层保护 …………………………………………………………… 193
　　　二、危险物质 ……………………………………………………………… 194
　　　三、气候变化 ……………………………………………………………… 195
　　　四、海洋环境保护 ………………………………………………………… 196
　　　五、生物多样性 …………………………………………………………… 197
　　　六、核安全 ………………………………………………………………… 200
　　　七、自然和文化遗产保护 ………………………………………………… 201
　　习题与讨论 …………………………………………………………………… 201

参考文献 …………………………………………………………… **202**

第一章 中国环境法的渊源

第一节 法学基本概念

一、法的概念

法律是一种由规则组成的体系，经由社会组织来施予强制力量，规范个人行为[1]。在我国，使用法律这个词有广义和狭义之分。广义上，泛指国家制定的具有规范性的各种法律文件的整体，就我国现有的法律而言，其包括作为根本法的宪法，全国人民代表大会及其常务委员会制定的法律，国务院制定的行政法规，地方国家权力机关制定的地方性法规，国务院各部委制定的规章等。狭义上，仅指全国人民代表大会及其常务委员会制定的法律。根据马克思主义对于法的本质的论述，在阶级社会里，法是统治阶级意志的体现。掌握政权的统治阶级通过国家政权把自己的意志制定为法律，来维护自己的阶级利益，包括政治利益、物质利益和精神利益。

二、法的基本特征

1. 法的产生要由国家制定和认可

国家创立法的方式有两种。一是制定，即国家机关通过立法活动创制出新的规范。在不同社会制度、政治制度和法律传统下，国家制定法的方式有所不同。国家制定的法一般以一定的规范性文件表述出来，被称为"成文法"。二是认可，即国家机关赋予某些既存的社会规范以法律效力，或者赋予先前的判决所确认的规范以法律效力。前一种情况，如国家司法机关在法律没有相应规定的情况下，依据社会的风俗习惯、一般道德规范来审判案件，实际上就是认可这些风俗习惯、道德规范为法。后一种情况仅仅存在于英国、美国等实行判例法制度的国家。在这些国家，司法机关在审理案件时要遵循本司法机关或上级司法机关先前的判决所确认的规范，实际上就是认可先前的判决所确认的规范为法。

2. 法是调整人们社会关系的行为规范

社会规范是调整人们社会关系的行为规则，包括法律规范、道德规范、宗教规范、日常社会准则、礼仪习惯等。技术规范是调整人们在生产劳动中人同自然关系的行为规则，包括生产工艺、操作规程等。当技术规范被法律确认后，便成为具有技术内容和法律约束力的技术法规。

法是调整人们社会关系的行为规范。法律规范由行为模式和法律后果构成。行为模式不是指一个具体人的具体行为本身，而是从大量行为中抽象出来的一般行为标准，一般包括以下3种情形。

可以这样行为——权利——授权性法律规范；应该这样行为——义务——命令性法律规

范；不应该这样行为——义务——禁止性法律规范。

法律后果是指从事某种法律行为所引起的后果，包括肯定性后果，即法律承认这种行为合法、有效并加以保护或奖励；以及否定性后果，即法律不予承认、否定甚至对此行为进行制裁。

3.法由国家强制力保证实施

以国家为后盾的法律强制性主要表现在所有法律关系的主体（国家机关、企事业单位、其他社会组织、公民个人）在一定的法律关系里，都享有相应的权利、承担相应的义务，违反法律，要承担法律责任，受到法律的制裁。法律制裁包括刑事制裁、民事制裁和行政制裁。刑事制裁是因犯罪实施的各种刑罚；民事制裁是因违反民事义务实施的各种制裁；行政制裁是国家行政机关对尚未构成犯罪的违法者实施的制裁（如警告、罚款、行政拘留等）。

三、法的渊源

法的渊源在中外法学著述中有多种含义。它可以指法的实质渊源，即法是根源于社会物质生活条件还是神的意志、君主意志或人民意志；也可以指法的形式渊源，即法的各种具体表现形式，如宪法、法律、法规；还可以指法的效力渊源，即法产生于立法机关还是其他主体，产生于什么样的立法机关或其他主体等。在我国，法的渊源的规范化表述，是指由不同国家机关制定、认可和变动的，具有不同法的效力或地位的各种法的形式。

我国目前成文法渊源包括宪法、法律、行政法规、地方性法规、自治法规、行政规章、特别行政区法、国际条约。其中宪法、法律、行政法规在中国法的渊源体系中居于核心地位和重要地位。这主要是从立法体制、法的效力等级和效力范围角度所做的分类，亦可以说是从立法的角度所做的分类。这一类法的渊源是中国现时各种立法主体进行立法活动的结果，其中主要是从中央到地方有关权力机关所立的法；也有最高国家行政机关国务院所立的规范性法律文件和其他有关政府机关制定的规范性法律文件。不成文法往往是中国法的渊源的补充。现时作为中国法的渊源补充存在的，主要是政策、习惯、判例。

1.宪法

作为法的渊源，宪法是国家最高权力机关经由特殊程序制定和修改的，规定国家、社会和公民生活的根本问题的，具有最高法的效力的一种法。它在法的渊源体系中居于最高的、核心的地位，是根本大法。宪法制定和修改的程序严格。只有最高国家权力机关全国人民代表大会（以下简称全国人大）才能行使制定和修改宪法的权力，宪法须由全国人大以全体代表的三分之二以上多数通过，宪法的修改须由全国人大常委会或五分之一以上全国人大代表提议。宪法综合性地规定和调整诸如国家性质、社会经济和政治制度、国家政权的总任务、公民基本权利和义务、国家机构这些根本性、全局性的关系或事项。宪法具有最高的效力等级，是其他法的立法依据或基础。其他法的内容或精神必须符合或不得违背宪法的规定或精神，否则无效。

2.法律

这里所谓法律是指作为现行中国法的一种渊源的法律，不是各种法的总称。法律是由全国人大及其常委会依法制定和变动的，规定和调整国家、社会和公民生活中某一方面，根本性的社会关系或基本问题的一种法。通常亦被人们称为狭义上的法律。它是中国法的渊源体系的主导。法律的地位和效力低于宪法而高于其他法。法律是行政法规、地方性法规和行政规章的立法依据或基础，后两者不得违反法律，否则无效。法律分为基本法律和基本法律以外的法律两种。基本法律由全国人大制定和修改，在全国人大闭会期间，全国人大常委会也有权对其进行部分补充和修改，但不得同其基本原则相抵触。基本法律规定国家、社会和公民生活中具有重大意义的基本问题，如《中华人民共和国刑法》、《中华人民共和国民法》等。基本法律以外的法律由全国人大常委会制定和修改，规定基本法律调整范围以外的国家、社会和公民生活中某一方面的重要问题，其调整面相对较窄，内容较具体，如《中华人民共和国环境保护法》、《中华人民共和国文物保护法》等。两种法律具有同等效力。全国人大及其常委会还有权就有关问题作出规范性决议或决定，它们与法律具有同等地位和效力。

3. 行政法规

行政法规是由最高国家行政机关国务院依法制定和变动的、有关行政管理和管理行政事项的规范性法律文件的总称。它是中国法的渊源体系中一种特定的法的渊源，而不是指各种规定和调整行政关系以及行政问题的规范性法律文件的总称。行政法规在中国法的渊源体系中具有承上启下的桥梁作用。行政法规作为一种法的渊源，在中国法的渊源体系中处于低于宪法、法律和高于一般地方性法规的地位。行政法规要根据宪法、法律来制定，不得与宪法、法律相抵触。而一般地方性法规亦不得与行政法规相抵触，否则无效。行政法规的立法目的是保证宪法和法律实施。行政法规又是联结地方性法规与宪法和法律的重要纽带。地方性法规的制定不得与行政法规相抵触，这进一步保证了宪法、法律得以实施。行政法规调整的社会关系和规定的事项，远比法律调整的社会关系和规定的事项广泛、具体，包括经济、政治、教育、科学、文化、体育以及其他方面的社会关系和事项。

4. 地方性法规

地方性法规是由特定的地方国家机关依法制定和变动的，效力不超出本行政区域范围，作为地方司法依据之一，在法的渊源体系中具有基础作用的规范性法律文件的总称。地方性法规是低于宪法、法律、行政法规但又具有不可或缺作用的基础性法的渊源。现阶段，省、自治区、直辖市、省级政府所在地的市、经国务院批准的较大市的人大及其常委会，根据本地的具体情况和实际需要，在不与宪法、法律、行政法规相抵触的前提下，可以制定和颁布地方性法规，报全国人大常委会和国务院备案。地方性法规在本行政区域的全部范围或部分区域有效。地方性法规使宪法、法律、行政法规和国家大政方针得以有效实施；解决中央法律、法规不能独立解决或暂时不宜由中央解决的问题；自主地解决应由地方性法规解决的各种问题。地方性法规的两条基本原则：一是体现地方特色；二是与宪法、法律、行政法规不相抵触。全国人大常委会有权撤销同宪法、法律、行政法规相抵触的地方性法规。

5. 自治法规

自治法规是民族自治地方的权力机关所制定的特殊的地方规范性法律文件，即自治条例和单行条例的总称。自治条例是民族自治地方根据自治权制定的综合性法律文件；单行条例则是根据自治权制定的调整某一方面事项的规范性法律文件。根据现行《中华人民共和国宪法》和《中华人民共和国民族区域自治法》规定，各级民族自治地方的人大都有权依照当地民族的政治、经济和文化特点，制定自治条例、单行条例。自治区的自治条例和单行条例报全国人大常委会批准后生效。自治州、自治县的自治条例和单行条例，报省或自治区人大常委会批准后生效，并报全国人大常委会备案。自治条例和单行条例与地方性法规在立法依据、程序、层次和构成方面，在与宪法和其他规范性法律文件以及与全国人大及其常委会和国务院的关系方面，均有区别。自治条例和单行条例在中国法的渊源中是低于宪法、法律的一种形式。自治条例和单行条例可以作为民族自治地方的司法依据。

6. 行政规章

行政规章是有关行政机关依法制定的事关行政管理的规范性法律文件的总称。分为部门规章和政府规章两种。部门规章是国务院所属部委根据法律和国务院行政法规、决定和命令，在本部门的权限内，所发布的各种行政性的规范性法律文件，亦称部委规章。其地位低于宪法、法律、行政法规，不得与它们相抵触。政府规章是有权制定地方性法规的地方的人民政府根据法律、行政法规，制定的规范性法律文件，亦称地方政府规章。政府规章除不得与宪法、法律、行政法规相抵触外，还不得与上级和同级地方性法规相抵触。行政规章本来不属于法的渊源的范围，但自1989年《中华人民共和国行政诉讼法》规定行政规章是司法机关办理有关案件的参照依据后，便成为中国法的形式中的一种"准法"，可列入法的渊源范围之内。2000年通过的《中华人民共和国立法法》明确规定了部门规章和地方政府规章的制定权限、制定程序，从而正式确立了行政规章作为法的渊源的地位。

7. 国际条约

国际条约指两个或两个以上国家或国际组织间缔结的确定其相互关系中权利和义务的各种协议，是国际相互交往的一种最普遍的法的渊源或法的形式。缔约双方或各方即为国际法的主体。国际条约不仅包括以条约为名称的协议，也包括国际法主体间形成的宪章、公约、盟约、规约、专约、协定、议定书、换文、公报、联合宣言、最后决议书等。国际条约本属国际法范畴，但对缔结或加入条约的国家的国家机关、公职人员、社会组织和公民也有法的约束力。在这个意义上，国际条约也是该国的一种法的渊源或法的形式，与国内法具有同等约束力。随着我国对外开放的发展，与别国交往日益频繁，与别国缔结的条约和加入的条约日渐增多。这些条约也是我国司法的重要依据。

8. 其他法的渊源

除上述法的渊源外，在我国还有这样几种成文的法的渊源：一是一国两制条件下特别行政区的规范性法律文件；二是中央军事委员会制定的军事法规和军内有关方面制定的军事规章；三是有关机关授权别的机关所制定的规范性法律文件。经济特区的规范性法律文件，如果是根据宪法和地方组织法规定的权限制定的，属于地方性法规；如果是根据有关机关授权制定的，则属于根据授权而制定的规范性法律文件的范畴。

四、法的分类

根据不同的标准，可以对法做不同的分类。事实上，法的渊源以及法律部门的划分也是从一定角度对法所做的分类。

1. 国内法和国际法

是以法的创制和适用范围为标准对法所做的分类，二者的区别如下。

第一，调整主体不同：国内法的调整主体为个人，以及由个人组成的法人或作为法人的国家机构，国际法的调整主体为国家、政府间国际组织及争取独立的民族。

第二，制定主体不同：国内法的制定主体是国内立法机关，国际法的制定主体是国际法主体即国家本身。

第三，表现形式不同：国内法通常为制定法和判例法，国际法为国际条约、国际习惯、文明各国所承认的一般法律原则，以及司法判例和各国最高权威的公法学家学说等。

第四，执行主体不同：国内法由国内执法、司法机构强制执行，而国际法一般由国家自己执行，不得强制执行。

2. 根本法和普通法

是以法的地位、效力、内容和制定程序为标准对法所做的分类。这种分类主要适用于成文宪法制国家。根本法指的是在整个法的形式体系中居于最高地位的一种规范性法律文件。在我国这样的单一制国家，根本法就是宪法的别称。在中央和地方都有立宪权的联邦制国家，根本法是宪法的一种，即联邦宪法。普通法是宪法以外的所有法的统称。

3. 一般法和特别法

是以法的适用范围为标准对法所做的分类。一般法指适用于一般的法律关系主体、通常的时间、国家管辖的所有地区的法律，如《中华人民共和国刑法》《中华人民共和国合同法》等。特别法指适用于特别的法律关系主体、特别时间、特别地区的法律。适用于全国的法律称一般法，仅适用于某一地区的法律称特别法，如《澳门特别行政区驻军法》；对所有人都有效的法律称一般法，仅对部分人有效的法律称特别法，如《中华人民共和国妇女权益保障法》；对一般事项有效的法律称一般法，如《中华人民共和国民法通则》，仅对特定事项有效的法律称特别法，如《中华人民共和国商标法》。

4. 实体法和程序法

根据法律规定内容的不同来进行划分，可以分为实体法和程序法。实体法是指规定具体权利义务内容或者法律保护的具体情况的法律，如《中华人民共和国民法通则》《中华人民共和国合同法》《中华人民共和国婚姻法》《中华人民共和国公司法》等。程序法是规定以保证权利和职权得以实现或行使、义务和责任得以履行的有关程序为主要内容的法律，如《中华人民共和国行政诉讼法》《中华人民共和国行政程序法》《中华人民共和国民事诉讼法》《中华人民共和国刑事诉讼法》等。

实体法的主要功能在于规定和确认权利和职权以及义务和责任。法律上的权利是法律关系主体（也称为权利主体），如自然人、法人依法拥有的利益、主张、资格或者自由，这种权利的实现归根结底将给权利主体带来有形或者无形的利益。有形的利益如对不动产的占有、使用、处分；无形的利益如对资格的确认、对名誉的保护等。职权主要是由于担任一定职务而产生的权力，如宪法和法律规定的国家元首的权力、政府首脑的权力、部长或市长的权力等。法律权利的范围和内容通常以法律的规定为准，但在一些法治国家，如英国等，还同时奉行"对于个人的私权行为来讲，凡是法律未予禁止的，都是允许的"原则。通过这种原则规定确立的个人的自由，往往也被认为是法律所允许的权利。法定职权依法律的规定而产生和行使，在上述法治国家，同时还奉行"对于国家机关及其公职人员的公权行为来讲，凡是法律未予准许的，都是禁止的"原则，因为要是每个国家机关及其公职人员可以超越权限实施行为，那么国家的管理必然会混乱不堪。在法理学中，义务是与权利相对应的概念，责任是与职权相对应的概念，法律在规定权利和职权的同时，往往也对义务和责任做出相应规定。

5. 成文法和不成文法

是以法的创制方式和表现形式为标准对法所做的分类。成文法又称为制定法，是指有立法权或立法性职权的国家机关制定或认可的以规范化的成文形式出现的规范性法律文件。不成文法是指由国家有权机关认可的，不具有文字形式或虽有文字形式但却不具有规范化成文形式的法，一般指习惯法。不成文法不仅包括习惯法，也包括判例法、不成文宪法等。判例法属于不成文法范畴，但判例法是有文字表现形式的，它是法院通过判决所创制的法。英国宪法也被称为不成文宪法，但英国宪法也有文字表现形式，如《自由大宪章》《人身保护法》等。法学上的成文法和不成文法的区分，不完全看法是否有文字表现形式，而要看是否有规范化的成文形式。判例法有文字形式（判决）而被列为不成文法范畴，原因在于它没有一般制定法的规范化成文形式；英国宪法被列为不成文宪法，原因也在于它不是以规范化的，即集中的成文宪法典的形式表现出来。

第二节 环境法的产生和发展

一、西方国家环境法的产生和发展

18世纪工业经济发展产生了第一代环境污染，催生了环境法。18世纪60年代至20世纪初，西方国家早期的环境立法，主要针对当时的大气污染和水污染，立法措施主要是限制性的规定或采用治理技术，较少涉及国家对环境的管理。

20世纪初到20世纪60年代，西方工业化国家公害持续发展和泛滥，由于环境问题严重以及国家加强环境管理的迫切需要，许多国家加快了环境立法步伐，其数量远远超过其他部门法。环境法调整对象更广泛，除水污染防治法和大气污染防治法外，又制定了一些新的环境法规，如噪声、固体废物、放射性物质、农药、有毒化学品的污染防治等。

20世纪70年代以后，许多国家将环境保护问题纳入宪法，不少国家制定了环境保护基本法。各国环境政策和环境立法的指导思想在总结历史经验的基础上发生了根本转变，采取了预防为主、综合防治的政策和措施。把环境保护从污染防治扩大到对整个自然环境的保护，加强自然资源与自然环境保护的立法。环境立法范畴逐步扩大，相继制定了清洁生产、循环经济等方面的法律，从人类生产、消费等行为的全过程控制环境污染。法律"生态化"观点在国家立法中受到重视并向其他部门法渗透。环境法逐渐发展形成独立的法律部门。

二、我国环境法的产生和发展

1. 1949～1972年

从1949年新中国成立，到1973年全国第一次环境保护会议召开以前，是我国环境法的孕育产生时期。新中国成立后，我国大力发展工农业，推动国家工业化进程[2]。在这一时期环境立法主要关注自然资源保护，尤其是作为农业命脉的各种环境要素的保护，涉及矿产资源、水土保持、工厂安全、生活饮用水等。1951年颁布《中华人民共和国矿业暂行条例》，1957年颁布《中华人民共和国水产资源繁殖保护暂行条例（草案）》，1960年颁布《放射性工作卫生防护暂行规定》，1963年颁布《森林保护条例》，1965年颁布《矿产资源保护试行条例》。

2. 20世纪70年代

1972年6月在瑞典斯德哥尔摩召开的人类环境会议对我国环境政策和立法产生了深远的影响。113个国家和一些国际机构的1300多名代表参加了这次会议。该会议通过了《人类环境宣言》《人类环境行动计划》和关于环境工作的4项决议。《人类环境宣言》第一次以联合国大会文献的形式确认了人类保护环境的一系列基本观点，它倡导的保护和改善人类环境的基本原则，成为世界各国制定环境法的重要根据和国际环境法的重要指导方针。

我国派出代表团出席了联合国人类环境会议。这次会议对当时的我国是一次意义深远的环境启蒙。这次会议通过的《人类环境宣言》中关于各国应当制定保护环境的政策、法律和标准的原则要求，极大地影响了我国的环境政策和法制建设[3]。同年，国家有关部门相继出台了《关于官厅水库水源保护工作进展情况的报告》（1972年8月）、《关于桑干河水系污染情况的调查报告》（1972年8月）；国务院首次提出了"三同时"政策，并付诸实践。1973年8月，国务院召开第一次全国环境保护会议，批转了《关于保护和改善环境的若干规定（试行草案）》。这实际上是我国第一个综合性的环境保护行政法规，也是后来环境保护法的雏形。该规定提出了"全面规划，合理布局，综合利用，化害为利，依靠群众，大家动手，保护环境，造福人民"的环境保护工作的方针，发展生产和环境保护"统筹兼顾、全面安排"的原则；"三同时"制度和奖励综合利用的政策；防治废水、废气、废渣、噪声、农药、放射性物质、有毒物质、食品污染，以及保护和改善城市、工矿区、居住区以及水、土、野生动植物、森林、草原等环境要素的措施；对环境监测、科研、宣传和教育等问题，均提出了要求。这些内容，为我国环境法的全面、深入发展打下了比较宽广的基础，对我国环境法的发展具有重要意义和长远影响。

1974年国务院环境保护领导小组正式成立，标志着我国环境保护机构建设的起步。这个阶段还制定了《工业"三废"排放试行标准》（1973年11月）、《防止沿海水域污染暂行规定》（1974年1月）、《放射防护规定》（1974年4月）、《关于治理工业"三废"，开展综合利用的几项规定》（1977年）等环保法规和标准。《工业"三废"排放试行标准》是我国第一个环境污染物排放标准，集中反映了我国防治工业污染的政策，它不仅规定了有害物质在废气、废水中的最高容许浓度和指标，而且规定了防治"三废"污染的方针、基本原则、基本制度和具体措施。《防止沿海水域污染暂行规定》是我国第一个防治环境污染的专门性的行政法规，它规定了防止船舶及沿海工矿企业排放油类或油性混合物以及其他有害物质污染海域的措施；《关于治理工业"三废"，开展综合利用的几项规定》提出了尽力把废水、废气、废渣等工业"三废"消灭在生产过程之中的思想，它不仅明确规定了开展综合利用的具体政策，而且对防止新污染、环保事业费、环境保护基本建设项目所需材料设备等问题作了具体规定，是防治工业污染和保护自然资源的一个重要政策文件。

3. 20世纪70年代末～80年代末

1978年十一届三中全会后，我国进入了改革开放、从社会主义计划经济向社会主义市场经济转变的新时期。1978年3月通过的《中华人民共和国宪法》，明确规定"国家保护环境和自然资源，防治污染和其他公害"，这是新中国成立以来第一次把环境保护工作列入国家的根本大法，把环境保护确定为国家的一项基本职责，为我国环境保护进入法制轨道开辟了道路，使环境保护基本法和其他重要环境保护法律、政策的制定有了宪法根据[3]。

1979年9月，五届全国人大第十一次会议原则通过了《中华人民共和国环境保护法（试行）》。该法将污染防治和自然保护确定为环境法的两大领域，规定了环境保护的对象、任务、方针和适用范围，规定了"谁污染谁治理"等原则，确定了环境影响评价、"三同时"、排污收费、限期治理、环境标准、环境监测等制度，标志着我国环境法律体系建设开始启动、我国环境管理开始走上法制道路。

1982年12月4日通过的新宪法规定："国家保护和改善生活环境和生态环境，防治污染和其他公害。国家组织和鼓励植树造林，保护林木""国家保障自然资源的合理利用，保护珍贵的动物和植物。禁止任何组织或者个人用任何手段侵占或者破坏自然资源""国家保护名胜古迹、珍贵文物和其他历史文化遗产"。还规定了合理利用土地、厉行节约、反对浪费等内容。这些规定，明确了环境保护的范围、内容和任务，为强化和健全环境政策提供了宪法依据。

《中华人民共和国环境保护法（试行）》颁布后，我国先后制定了《中华人民共和国海洋环境保护法》（1982年）、《中华人民共和国水污染防治法》（1984年）、《中华人民共和国大气污染防治法》（1987年）、《中华人民共和国草原法》（1985年）、《中华人民共和国矿产资源法》（1986年）、《中华人民共和国水法》（1988年）、《中华人民共和国野生动物保护法》（1988年）

等污染防治和自然资源保护方面的法律、法规和规章。1989年12月26日，第七届全国人民代表大会常务委员会第十一次会议通过的《中华人民共和国环境保护法》，是对《中华人民共和国环境保护法（试行）》的修改和总结，也是这个阶段我国环境法成果的总结和发展。

4. 20世纪80年代末至90年代末

日益加剧的全球气候变化、臭氧层空洞和酸沉降等全球性的环境问题，对人类的生存和发展构成了严峻挑战。1993年3月，全国人民代表大会成立了环境与资源保护委员会（简称环资委，当时称环境保护委员会）。从1994年起，环资委的立法工作全面展开，在继续加快制定新的环境法律、法规的同时，开始对现行的环境法律、法规进行整理、修改和完善。相继修改、制定了如下法律：《中华人民共和国固体废物污染环境防治法》（1995年10月）、《中华人民共和国水污染防治法》（1996年5月修改）、《中华人民共和国环境噪声污染防治法》（1996年10月）、《淮河流域水污染防治暂行条例》（1995年8月）、《中华人民共和国海洋环境保护法》（1999年12月修改）；在2000年修订了《中华人民共和国大气污染防治法》《中华人民共和国渔业法》；在2001年颁布了《中华人民共和国防沙治沙法》《中华人民共和国海域使用管理法》。先后修改、制定了一些资源能源管理、灾害防治和自然保护方面的法律、法规和规章，如《中华人民共和国自然保护区条例》（1994年10月）、《中华人民共和国煤炭法》（1996年8月）、《中华人民共和国矿产资源法》（1996年8月修改）、《中华人民共和国防洪法》（1997年8月）、《中华人民共和国节约能源法》（1997年11月）、《中华人民共和国防震减灾法》（1997年12月）、《中华人民共和国森林法》（1998年4月修改）、《中华人民共和国土地管理法》（1998年8月修改）等；在1997年修改《中华人民共和国刑法》时，增加了"破坏环境保护罪"和"环境保护监督管理失职罪"的规定。通过上述立法，我国环境法开始进入全面、深入发展的新时期。

5. 21世纪初叶

进入21世纪，巩固和发展贸易国际化和环保全球化的制度和机制，落实科学发展观的要求，培育生态文明，建设资源节约型与环境友好型社会，成为我国环境法治的指导思想和中心任务[4]。国家在2002年颁布了《中华人民共和国清洁生产促进法》《中华人民共和国农村土地承包法》和《中华人民共和国环境影响评价法》，修改了《中华人民共和国水法》《中华人民共和国草原法》和《中华人民共和国文物保护法》；2003年颁布了《中华人民共和国放射性污染防治法》；2004年修改了《中华人民共和国固体废物污染环境防治法》《中华人民共和国土地管理法》《中华人民共和国野生动物保护法》和《中华人民共和国渔业法》；2005年颁布了《中华人民共和国可再生能源法》和《中华人民共和国畜牧法》。2007年制定了《中华人民共和国物权法》《中华人民共和国城乡规划法》和《中华人民共和国突发事件应对法》，修订了《中华人民共和国节约能源法》。2008年3月，十一届全国人大一次会议表决通过组建环境保护部。2008年颁布了《中华人民共和国循环经济促进法》，修订了《中华人民共和国水污染防治法》。2009年制定了《中华人民共和国侵权责任法》和《中华人民共和国海岛保护法》，修订了《中华人民共和国可再生能源法》。2010年修订了《中华人民共和国水土保持法》。2009年和2011年修订了《中华人民共和国煤炭法》。2012年修订了《中华人民共和国清洁生产促进法》。到2015年年底，我国已制定11部以防治环境污染为主要内容的法律，13部以自然资源管理和合理使用为主要内容的法律，12部以自然（生态）保护、防止生态破坏和防治自然灾害为主要内容的法律，30多部与环境资源法密切相关的法律；60多项环境保护行政法规，2000余件环保规章和地方环保法规；军队环保法规和规章10余件；1100多项环保标准。已经签订、参加60多个与环境资源有关的国际条约，已先后与美国、日本、加拿大、俄罗斯等40多个国家签署双边环境保护合作协议或谅解备忘录，与10多个国家签署核安全合作双边协定或谅解备忘录。

第三节 环境法的法律体系

一、《中华人民共和国宪法》中关于环境与资源保护的规定

《中华人民共和国宪法》（以下简称《宪法》）是我国法律体系中具有最高法律效力的法律文件，《宪法》中关于环境与资源保护的规范是其他环境与资源保护立法的根据和基础。《宪法》中关于环境与资源保护的规定可以概括为以下几类。

第一，环境与资源保护的基本政策和原则。例如，《宪法》第9条规定："矿藏、水流、森林、山岭、草原、荒地、滩涂等自然资源，都属于国家所有，即全民所有；由法律规定属于集体所有的森林和山岭、草原、荒地、滩涂除外。"《宪法》第10条规定："城市的土地属于国家所有。农村和城市郊区的土地，除由法律规定属于国家所有的以外，属于集体所有；宅基地和自留地、自留山，也属于集体所有。国家为了公共利益的需要，可以依照法律规定对土地实行征用。任何组织或者个人不得侵占、买卖、出租或者以其他形式非法转让土地。一切使用土地的组织和个人必须合理地利用土地"。

第二，国家环境资源保护职责。《宪法》第26条规定："国家保护和改善生活环境和生态环境，防治污染和其他公害。"这一规定是国家对于环境与资源保护的总政策，说明了环境保护是国家的一项基本职责，也为国家环境保护活动和环境立法奠定了宪法基础。

第三，公民环境资源的权利义务。虽然《宪法》没有直接规定公民的环境权利和义务，但《宪法》第51条规定："中华人民共和国公民在行使自由和权利的时候，不得损害国家的、社会的、集体的利益和其他公民的合法的自由和权利。"这一条款可以作为公民主张环境资源权利的基础，同时也是防止个人滥用权利造成环境污染和破坏的义务规范[2]。

二、综合性环境与资源保护基本法

综合性环境与资源保护基本法在环境与资源保护法体系中处于中心地位，是国家环境保护方针、政策、原则、制度和措施的基本规定，也是其他环境与资源保护法律、法规和规章的立法依据。1979年颁布的《中华人民共和国环境保护法（试行）》是我国第一部综合性环境与资源保护基本法。这部试行法是在20世纪70年代国际环境保护运动蓬勃发展的影响下制定的，吸收了当时国际上先进的环境保护理念[5]。20世纪80年代改革开放初期，随着经济的高速增长，环境问题急剧恶化，这是在当时制定试行法的时候很难预见到的。1983年末第二次全国环境保护会议召开，首次提出保护环境是我国的一项基本国策。根据会议精神，1984年的《国务院关于环境保护工作的决定》明确提出，保护和改善生活环境和生态环境，防治污染和自然环境破坏，是我国社会主义现代化建设中的一项基本国策。此后环境保护领域制定了一系列资源保护和污染防治的法律，包括1983年制定《中华人民共和国海洋环境保护法》，1984年制定《中华人民共和国水污染防治法》《中华人民共和国森林法》，1985年制定《中华人民共和国草原法》，1986年制定《中华人民共和国矿产资源法》《中华人民共和国土地管理法》《中华人民共和国渔业法》，1987年制定《中华人民共和国水污染防治法》《中华人民共和国大气污染防治法》，1988年制定《中华人民共和国水法》。面对迅速变化的社会经济发展和环境保护形势，1989年《中华人民共和国环境保护法》通过，该法是以试行法为基础修改而成的。该法是对环境与资源保护的重要问题做出了全面规定：第一，规定了环境与资源保护法的目的和任务；第二，明确了环境保护的对象；第三，规定了我国环境保护的基本原则和制度；第

四,规定了保护自然环境、防治环境污染的基本要求和相应的法律义务;第五,规定了中央和地方环境管理机构的权限和任务;第六,规定了各级人民政府保护和改善环境的职责。

从1989年《中华人民共和国环境保护法》(以下简称《环境保护法》)通过,到2014年修订再次颁布,经历了25年,而这25年是我国经济增长最迅速,社会政治、经济、文化发生深刻变革的25年。可持续发展成为全球共识,依法治国成为治国方略,科学发展观强调社会经济的发展必须与自然生态保护相协调,在社会经济的发展中要努力实现人与自然之间的和谐发展。生态文明为统筹人与自然和谐发展指明了前进方向。1989年的《环境保护法》早已脱离了社会经济发展与环境保护的现实。2014年修订的《环境保护法》正式发布,被称为史上最严格的环保法。这部法律的主要内容见图1-1。

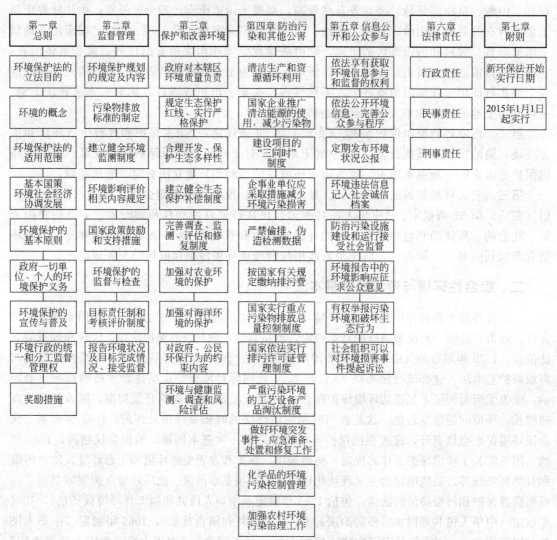

图1-1 《中华人民共和国环境保护法》(2014)主要内容

1. 建立基于环境承载能力的绿色发展模式

新《环境保护法》重申保护环境是国家的基本国策。国家采取有利于节约和循环利用资源、保护和改善环境、促进人与自然和谐的经济、技术政策和措施,使经济社会发展与环境保护相协调。建立资源环境承载能力监测预警机制,实行环保目标责任制和考核评价制度,制定经济政策应充分考虑对环境的影响,对未完成环境质量目标的地区实行环评限批,分阶段、有步骤地改善环境质量等。这些规定体现了近年来环保领域的一些主要理念和指导精神,如生态文明、可持续发展、保护优先等,将成为推行绿色国民经济核算,建立基于环境承载能力的发展模式,促进我国经济绿色转型的重要依据。

2. 建立多元共治的现代环境治理体系

建立公众参与机制,体现了多元共治、社会参与的现代环境治理理念。各级政府对环境质量负责,企业承担主体责任,公民进行违法举报,社会组织依法参与,新闻媒体进行舆论监督。国家建立跨区联合防治协调机制,划定生态保护红线,健全生态保护补偿制度,国家机关优先绿色采购;国家建立环境与公众健康制度;国家实行总量控制和排污许可管理制度;政府建立环境污染公共监测预警机制,鼓励投保环境污染责任保险。同时,也明确规定公民享有环境知情权、参与权和监督权,要求各级政府、环保部门公开环境信息,及时发布环境违法企业名单,企业环境违法信息记入社会诚信档案;排污单位必须公开自身环境信息,鼓励和保护公民举报环境违法。

3. 完善制度体系

为体现生态文明建设的新理念,贯彻将生态文明建设纳入经济建设、政治建设、文化建设、社会建设全过程的精神,实现国家治理能力和治理体系现代化的目标。新《环境保护法》确立了若干新的环境管理制度,如生态保护红线制度、区域限批制度、环境健康风险评估制度、生态补偿制度、总量控制制度、污染物排放许可制度、农村农业污染防治制度、环境保险制度等。同时,对原有环境管理制度,如环境规划制度、环境影响评价制度、限期治理制度、环境事故应急制度等,也进行了调整完善[5]。

4. 强化义务与责任

新《环境保护法》一方面授予了各级政府、环保部门许多新的监管权力,比如环境监察机构的现场检查权,环保部门的查封扣押行政强制权,有权对污染企业责令限产、停产整治,等等。同时,规定了按日连续计罚,引入治安拘留处罚,增设了连带责任;构成犯罪的,依法追究刑事责任。另一方面,它也规定了人大对地方政府的监督权、规定了将环境保护考核情况向社会公开并纳入官员政绩考核、规定了严厉行政问责制度。

三、环境与资源保护单行法

环境与资源保护单行法一般是指由国家机关制定的关于特定的环境要素保护和环境污染防治的单项法律,它以《宪法》和环境与资源保护基本法为依据,又是《宪法》和环境与资源保护基本法的具体化。因此,环境与资源保护单行法一般都比较具体详细,是进行环境管理和处理环境纠纷的直接依据。环境与资源保护单行法在环境与资源保护法体系中的数量最多,在法律体系中发挥着重要作用。我国环境与资源保护法一览表见表1-1。

表1-1 我国环境与资源保护法一览表

主要法律文件	修订施行情况
环境保护基本法	
《中华人民共和国环境保护法》	1989年通过/2014年修订
环境污染防治	
《中华人民共和国大气污染防治法》	1987年通过/1995年修正/2000年、2015年修订
《中华人民共和国水污染防治法》	1984年通过/1996年修正/2008年修订

续表

主要法律文件	修订施行情况
环境污染防治	
《中华人民共和国固体废物污染环境防治法》	1995年通过/2004年修订/2013年、2015年修正
《中华人民共和国放射性污染防治法》	2003年通过
《中华人民共和国海洋环境保护法》	1982年通过/1999年修订/2013年修正
《中华人民共和国环境噪声污染防治法》	1996年通过
自然资源管理与生态保护	
《中华人民共和国土地管理法》	1986年通过/1988年第一次修正/1998年修订/2004年第二次修正
《中华人民共和国海域使用管理法》	2001年通过
《中华人民共和国渔业法》	1986年通过/2000年、2004年、2013年修正
《中华人民共和国野生动物保护法》	1988年通过/2004年、2009年修正/2016年修订
《中华人民共和国草原法》	1985年通过/2002年修订
《中华人民共和国水法》	1988年通过/2002年、2009年、2016年修订
《中华人民共和国防沙治沙法》	2001年通过
《中华人民共和国森林法》	1984年通过/1998年、2009年修正
《中华人民共和国矿产资源法》	1986年通过/1996年、2009年修正
《中华人民共和国气象法》	1999年通过/2009年、2014年修正
《中华人民共和国进出境动植物检疫法》	1992年通过
《中华人民共和国水土保持法》	1991年通过/2010年修订
能源	
《中华人民共和国煤炭法》	1996通过/2009年、2011年、2013年修正
《中华人民共和国可再生能源法》	2005年通过
《中华人民共和国节约能源法》	1997年通过/2007年修订
环境监管	
《中华人民共和国刑法》	1979年通过/截至2015年共通过9个修正案
《中华人民共和国行政处罚法》	1996年通过/2009年修正
《中华人民共和国行政许可法》	2003年通过
《中华人民共和国环境影响评价法》	2002年通过/2016年修订
《中华人民共和国清洁生产促进法》	2002年通过/2012年修正
《中华人民共和国循环经济促进法》	2008年通过
《中华人民共和国治安管理处罚法》	2005年通过/2012年修正
农村与城市环境保护	
《中华人民共和国城乡规划法》	2007年通过
《中华人民共和国农业法》	1993年通过/2002年修订/2012年修正

四、其他部门法中关于环境保护的规定

刑法、民法、行政法、经济法等其他法律，包含了一些关于环境与资源保护方面的法律规范。

1. 刑法中关于环境与资源保护的规定

《中华人民共和国刑法》（以下简称《刑法》）在1997年修订时，增加了"破坏环境资源保护罪"一节，具体包括重大环境污染事故罪；非法处置进口的固体废物罪；擅自进口固体废物罪；走私固体废物罪；非法捕捞水产品罪，非法猎捕、杀害珍贵、濒危野生动物罪；

非法收购、运输、出售珍贵濒危野生动物和野生动物制品罪；非法占用耕地罪；非法采矿罪；破坏性采矿罪；非法采伐、毁坏珍贵树木罪；盗伐林木罪；滥伐林木罪；非法收购盗伐、滥伐的林木罪等。此外还规定了单位犯破坏环境资源保护罪的处罚。

2. 民法通则中关于环境与资源保护的规定

《中华人民共和国民法通则》（以下简称《民法通则》）第80条、第81条规定，国家和集体所有的土地、森林、山岭、草原、荒地、滩涂、水面、矿藏等自然资源的所有权、使用权、经营权、受益权受法律保护，同时也规定了使用单位和个人有管理、保护和合理利用的义务和责任。第83条规定，不动产的相邻各方，应当按照有利生产、方便生活、团结互助、公平合理的精神，正确处理截水、排水、通行、通风、采光等方面的相邻关系。给相邻方造成妨碍或者损失的，应当停止侵害，排除妨碍，赔偿损失。第98条规定，公民享有生命健康权。第123条规定，从事高空、高压、易燃、易爆、剧毒、放射性、高速运输工具等对周围环境有高度危险的作业造成他人损害的，应当承担民事责任；如果能够证明损害是由受害人故意造成的，不承担民事责任。第124条规定，违反国家保护环境防止污染的规定，污染环境造成他人损害的，应当依法承担民事责任。

《中华人民共和国物权法》（以下简称《物权法》）第83条规定，业主应当遵守法律、法规以及管理规约。业主大会和业主委员会，对任意弃置垃圾、排放污染物或者噪声、违反规定饲养动物、违章搭建、侵占通道、拒付物业费等损害他人合法权益的行为，有权依照法律、法规以及管理规约，要求行为人停止侵害、消除危险、排除妨害、赔偿损失。业主对侵害自己合法权益的行为，可以依法向人民法院提起诉讼。第90条规定，不动产权利人不得违反国家规定弃置固体废物，排放大气污染物、水污染物、噪声、光、电磁波辐射等有害物质。此外在所有权和用益物权等篇章的许多规范中都体现了物权法保护环境与资源的功能[6]。

《中华人民共和国侵权责任法》第八章为"环境污染责任"，第65条～第68条对环境污染的侵权责任做出了明确的规定。因污染环境造成损害的，污染者应当承担侵权责任。因污染环境发生纠纷，污染者应当就法律规定的不承担责任或者减轻责任的情形及其行为与损害之间不存在因果关系承担举证责任。两个以上污染者污染环境，污染者承担责任的大小，根据污染物的种类、排放量等因素确定。因第三人的过错污染环境造成损害的，被侵权人可以向污染者请求赔偿，也可以向第三人请求赔偿。污染者赔偿后，有权向第三人追偿。

3. 行政法中关于环境保护的规定

《中华人民共和国治安管理处罚法》中对尚不构成犯罪的环境违法行为做了相应规定。例如，第30条规定，违反国家规定，制造、买卖、储存、运输、邮寄、携带、使用、提供、处置爆炸性、毒害性、放射性、腐蚀性物质或者传染病病原体等危险物质的，处10日以上15日以下拘留；情节较轻的，处5日以上10日以下拘留。第31条规定，爆炸性、毒害性、放射性、腐蚀性物质或者传染病病原体等危险物质被盗、被抢或者丢失，未按规定报告的，处5日以下拘留；故意隐瞒不报的，处5日以上10日以下拘留。第58条规定，违反关于社会生活噪声污染防治的法律规定，制造噪声干扰他人正常生活的，处警告；警告后不改正的，处200元以上500元以下罚款。第75条规定，饲养动物，干扰他人正常生活的，处警告；警告后不改正的，或者放任动物恐吓他人的，处200元以上500元以下罚款。

五、环境资源保护行政法规和部门规章

环境资源保护行政法规是由国务院制定并公布或者经国务院批准而由有关主管部门公布的环境保护规范性文件。这些行政法规一般都具有较强的针对性和操作性，也是环境资源保护法律体系的有机组成部分。目前我国主要环境保护行政法规见表1-2。

表 1-2　主要环境保护行政法规（数据截至 2016 年 8 月）

环境资源保护行政法规	发布时间
《畜禽规模养殖污染防治条例》	2013 年
《城镇排水与污水处理条例》	2013 年
《气象设施和气象探测环境保护条例》	2012 年
《放射性废物安全管理条例》	2011 年
《太湖流域管理条例》	2011 年
《危险化学品安全管理条例》	2011 年
《消耗臭氧层物质管理条例》	2010 年
《放射性物品运输安全管理条例》	2009 年
《防治船舶污染海洋环境管理条例》	2009 年
《规划环境影响评价条例》	2009 年
《废弃电器电子产品回收处理管理条例》	2009 年
《全国污染源普查条例》	2007 年
《民用核安全设备监督管理条例》	2007 年
《防治海岸工程建设项目污染损害海洋环境管理条例》	2007 年
《政府信息公开条例》	2007 年
《防治海洋工程建设项目污染损害海洋环境管理条例》	2006 年
《濒危野生动植物进出口管理条例》	2006 年
《国家突发环境事件应急预案》	2006 年
《放射性同位素与射线装置安全和防护条例》	2005 年
《危险废物经营许可证管理办法》	2004 年
《医疗废物管理条例》	2003 年
《排污费征收使用管理条例》	2003 年
《危险化学品安全管理条例》	2002 年
《中华人民共和国水污染防治法实施细则》	2000 年
《建设项目环境保护管理条例》	1998 年
《中华人民共和国野生植物保护条例》	1996 年
《中华人民共和国资源税暂行条例》	1993 年/2011 年
《建设项目环境保护管理程序》	1990 年
《防止拆船污染环境管理条例》	1988 年
《核材料管理条例》	1987 年
《民用核设施安全监督管理条例》	1986 年
《海洋倾废管理条例》	1985 年/2011 年
《海洋石油勘探开发环境保护管理条例》	1983 年

　　环境资源保护的部门规章是由国务院环境保护主管部门或者国务院其他依照法律行使环境资源保护监督管理权的部门制定的环境资源保护规范性文件。与行政法规相比较，环境资源保护部门规章数量更多，操作性更强，针对的问题更加具体，现行有效的环境保护部门规章见表 1-3。

表 1-3 现行有效的环境保护部门规章（数据截至 2016 年 8 月）

规章名称	制定机关
《全国环境监测管理条例》	城乡建设环境保护部
《城市放射性废物管理办法》	国家环境保护局
《饮用水水源保护区污染防治管理规定》	国家环境保护局、卫生部、建设部、水利部、地矿部
《汽车排气污染监督管理办法》	国家环境保护局、公安部、国家进出口商品检验局、中国人民解放军总后勤部、交通部、中国汽车工业总公司
《防止含多氯联苯电力装置及其废物污染环境的规定》	国家环境保护局、能源部
《环境监理工作暂行办法》	国家环境保护局
《国家环境保护局环境保护科学技术研究成果管理办法》	国家环境保护局
《环境监理执法标志管理办法》	国家环境保护局
《防治尾矿污染环境管理规定》	国家环境保护局
《化学品首次进口及有毒化学品进出口环境管理规定》	国家环境保护局
《环境保护档案管理办法》	国家环境保护局
《环境监理人员行为规范》	国家环境保护局
《废物进口环境保护管理暂行规定》	国家环境保护局、对外贸易经济合作部、海关总署、国家工商局和国家商检局
《关于废物进口环境保护管理暂行规定的补充规定》	国家环境保护局、对外贸易经济合作部、海关总署、国家工商局、国家商检局
《电磁辐射环境保护管理办法》	国家环境保护局
《环境保护法规解释管理办法》	国家环境保护总局
《环境标准管理办法》	国家环境保护总局
《秸秆禁烧和综合利用管理办法》	国家环境保护总局、农业部、财政部、铁道部、交通部、中国民航总局
《危险废物转移联单管理办法》	国家环境保护总局
《污染源监测管理办法》	国家环境保护总局
《近岸海域环境功能区管理办法》	国家环境保护总局
《关于加强对消耗臭氧层物质进出口管理的规定》	国家环境保护总局
《畜禽养殖污染防治管理办法》	国家环境保护总局
《淮河和太湖流域排放重点水污染物许可证管理办法（试行）》	国家环境保护总局
《建设项目竣工环境保护验收管理办法》	国家环境保护总局
《环境影响评价审查专家库管理办法》	国家环境保护总局
《专项规划环境影响报告书审查办法》	国家环境保护总局
《全国环保系统六项禁令》	国家环境保护总局
《医疗废物管理行政处罚办法》	卫生部、国家环境保护总局
《环境保护行政许可听证暂行办法》	国家环境保护总局
《环境保护法规制定程序办法》	国家环境保护总局
《建设项目环境影响评价资质管理办法》	国家环境保护总局

续表

规章名称	制定机关
《废弃危险化学品污染环境防治办法》	国家环境保护总局
《污染源自动监控管理办法》	国家环境保护总局
《国家环境保护总局建设项目环境影响评价文件审批程序规定》	国家环境保护总局
《建设项目环境影响评价行为准则与廉政规定》	国家环境保护总局
《放射性同位素与射线装置安全许可管理办法》	国家环境保护总局
《病原微生物实验室生物安全环境管理办法》	国家环境保护总局
《环境信访办法》	国家环境保护总局
《环境信息公开办法(试行)》	国家环境保护总局
《国家级自然保护区监督检查办法》	国家环境保护总局
《环境统计管理办法》	国家环境保护总局
《环境监测管理办法》	国家环境保护总局
《电子废物污染环境防治管理办法》	国家环境保护总局
《排污费征收工作稽查办法》	国家环境保护总局
《民用核安全设备设计制造安装和无损检验监督管理规定(HAF601)》	国家环境保护总局
《民用核安全设备无损检验人员资格管理规定(HAF602)》	国家环境保护总局
《民用核安全设备焊工焊接操作工资格管理规定(HAF603)》	国家环境保护总局
《进口民用核安全设备监督管理规定(HAF604)》	国家环境保护总局
《危险废物出口核准管理办法》	国家环境保护总局
《国家危险废物名录》	环境保护部、国家发展和改革委员会
《建设项目环境影响评价分类管理名录》	环境保护部
《环境行政复议办法》	环境保护部
《建设项目环境影响评价文件分级审批规定》	环境保护部
《限期治理管理办法(试行)》	环境保护部
《新化学物质环境管理办法》	环境保护部
《环境行政处罚办法》	环境保护部
《地方环境质量标准和污染物排放标准备案管理办法》	环境保护部
《进出口环保用微生物菌剂环境安全管理办法》	环境保护部
《放射性物品运输安全许可管理办法》	环境保护部
《环境监察执法证件管理办法》	环境保护部
《环境监察办法》	环境保护部
《环境污染治理设施运营资质许可管理办法》	环境保护部
《污染源自动监控设施现场监督检查办法》	环境保护部
《固体废物进口管理办法》	环境保护部、商务部、国家发展和改革委员会、海关总署、质检总局

续表

规章名称	制定机关
《突发环境事件信息报告办法》	环境保护部
《放射性同位素与射线装置安全和防护管理办法》	环境保护部
《环保举报热线工作管理办法》	环境保护部
《环境行政执法后督察办法》	环境保护部
《废弃电器电子产品处理资格许可管理办法》	环境保护部
《环境保护主管部门实施按日连续处罚办法》	环境保护部
《消耗臭氧层物质进出口管理办法》	环境保护部、商务部、海关总署
《核与辐射安全监督检查人员证件管理办法》	环境保护部
《放射性固体废物贮存和处置许可管理办法》	环境保护部

注：制定机关为当时发布规章时的机关名称。

六、环境资源保护地方性法规、规章

由于我国地域广阔，全国各地的自然条件、地理环境千差万别，各地的经济发展状况和技术水平参差不齐，针对各地的具体情况，适当地制定环境资源保护的地方性法规和规章是十分必要的。地方性环境法规，是指由各省、自治区、直辖市和其他依法有地方法规制定权的地方人民代表大会及其常务委员会制定的有关环境资源开发、利用、保护、改善及其管理的地方法规，包括地方性法规、自治条例和单行条例。地方政府环境规章，是指由各省、自治区、直辖市人民政府和其他依法有地方行政规章制定权的地方人民政府制定的有关环境资源开发、利用、保护、改善及其管理的地方行政规章。

七、环境标准

环境标准是国家为了维护环境质量、控制污染，保护人群健康、社会财富和生态平衡，按照法定程序制定的各种技术规范的总称。环境标准是具有法律性质的技术规范，它同其他环境与资源保护法相结合，在国家环境资源管理中不仅是判断环境资源是否受到污染的法定依据，也是制定环境目标和环境规划必不可少的依据。我国环境标准分为四类：环境质量标准、污染物排放标准、基础标准和方法标准。

八、环境与资源保护的国际条约与协定

我国参加或者缔结的有关环境与资源保护的双边、多边协定和国际条约，也是我国环境与资源保护法体系的重要组成部分。截至 2016 年，我国缔结和签署了约 82 项多边国际环境条约，见表 1-4。宪法规定经过我国批准和加入的国际条约、公约和议定书，与国内法同具法律效力。我国缔结和签署的主要国际环境公约可以分为以下五类。

表 1-4 我国缔结和签署的主要国际环境公约

公约名称	公约签署时间	我国加入时间
《联合国气候变化框架公约》	1992 年 6 月	1992 年 6 月 11 日
《京都议定书》	1997 年 12 月 1 日	1998 年 5 月 29 日

续表

公约名称	公约签署时间	我国加入时间
《保护臭氧层维也纳公约》	1985年3月22日	1989年9月11日
《关于消耗臭氧层物质的蒙特利尔议定书》	1987年9月16日	1991年6月14日
	1990年《伦敦修正案》	1991年6月14日
	1992年《哥本哈根修正案》	2003年4月
	1997年《蒙特利尔修正案》	2010年5月
	1999年《北京修正案》	2010年5月
《关于在国际贸易中对某些危险化学品和农药采用事先知情同意程序的鹿特丹公约》	1998年9月10日	1999年8月24日
《关于持久性有机污染物的斯德哥尔摩公约》	2001年5月23日	2001年5月23日
《控制危险废物越境转移及其处置的巴塞尔公约》	1989年3月22日 1995年9月22日 《日内瓦修正案》	1990年3月22日 1999年10月
《生物多样性公约》	1992年6月5日	1992年6月11日
《卡塔赫纳生物安全议定书》	2000年1月29日	2000年8月8日
《濒危野生动植物种国际贸易公约》	1973年3月3日	1981年4月8日
《关于特别是作为水禽栖息地的国际重要湿地公约》	1971年2月2日	1992年7月31日
《联合国关于在发生严重干旱和/或荒漠化的国家特别是在非洲防治沙漠化的公约》	1994年6月7日	1994年10月14日
《联合国海洋法公约》	1982年12月10日	1982年12月10日
《国际油污损害民事责任公约》	1969年11月29日	
《国际油污损害民事责任公约的议定书》	1976年11月19日	
《国际干预公海油污事故公约》	1969年11月29日	
《干预公海非油类物质污染议定书》	1973年11月2日	1990年2月23日
《国际油污防备、反应和合作公约》	1990年11月30日	
《防止倾倒废物及其他物质污染海洋公约》	1972年12月29日	
《关于逐步停止工业废弃物的海上处置问题的决议》	1993年11月12日	
《关于海上焚烧问题的决议》	1993年11月12日	
《关于海上处置放射性废物的决议》	1993年11月12日	
《防止倾倒废物及其他物质污染海洋的公约》1996年议定书	1996年11月7日	
《国际防止船舶造成污染公约》	1973年11月2日	
《关于1973年国际防止船舶造成污染公约的1978年议定书》	1978年2月17日	1983年7月1日
《国际捕鲸管制公约》	1946年12月3日	1980年9月24日
《养护大西洋金枪鱼国际公约》	1966年5月14日	1966年6月15日
《中白令海峡鳕资源养护与管理公约》	1994年2月11日	
《跨界鱼类种群和高度洄游鱼类种群的养护与管理公约》	1995年12月4日	1996年11月6日
《亚洲——太平洋水产养殖中心网协议》	1988年1月8日	1988年1月8日

续表

公约名称	公约签署时间	我国加入时间
《核材料实物保护公约》	1980年3月3日	1988年12月2日
《及早通报核事故公约》	1986年9月26日	1986年9月26日
《核事故或辐射紧急援助公约》	1986年9月26日	1986年9月26日
《核安全公约》	1994年6月17日	1996年4月9日
《保护世界文化和自然遗产公约》	1972年11月23日	1985年12月12日

1. 气候变化与保护臭氧层公约

《联合国气候变化框架公约》和《京都议定书》由外交部牵头谈判，国家发展和改革委员会牵头履约。《保护臭氧层维也纳公约》及经修正的《关于消耗臭氧层物质的蒙特利尔议定书》，由原国家环境保护总局牵头履约。

2. 危险物质类公约

《控制危险废物越境转移及其处置的巴塞尔公约》《关于持久性有机污染物的斯德哥尔摩公约》《关于在国际贸易中对某些危险化学品和农药采用事先知情同意程序的鹿特丹公约》，由原国家环境保护总局负责。

3. 生物资源类公约

《生物多样性公约》由原国家环境保护总局负责。其下的《卡塔赫纳生物安全议定书》由原国家环境保护总局牵头负责；《濒危野生动植物种国际贸易公约》由国家林业局负责；《关于特别是作为水禽栖息地的国际重要湿地公约》《联合国关于在发生严重干旱和/或荒漠化的国家特别是在非洲防治沙漠化的公约》和《国际热带木材协定》由国家林业局牵头履约。

4. 海洋环境和海洋资源类公约

防止海洋倾废类各公约由国家海洋局负责；油类污染应急与合作类公约由交通部负责；《联合国海洋法公约》由外交部负责；《养护大西洋金枪鱼国际公约》由农业部负责；《国际捕鲸管制公约》、《南极条约》由国家海洋局负责。

5. 其他公约

其他公约有《核安全公约》、《保护世界文化和自然遗产公约》等。

习题与讨论

[1] 简述我国环境法的渊源。
[2] 简述《中华人民共和国环境保护法》在环境法体系中的地位。
[3] 简述《中华人民共和国环境保护法》中"环境"的基本涵义。

阅读材料

① 《中华人民共和国环境保护法》(2014).
② 吕忠梅.《环境保护法》的前世今生 [J].环境资源法论丛，2015.

第二章　环境行政管理机构与环境行政执法

环境管理是现代政府的一项重要职能，20世纪50年代，西方国家发生了一系列震惊世界的公害事件，随之爆发了大规模的群众性环境保护运动，各国政府开始全面介入环境事务管理，在原有政府机构中增加环境管理职能，或新设专门机构负责环境事务管理。

第一节　我国环境行政管理机构

一、我国环境行政管理机构的发展

我国环境行政管理机构建设起步于20世纪70年代。1971年国家计划委员会设立"三废"利用领导小组。1973年国务院召开了第一次全国环境保护会议，提出建立我国环境行政管理机关的设想。1974年10月，国务院环境保护领导小组正式成立，其主要职责是制定环境保护的方针政策，审定国家环境保护规划，组织协调和督促检查各地区和各有关部门的环境保护工作。领导小组下设办公室负责日常工作。国务院环境保护领导小组的成立，标志着我国环境保护机构建设的起步。一些地方也比照中央政府的模式，相继成立了地方环境保护领导机构。到1978年，直辖市、自治区和工业集中的城市设置了局一级的环境管理机构，名称为环境保护局或环境保护办公室，此后全国各省、自治区、直辖市先后成立了环境保护局，地、县一级也逐步建立了相应的环境保护机构。

1982年5月，第五届全国人大常委会第二十三次会议决定，将国家建委、国家城建总局、建工总局、国家测绘局、国务院环境保护领导小组办公室合并，组建城乡建设环境保护部，部内设环境保护局，成为该部内设的司局级机构。绝大多数地方各级政府也纷纷将环保与城建部门合并。

1984年5月国务院成立国务院环境保护委员会，其任务是研究审定有关环境保护的方针、政策，提出规划要求，领导和组织协调全国的环境保护工作。委员会主任由副总理兼任，办事机构设在城乡建设环境保护部（由环境保护局代行）。1984年12月，城乡建设环境保护部环境保护局改为国家环境保护局，仍归城乡建设环境保护部领导，同时也是国务院环境保护委员会的办事机构，主要任务是负责全国环境保护的规划、协调、监督和指导工作。

1988年7月，国务院机构改革，将国家环境保护局从原城乡建设环境保护部中独立出来，成立独立的国家环境保护局（副部级），明确为国务院综合管理环境保护的职能部门，作为国务院直属机构，也是国务院环境保护委员会的办事机构。

1993年3月，全国人大常委会环境与资源保护委员会正式成立。而后，各省、自治区、直辖市人大常委会也相继成立了地方人大环境与资源保护委员会。全国人大环境与资源保护委员会以高效率的工作有力推动了环保法律的出台，各地人大也相继颁布了一批地方环保法规，大大加快了我国环境立法的进程。

1998 年 6 月，国家环境保护局升格为国家环境保护总局（正部级），是国务院主管环境保护工作的直属机构。撤销国务院环境保护委员会。

2008 年 7 月，国家环境保护总局升格为环境保护部，成为国务院组成部门。

二、我国环境行政管理体系

我国现行环境保护管理体系是根据《宪法》《中华人民共和国地方各级人民代表大会和地方各级人民政府组织法》《中华人民共和国环境保护法》（以下简称《环境保护法》）建立的。《环境保护法》第 10 条明确规定：国务院环境保护主管部门，对全国环境保护工作实施统一监督管理；县级以上地方人民政府环境保护主管部门，对本行政区域环境保护工作实施统一监督管理；县级以上人民政府有关部门和军队环境保护部门，依照有关法律的规定对资源保护和污染防治等环境保护工作实施监督管理。据此规定，我国对环境资源保护实施监督管理的行政部门，包括县级以上人民政府环境保护行政主管部门和依照有关法律的规定行使环境污染防治和自然资源保护监督管理权的部门，其具体设置与监督管理职责见表 2-1。

表 2-1 我国对环境资源保护实施监督管理的行政部门及其职责

部 门	职 责	授 权
国务院和地方各级人民政府	国务院统一领导国务院各环境监督管理部门和全国地方各级人民政府的工作。根据宪法和法律制定环境资源行政法规，编制和执行包括环境资源保护内容的国民经济和社会发展计划和国家预算。县级以上地方各级人民政府，依照法律规定的职责和权限，领导和管理本行政区域内的环境资源保护工作	《宪法》《中华人民共和国地方各级人民代表大会和地方各级人民政府组织法》《环境保护法》
国务院和县级以上人民政府的环境保护行政主管部门	国家环境保护部是国务院环境保护行政主管部门，对全国环境保护工作实施统一监督管理。省、市、县人民政府环境保护行政主管部门，对本辖区的环境保护工作实施统一监督管理	《环境保护法》
国家海洋行政主管部门	全国防治海洋工程建设项目和海洋倾倒废弃物等海洋污染损害的监督管理	《中华人民共和国海洋环境保护法》《海洋石油勘探开发环境保护管理条例》《海洋倾废管理条例》
国家海事行政主管部门	负责所辖港区水域内非军事船舶和港区水域外非渔业、非军事船舶污染海洋环境污染防治监督管理，并负责污染事故的调查处理；对在我国管辖海域航行、停泊和作业的外国籍船舶造成的污染事故登轮检查处理	《中华人民共和国海洋环境保护法》《防止船舶污染海域管理条例》《防止拆船污染环境管理条例》
港务监督行政主管部门	对我国内河船舶、拆船污染港区水域和港区的机动船舶噪声污染防治实施监督管理	《中华人民共和国水污染防治法》《中华人民共和国环境噪声污染防治法》《防止拆船污染环境管理条例》
渔政渔港监督主管部门	对内河渔业船舶排污、拆船作业污染内河渔业港区水域的污染防治实施监督管理；对我国海域渔港水域内非军事船舶和渔港水域外渔业船舶污染海洋环境进行监督管理，并负责调查处理内河的渔业污染事故；参与船舶造成海域污染事故的调查处理	《中华人民共和国渔业法》《中华人民共和国防止拆船污染环境管理条例》《中华人民共和国海洋环境保护法》

续表

部 门	职 责	授 权
军队环境保护部门	对部队演练、武器试验、军事科研、军工生产、运输、部队生活等对环境的污染防治实施监督管理	《环境保护法》《中国人民解放军环境保护条例》《中华人民共和国海洋环境保护法》
各级公安机关	对环境噪声、放射性污染物、汽车尾气、破坏野生动物和破坏水土保持等环境污染防治和自然资源保护实施监督管理	《环境保护法》《中华人民共和国环境噪声污染防治法》《中华人民共和国治安管理处罚法》《放射性同位素与射线装置放射防护条例》《汽车排气污染监督管理办法》《中华人民共和国大气污染防治法》
各级交通部门的航政机关	对陆地水体船舶的大气污染、水污染和环境噪声污染防治实施监督管理	《环境保护法》《中华人民共和国大气污染防治法》《中华人民共和国水污染防治法》《中华人民共和国环境噪声污染防治法》
铁路行政主管部门	对铁路机车环境污染防治实施监督管理	《环境保护法》《中华人民共和国环境噪声污染防治法》《中华人民共和国大气污染防治法》
民航管理部门	对经营通用航空业务的企业事业单位和民用机场的环境噪声污染防治实施监督管理	《环境保护法》《环境噪声污染防治法》《国务院关于通用航空管理的暂行规定》《中华人民共和国民用航空法》
土地资源行政主管部门	对土地资源保护实施监督管理	《环境保护法》《中华人民共和国土地管理法》《中华人民共和国农业法》《土地复垦条例》
矿产资源行政主管部门	对矿产资源保护实施监督管理	《环境保护法》《中华人民共和国矿产资源法》
林业行政主管部门	对森林资源、陆生野生动物、野生植物资源保护和防沙治沙工作实施监督管理	《中华人民共和国森林法》《中华人民共和国野生动物保护法》《中华人民共和国野生植物保护条例》《中华人民共和国防沙治沙法》
农业行政主管部门	对耕地、农田保护区、草原、野生植物资源保护实施监督管理	《环境保护法》《中华人民共和国草原法》《中华人民共和国野生植物保护条例》《中华人民共和国农业法》
水利行政主管部门	对水资源保护、水土保持实施监督管理	《环境保护法》《中华人民共和国水法》《中华人民共和国水土保持法》
渔业行政主管部门	对渔业资源、水生野生动物资源保护实施监督管理	《中华人民共和国渔业法》《中华人民共和国野生动物保护法》
国务院建设行政主管部门和县级以上地方人民政府环境卫生行政主管部门	负责城市生活垃圾清扫、收集、贮存、运输和处置的环境污染防治的监督管理	《中华人民共和国固体废物污染环境防治法》

第二节 环境行政执法

环境行政执法是指政府环境行政执法主体依据法律法规的明文规定或授权的方式实施环境管理行政行为。传统的行政执法手段包括行政检查、行政监督、行政许可、行政征收、行政处罚、行政确认等,新兴的软法制度中的行政执法方式有行政合同、行政调解、行政奖励、行政指导、行政赔偿等。

1. 环境行政许可

是指环境行政机关根据行政相对人的申请,依法配置环境容量资源,或者赋予特定的行政相对人从事某种活动或实施某种行为的权利和资格的行政行为。如海洋局发放废弃物倾倒许可证的行为。根据环境行政许可内容的不同,可分为确认相对人具有从事某种活动的权利的许可和确认相对人可免除某种义务的许可。前者如确认某研究所有从事环境评价的资格，即是确认其具有从事环境影响评价活动的权利；后者如环保部门允许某排污企业可闲置污染治理设施，即是免除该单位污染治理设施运转的义务。

2. 环境行政监督

是指环境行政执法主体为了实施环境行政管理职能，督促行政相对人自觉遵守环境法律法规，对环境管理相对人的守法情况和履行义务情况进行的监督、检查。环境行政监督是对环境管理相对人行使权利和履行义务的情况依法进行了解和检测，并不实际设定、变更或者取消相对人的实体权利和义务。其方式主要包括两种，即现场检查与执法性的环境检测。我国现行《环境保护法》专设一章规定了环境监督管理。此外，各单行的环境法律法规，如《中华人民共和国水污染防治法》《中华人民共和国土地管理法》等也都规定了环境监督检查制度。

3. 环境行政征收

是指环境行政主体依据环境法律、法规的规定及国家和社会公共利益的需要，以强制的方式无偿地取得行政相对方一定金钱或实物的具体行政行为。我国的环境行政征收主要包括环境行政征税和环境行政收费两大类。环境行政征税是指税务机关依据有关环境资源税收法律、法规的规定，凭借其行政权力依法向纳税义务人强制收取税款的具体行政行为。环境行政收费是指环境行政主体在其职权范围内依据有关环境法律、法规的规定，向行政相对方强制性地收取除税收形式以外的货币财产的行政行为，其中比较制度化和有代表性的是征收排污费。

4. 环境行政确认

是指环境行政主体依法对与相对人有关的环境法律地位、法律关系或法律事实进行审查，给予确定、认可、证明，并通过法定方式给予宣告的具体行政行为，如计量鉴定和环保监测鉴定等。

5. 环境行政裁决

是指环境行政主体依照法律的授权，运用其专业知识，对当事人之间发生的与环境行政管理活动密切相关的环境民事纠纷进行审查，并做出裁决的具体行政行为。它是按照准司法程序审理和裁处有关争议或纠纷，以影响当事人之间权利、义务关系，从而具有相应法律效力的行为。在我国，具有环境行政裁决权的主体是经法律授权的各级人民政府及其环境与自然资源行政主管部门。

6. 环境行政强制

环境行政强制包括两个方面，即环境行政强制措施与环境行政强制执行。环境行政强制措施与环境行政强制执行都是环境行政主体的强制性活动，都是具有法律效力的行政行为。如强令环境违法主体在一定时期内停止污染排放或限制排放数量。

7. 环境行政处罚

这项措施是环境行政执法实践中适用最多、最广泛的一种执法手段，是指环境行政执法机关或其他行政执法主体依照法定权限和程序，对违反环境行政法律法规，尚未构成犯罪的管理相对人给予行政制裁的具体行政行为。包括罚款、没收、暂扣或者吊销许可证和执照、责令停产停业、警告以及行政拘留等处罚措施。

8. 环境行政奖励

是指环境行政主体为了实现特定的环境行政目的，对在环境保护工作中做出突出成绩和重大贡献的单位和个人，依法赋予物质、精神鼓励或者其他特别权益，激励、引导相对人实施符合政府施政意图行为的行政行为。环境行政奖励可以对守法者进行褒奖，从而在社会上渲染自觉、主动遵守环境法的氛围，减轻环境执法阻力。对于加强环境法制教育，提高全社会的环境意识，激励人们积极主动地参与环境保护活动，树立保护和改善环境良好社会风气有着极其重要的作用。

9. 环境行政指导

是指环境行政主体为实现一定行政目的，在其职权和所管辖事务的范围内，通过制定诱导性法规、政策、计划、纲要等规范性文件以及采用具体的示范、劝告、建议、提倡、鼓励、限制等非强制性方式，促使相对人自愿作出或不作出某种行为，从而实现行政目标的一类权力性行政行为。

10. 环境行政合同

是指环境管理部门为实现特定环境保护目标，同公民、法人或其他组织签订的确立双方环境法上权利、义务关系的协议。

11. 环境行政调解

是指环境保护行政机关以解决环境污染赔偿纠纷为目的，以自愿为原则，通过调解，促成当事人以协议形式消除纠纷的活动。

12. 环境行政补偿

是指环境行政主体在合法行使职权、履行国家环境管理职能的过程中，造成公民、法人和其他组织合法权益的损害时，依法弥补其损失的一种补救性具体行政行为。

13. 环境行政赔偿

是指环境行政主体在行使国家环境管理职权过程中所做出的具体行政行为违法，侵犯公民、法人和其他组织的合法权益并造成损害，由环境行政主体给予赔偿的法律制度[7]。

第三节 环境行政责任

环境行政责任是指环境行政法律关系的主体违反环境行政法律规范或不履行环境行政法律义务所应承担的否定性法律后果。环境行政责任构成要件包括环境行政违法行为、主观过错、环境违法主体具有相应责任能力、造成或可能造成危害后果、行政违法行为与危害结果之间存在因果关系。

一、环境行政责任构成要件

1. 环境行政违法行为

环境行政违法行为是指环境行政法律关系的主体违反环境行政法律规范的行为。环境保护相关法律法规中通常针对环境行政相对人规定了大量的行政法律义务，如果相对人没有按照规定行事，即为环境行政违法行为。同时，环境法律法规还对环境行政管理人规定了明确的职责，如果环境行政管理人未按职权办事，不管是环境行政行为超出了其职权范围，还是对其环境管理责任怠慢，都是环境行政违法行为。

2. 主观过错

行为人在实施违法行为时所持有的心理状态即为过错，这种心理状态有故意和过失之分。当行为人实施违法行为时能够预见到自己行为的损害结果，却希望或者放任这种损害结果的发生即为故意；当行为人实施违法行为时应当预见自己行为的损害结果而因为疏忽大意没有预见或者虽然预见自己行为的损害结果却轻信能够避免结果的发生即为过失。在我国环境行政法律责任的构成要件中，应当根据不同主体的实际情况，确定是否将过错作为必备要件。

首先，环境行政机关的环境行政责任不以过错为必备要件，即只要环境行政机关违反了环境行政法律法规的强制性规定，其就应当承担相应的环境行政责任。这样规定的主要原因在于环境行政机关所承担的环境行政责任无须考虑行为人的主观心理状态，它只需客观上与违法行为相联系，这样即可发挥其在环境行政责任中的补救性功能，继而恢复和补救遭到破坏的环境利益。这与受委托组织和行政公务人员的环境行政责任不同。受委托组织和行政公务人员的行政责任不仅需要以行为人客观上实施了破坏环境利益的行为为条件，而且同时需要考虑行为人主观上的心理状态。因为这种责任形式具有惩罚性的功能，目的在于对环境违法行为人的惩罚和遣责。我国的《中华人民共和国国家赔偿法》对上述特点有着明确的法律规定，该法第2条第1款规定"国家机关和国家机关工作人员行使职权，有本法规定的侵犯公民、法人和其他组织合法权益的情形，造成损害的，受害人有依照本法取得国家赔偿的权利"，同时，该法第16条规定："赔偿义务机关赔偿损失后，应当责令有故意或者重大过失的工作人员或者受委托的组织或者个人承担部分或者全部赔偿费用。对有故意或者重大过失的责任人员，有关机关应当依法给予行政处分。"

其次，对于环境行政相对人而言，其行政责任大多也为惩罚性的，因此其环境行政责任构成要件中也包括主观过错。但在行政法上，为保证行政效率，只要环境行政相对人的行为客观上违反行政法律法规，即可推定其主观上具有过错，相对人如要推翻这种推定，应负举证责任。

3. 环境违法主体具有相应责任能力

在环境行政责任中研究行政主体的责任能力是为了明确责任由谁来承担，解决主体适格的问题。环境行政责任的承担主体，应区别组织和个人，即环境行政主体和环境行政相对人。

因为环境行政主体具有独立的公法人人格能够成为责任承担者，因此环境行政主体既然享有行使国家职责的权力，就必须承担相应的行政义务，同时，如果因为环境行政主体的违法行政行为产生了危害结果，环境行政主体也应当承担由此而带来的相应惩罚。

针对行政管理相对人中的个人，界定和判断其相应的责任能力所能依据的法律规定并不具体明确，我国的行政法以及环境法中对此均没有相对统一的规定，只能根据其他法律中的规定予以参考，主要的界定和判断标准就是行为人的年龄、智力等因素。根据《中华人民共和国行政处罚法》第25条、第26条的规定，不满14周岁的人有违法行为和精神病人在不能辨认或者不能控制自己行为时有违法行为的，不予行政处罚。同时，《中华人民共和国治安管理处罚法》第14条规定："盲人或者又聋又哑的人违反治安管理的，可以从轻、减轻或者不予处罚。"这两条法律规定虽然是判断行为人是否应当承担行政处罚责任的责任能力的条件规定，但其中在年龄上不满14周岁、智力上是精神病人的标准有着重要的参考意义，也可作为环境行政责任的责任能力条件。

4. 造成或可能造成危害后果

对于环境行政主体而言，其法定职责就是代表国家行使公权力，这同时是环境行政主体的法定义务，也是法律强制性的规定，如有违反，也就构成了行政违法。行政违法不一定要有相应的危害结果，因为行政违法所侵害的对象是国家的公权力，只要其行政行为违反了法律规定，它就要承担由此产生的相应法律责任。环境行政主体行使环境行政职权具有积极性和主动性的特点，这种特点是环境行政主体法定职权的根本属性，也是取决于环境保护工作中的预防性原则。因此，根据职责的要求，环境行政主体需要履行其法定义务，或者经由行政相对人的申请，环境行政主体需要履行其法定职责时，其必须积极主动地履行，如果怠于履行，就应当承担由此产生的行政责任，这种行政责任不必然以对行政相对人产生了实际的损害后果为前提条件。

对于环境行政相对人即公民、法人或其他组织而言，危害后果是否是行政责任的构成要件，取决于相关法律规定。有的法律将危害后果作为责任构成要件，如《环境保护法》第65条；有的法律规定并不以危害后果作为责任构成要件，如《环境保护法》第59条至第63条；还有的法律规定，只有"危害后果"较重时，才追究行政责任，即"危害后果"是追究行政责任的必要条件，如《中华人民共和国水污染防治法》第53条。

5. 行政违法行为与危害结果之间存在因果关系

行政违法行为与危害结果之间如何联系的关键，就在于行政违法行为与危害结果之间的因果关系。在不以危害结果为构成环境行政责任的必要条件时，因果关系相应也不是构成环境行政责任的必要条件。当违法行为与危害后果之间存在因果关系时，则必然认定该行政主体对危害后果应承担的行政责任；但并不要求有现实的危害后果才导致环境行政主体对行政违法行为承担行政责任，即环境行政责任的构成要件并不要求违法行为与危害后果之间存在因果关系。

在以危害后果作为责任构成要件时，因果关系也成为承担赔偿责任的构成要件。"在环境侵权领域，由于其自身的特殊性，因果关系的认定比一般侵权损害因果关系的认定更加困难和复杂。"因此，我国最高人民法院公布的《最高人民法院关于民事诉讼证据的若干规定》第4条规定："因环境污染引起的损害赔偿诉讼，由加害人就法律规定的免责事由及其行为与损害结果之间不存在因果关系承担举证责任。"在环境行政侵权诉讼中，要求行政主体举证证实其自身行政行为的合法性，因此，行政相对人无需对上述问题进行举证，只要能够提供证据证明行政违法行为与损害结果之间存在因果关系即可。

二、环境行政责任形式

1. 环境行政主体的行政责任形式

环境行政主体行政责任的形式，是环境行政主体在实施了环境行政违法行为之后，与环境行政相对人建立起来的环境行政责任关系，从而向相对人承担的具体责任形式。包括：①补救性行政责任形式，如恢复名誉、消除影响、返还权益和恢复原状，停止违法行为、撤销违法的行政行为、纠正不当，履行职务；②惩罚性行政责任形式，如通报批评、赔礼道歉、承认错误、行政赔偿。

2. 环境行政公务人员的行政责任形式

环境行政公务人员的行政责任形式包括行政追偿和行政处分。行政追偿是指国家公务人员履行公务失职所应承担经济赔偿的责任形式，具体流程是在国家赔偿之后，国家公务人员主观上存在故意或重大过失时对其进行的责任追偿。行政处分是国家公务人员为其公务行为所承担的法律责任中最主要的责任形式。行政处分的形式有六种，包括警告、记过、记大过、降级、撤职、开除。

3. 环境行政相对人的行政责任形式

环境行政相对人的行政责任形式包括警告、罚款、责令重新安装使用、责令停止生产或使用、责令停产关闭、责令停止破坏行为、责令恢复破坏的生态环境和自然资源、没收、纪律处分等。

第四节　环境行政救济

环境行政救济是指在环境行政法律关系中，作为环境行政相对方的公民、法人或其他组织认为环境行政机关及其工作人员不履行法定职责或不依法履行法定职责，侵犯自己的合法权益，请求有关国家机关给予救济的法律制度。在我国，一般把环境行政救济的途径分为行政内救济和行政外救济。行政内救济包括环境行政复议、行政监察、信访制度及行政仲裁；行政外救济包括权力机关救济和司法机关救济。在上述救济途径中，环境行政复议救济和环境行政诉讼救济是当前我国环境行政救济的最主要和最基本的方式。有关环境行政诉讼将在第三章详细论述，本节主要介绍环境行政复议。

环境行政复议作为一种解决环境行政争议的重要途径和手段，是指法律规定的环境行政主体根据公民、法人或其他组织的申请，依照法定程序对引起争议的具体环境行政行为和部分抽象环境行政行为进行审查并重新做出处理的活动。

《中华人民共和国行政复议法》第 6 条第 1 款规定了申请行政复议的范围：①对行政机关作出的警告、罚款、没收违法所得、没收非法财物、责令停产停业、暂扣或者吊销许可证、暂扣或者吊销执照、行政拘留等行政处罚决定不服的；②对行政机关作出的限制人身自由或者查封、扣押、冻结财产等行政强制措施决定不服的；③对行政机关作出的有关许可证、执照、资质证、资格证等证书变更、中止、撤销的决定不服的；④对行政机关作出的关于确认土地、矿藏、水流、森林、山岭、草原、荒地、滩涂、海域等自然资源的所有权或者使用权的决定不服的；⑤认为行政机关侵犯合法的经营自主权的；⑥认为行政机关变更或者废止农业承包合同，侵犯其合法权益的；⑦认为行政机关违法集资、征收财物、摊派费用或者违法要求履行其他义务的；⑧认为符合法定条件，申请行政机关颁发许可证、执照、资质证、资格证等证书，或者申请行政机关审批、登记有关事项，行政机关没有依法办理的；⑨申请行政机关履行保护人身权利、财产权利、受教育权利的法定职责，行政机关没有依法履行的；⑩申请行政机关依法发放抚恤金、社会保险金或者最低生活保障费，行政机关没有依法发放的；⑪认为行政机关的其他具体行政行为侵犯其合法权益的。《中华人民共和国行政复议法》第 6 条前 10 项列举了可以申请行政复议的 7 种作为情形和 3 种不作为情形，第 11 项则属于概括性条款，除去上述 10 项情形外，其他具体行政行为侵犯公民、法人或其他组织合法权益的，也可以申请行政复议。

2008 年颁布的《环境行政复议办法》(环境保护部令第 4 号) 第 7 条对在环境行政救济领域产生的环境行政复议范围作出了规定：①对环境保护行政主管部门作出的查封、扣押财产等行政强制措施不服的；②对环境保护行政主管部门作出的警告、罚款、责令停止生产或者使用、暂扣、吊销许可证、没收违法所得等行政处罚决定不服的；③认为符合法定条件，申请环境保护行政主管部门颁发许可证、资质证、资格证等证书，或者申请审批、登记等有关事项，环境保护行政主管部门没有依法办理的；④对环境保护行政主管部门有关许可证、资质证、资格证等证书的变更、中止、撤销、注销决定不服的；⑤认为环境保护行政主管部门违法征收排污费或者违法要求履行其他义务的；⑥认为环境保护行政主管部门的其他具体行政行为侵犯其合法权益的。

环境行政复议应当依照《中华人民共和国行政复议法》规定的程序和方法进行。公民、法人或者其他组织对行政复议决定不服的，可以依照《中华人民共和国行政诉讼法》的规定向人民法院提起行政诉讼。但是法律规定行政复议决定为最终裁决的除外。另外，当事人对环保部门依法对环境民事纠纷作出的调解或者其他处理不服的，不得申请行政复议。

习题与讨论

[1] 简述我国环境行政管理机构的发展历程。
[2] 简述环境行政责任的构成要件。
[3] 简述环境行政相对人承担环境行政责任的形式。
[4] 环境行政救济的方式有哪些？

第三章　环境纠纷与环境损害的解决机制

我国已经建立了多元化的纠纷解决法律机制,建立了相对完备的纠纷解决制度框架,为纠纷解决提供了合理预期和规范指引。在理想状态中,当环境纠纷发生后,除去忍耐不采取行动外,争议双方可以通过协商、调解、仲裁、诉讼等方式解决,在某种方式没有起到作用时,可以采用其他方式解决,而诉讼则是最终的解决方式[8]。

(1) 诉讼　诉讼有规范性、权威性等优势,但是目前环境纠纷的诉讼解决方式的不足也影响了其作用的发挥,立法供给不足,环境实体法与程序法不健全,面对复杂的环境问题,法律难以完全做出回应。具体表现:现行立法诉讼资格过窄和起诉条件过严导致环境纠纷立案难;环境问题复杂,因果关系难以判定,法官专业素质不足,造成环境纠纷审理难;诉讼时间过长,地方保护主义,经济利益与环境利益博弈,造成环境纠纷案件执行难。此外,诉讼方式还存在专业性要求高、解决纠纷成本高等难题。

(2) 行政处理　行政处理包括行政调解和裁决。环境行政调解能减少纠纷的对抗性,有利于当事人在解纷过程中充分的利益表达,对于环境纠纷的事实认定、证据等因素要求稍低,能减轻解决纠纷成本;程序规范,避免了当事人因力量、地位不均衡带来的意思表达不实。但是产生的法律文件法律效力弱,执行力较低,调解书的实现只能依靠当事人的自觉,缺乏强制力保障,难以有效解决纠纷。就行政裁决而言,环境行政主体通过行政裁决解决环境纠纷,专业性强、程序规范、简便,权威性强,裁决结果具有可诉性,有利于迅速解决环境纠纷。但是受到行政主体害怕成为被告,独立性、中立性不强等因素影响,行政裁决并没有起到应有作用。

(3) 环境信访　环境信访是环境纠纷中采用广泛的解决方式。环境信访可以采用书信、电子邮件、传真、电话、走访等比较简便的方式,及时有效地表达利益诉求,解决纠纷成本低。但是环境信访只是将当事人的利益诉求转达于主管单位,最终仍是由原相关环境部门处理。受到政府解决纠纷积极性、公正性和有效性的影响,信访的解决纠纷效果难以稳定和持续,与纠纷解决机制追求的结果同一性不同,具有高度或然性。

(4) 仲裁　仲裁所具有的快捷、灵活、花费少、专业性、保密性强、效力高等优势,在国外的环境纠纷的解决中适用较多,但是目前我国的环境保护法律和仲裁法没有完全将环境纠纷解决纳入其中,目前仅适用于解决有关海洋环境污染的损害赔偿纠纷。

(5) 调解　在我国,调解方式主要有法院调解、行政调解和人民调解委员会调解三种形式。法院调解是指由法官主持并调解双方当事人纠纷的活动,同法院判决一样,也是法院解决环境纠纷的方式之一。行政调解根据主持调解的机关不同,可分为环境保护机关调解、上级主管机关调解、其他行政机关调解三种形式。行政调解具有权威性和稳定性,相较于其他种类的调解更加具有说服力。作为我国特色的人民调解制度,机构数量庞大,设置于基层,具有解决纠纷成本低、调解协议法律效力较高等特点,可以使当事人双方针对问题焦点进行了解、沟通,通过妥协与协商的程序,达成调解协议,弱化了双方的对抗性,有利于社会的稳定和谐。但是对于环境纠纷，人民调解的专业性相对较差，为了平息冲突，不免存在以经济利益换取环境利益的现象。受案范围较小也限制了人民调解作用的发挥。

（6）协商　通过双方协商谈判，有利于环境侵权纠纷实际上得以解决，并且降低了纠纷解决成本，促进了当事人双方关系和谐。但是也要看到在双方妥协的谈判过程中，面对强势的侵害人，受害方能否真实表达自己的意愿，以及妥协后的结果是否是以经济利益换取环境利益等问题。由于缺乏有效制度规范和外在强制性，谈判协商解决环境纠纷的效果并不理想。

第一节　环境民事诉讼

环境民事诉讼是指人民法院对平等主体之间有关环境权利义务的争议，依照民事诉讼程序进行审理和裁判的活动。

一、环境民事诉讼的特点

1. 突出集团诉讼制度的地位和作用

集团诉讼又称群体诉讼，主要适用于诉讼当事人一方或双方为多数人的一种诉讼。由于环境侵权的对象具有广泛性，使得民事诉讼主体变得复杂化，受害人数往往较多。在集团诉讼中，受害人一般只需要登记即可取得原告资格，民事判决对每一个集团诉讼的参与人均具有法律效力，判决对迟后起诉的权利人具有追及效力，即未参加登记的权利人，只要在诉讼时效期间内提起诉讼的，适用该案先前的判决或裁定。由于这些特点，运用集团诉讼可以大大方便对环境民事案件的审理，并可以更有效地保护当事人的环境民事权益。

2. 在归责原则上实行无过错责任原则

传统民事诉讼实行过错责任原则，致害人承担赔偿责任的前提是具有主观上的故意或过失。但这一原则运用到环境侵权民事诉讼领域则遇到了较大的挑战。许多环境污染侵权事件的发生并不与污染者的过错直接联系。许多情况下，即使污染者没有过错也可能造成环境侵权。此外，由于现代化工业生产活动的高度专门化与污染事件的复杂性，受害人往往很难证明致害者的过错。因此，传统民事诉讼的归责原则不利于保护人们的环境民事权益，也不利于污染者主动采取措施进行污染防治。所谓无过错责任，就是指损害发生后，不以行为人的主观过错为责任要件的归责标准。具体到环境民事责任领域，就是指无论致害者是否具有主观上的过错，只要其排污行为客观上造成了他人人身或财产的损害，就应当承担民事赔偿责任。

3. 在诉讼过程中实行举证责任倒置

传统民事诉讼要求"谁主张，谁举证"，即原告对自己主张的权利负有提出证据加以证明的责任，否则他将可能承担败诉的后果。《中华人民共和国民事诉讼法》第64条规定，"当事人对自己提出的主张，有责任提供证据"，便是这种举证责任。但在环境民事诉讼领域，这种举证责任却遇到了许多无法克服的困难。环境侵权是一个极其复杂的过程，它涉及物理、化学、生物、光学、声学等多学科多领域的具体内容，由于环境侵权的受害人多为公众和居民，诸多因素的限制使得其难以证明致害人行为的违法性。又因为环境侵权涉及企业生产过程中的许多商业秘密和技术秘密，更增加了原告承担举证责任的难度。在这种情况下，如果一味坚持传统民事诉讼的举证原则，必将不利于公众合法权益的维护以及对环境的保护。鉴于此，许多国家都在本国的环境立法中规定了举证责任倒置或转换的原则。《中华人民共和国侵权责任法》第 66 条规定,"因污染环境发生纠纷,污染者应当就法律规定的不承担责任或者减轻责任的情形及其行为与损害之间不存在因果关系承担举证责任"。

4. 在因果关系的证明上采用因果关系推定

一般民事诉讼都要求侵权行为人实施的致害行为与损害结果之间有直接因果关系,并要求原告提出证据加以证明。如果致害行为与损害结果之间不具有直接因果关系,则原告在诉讼中也会面临败诉的危险。但由于环境侵权的特殊性与复杂性,这种直接因果关系在环境侵权民事诉讼中也遇到了困难。2015 年 6 月《最高人民法院关于审理环境侵权责任纠纷案件适用法律若干问题的解释》(法释〔2015〕12 号)第 6 条规定,被侵权人根据《中华人民共和国侵权责任法》第 65 条规定请求赔偿的,应当提供证明以下事实的证据材料:①污染者排放了污染物;②被侵权人的损害;③污染者排放的污染物或者其次生污染物与损害之间具有关联性。第 7 条规定,污染者举证证明下列情形之一的,人民法院应当认定其污染行为与损害之间不存在因果关系:①排放的污染物没有造成该损害可能的;②排放的可造成该损害的污染物未到达该损害发生地的;③该损害于排放污染物之前已发生的;④其他可以认定污染行为与损害之间不存在因果关系的情形。显然,这里采取了因果关系推定的立场。所谓因果关系推定,是指在损害发生后,数个行为都有可能造成损害,在不能确定谁是致害行为人,或因果关系难以确定时,法律从公平正义和保护受害人的角度出发,推定某行为人的行为与损害结果之间具有因果关系。

5. 适当延长了民事诉讼时效期间

时效制度是民事诉讼制度的一个重要内容,其意义主要在于稳定财产关系,使其尽早摆脱不稳定状态;催促权利人及时行使自己的权利;便于法院及早解决纠纷,提高民事诉讼的效率。理论上,时效既不应规定得太长,也不宜规定得过短,否则都不利于保护诉讼当事人的权利。在我国,传统民事诉讼的时效主要有两类:一类是一般诉讼时效,期间为 2 年;另一类是特殊诉讼时效,期间为 1 年或 20 年。但在环境保护领域,由于环境侵权的特殊性,尤其是损害结果的潜伏性、滞后性以及因果关系的复杂性,在确认和判断损害结果的事实及提供有关证据方面,环境侵权民事诉讼往往要较一般民事诉讼具有更高的难度。在这种情况下,如果仍使用传统民事诉讼时效期间的规定,则显然是极不利于保护受害者的。因此,在环境民事诉讼领域,适当地延长诉讼的时效期间便具有非常重要的意义。为此,我国《环境保护法》第 66 条规定,"提起环境损害赔偿诉讼的时效期间为 3 年,从当事人知道或者应当知道其受到损害时起计算"。这体现了环境侵权民事诉讼程序对受害人及社会公益的保护,是环境侵权民事诉讼对我国传统民事诉讼在时效上的重要发展。

二、环境民事诉讼的分类

(1) 停止侵害之诉 指依法请求已经从事或正在从事污染和破坏环境资源的侵权行为人停止其实施侵害行为的诉讼。这是一种积极的诉讼,有利于防止环境资源污染、破坏的扩大。

(2) 排除妨碍之诉 指环境资源民事主体一方在开发利用环境资源过程中影响了他方环境权利的行使而引发的诉讼。这里的妨碍是民事违法行为,对他人环境权利的行使造成不当影响,因此,受害人可依法请求排除妨碍。

(3) 消除危险之诉 这种诉讼是指由于环境侵权行为给他人的人身、财产以及环境权益构成威胁时,受害方依法请求采取有效措施除去危险的诉讼活动。此时环境侵害行为虽还未造成环境危害结果,却潜伏着发生的必然性。

(4) 损害赔偿之诉 指环境资源法律主体一方由于环境侵权行为使其人身、财产和环境权益遭到损害时,依法向人民法院提起的诉讼。损害赔偿是环境侵权民事责任中广泛适用的一种责任形式,也是一种最基本的责任形式。对所有因污染环境而给他人人身造成伤害或给财产造成损失的行为,受害人都可以向加害人提出赔偿损失的请求。这种责任形式可以通过补偿受害人的损失来保护其利益不受侵犯。

(5) 恢复原状之诉 指环境资源法律主体一方在环境侵权行为造成环境资源质量恶化或环境资源要素损害的情形下,依法请求侵害方将环境资源恢复到被侵犯前状态的诉讼活动。

在司法实践中,当事人往往是同时提起上述两种或两种以上的环境侵权民事诉讼,以达到保护自身环境权益的目的[9]。

三、环境侵权民事责任

我国现行的民事法律规范中,有关环境侵权民事责任的规定主要集中在《民法通则》和《中华人民共和国侵权责任法》(以下简称《侵权责任法》)中。《民法通则》第124条和《侵权责任法》第65条都明确了环境污染应承担民事责任。在环境法律规范中,《环境保护法》《中华人民共和国水污染防治法》(以下简称《水污染防治法》)《中华人民共和国大气污染防治法》(以下简称《大气污染防治法》)《中华人民共和国海洋环境保护法》(以下简称《海洋环境保护法》)以及《中华人民共和国固体废物污染环境防治法》(以下简称《固体废物污染环境防治法》)等,分别就具体领域的环境侵权责任作出了比较明确的规定。

1. 环境侵权民事责任的构成

在民事侵权行为法中,一般认为民事责任的成立必须满足四个要件:第一,行为人实施了侵权行为;第二,有损害结果发生;第三,行为人具有过错;第四,行为人的行为与损害结果有因果关系。依我国《侵权责任法》第65条的规定,作为特殊侵权行为的环境侵权行为的民事责任构成要件有行为人实施了污染环境的行为、受害人的权益受到损害、损害结果和污染环境的行为具有因果关系。

2. 环境侵权民事责任方式

《民法通则》第134条规定,当事人承担民事责任的方式包括十种:停止侵害,排除妨碍,消除危险,返还财产,恢复原状,修理、重作、更换,赔偿损失,支付违约金,消除影响、恢复名誉,赔礼道歉。这些民事责任方式,既可以单独适用,也可以合并适用。一般认为,这其中,除了支付违约金外,其他民事责任方式都可以作为侵权责任形式,但这只是理论上的认识,并没有法律条文的明确支持。对侵权民事责任方式作出明确规定的是《侵权责任法》,该法第15条明确规定了承担侵权责任的八种方式,即停止侵害,消除危险,排除妨碍,恢复原状,返还财产,赔偿损失,赔礼道歉,消除影响、恢复名誉。在上述责任承担方式中,可以运用到环境民事侵权责任的主要有停止侵害、排除妨碍、消除危险、恢复原状、赔偿损失。

3. 环境侵权责任的抗辩事由

环境侵权责任抗辩事由,是指环境侵权案件中,存在依法律规定,可以免除或者减轻环境侵权人民事责任的事实和理由。在我国,环境侵权责任抗辩事由包括了免除责任的事由和减轻责任的事由,具体而言,大致可以分为不可抗力、第三者的过错、受害人自己的过错三种类型。

(1) 不可抗力 根据我国《民法通则》第153条的规定,不可抗力指"不能预见、不能避免并且不能克服的客观情况"。该种客观情况一般包括自然灾害和社会原因,如地震、泥石流、战争、政变等。不可抗力作为环境侵权的法定抗辩事由，在我国《海洋环境保护法》《环境保护法》《大气污染防治法》《水污染防治法》四部法中有明确规定。

(2) 第三者的过错　《侵权责任法》第 68 条规定，因第三人的过错污染环境造成损害的，被侵权人可以向污染者请求赔偿，也可以向第三人请求赔偿。污染者赔偿后，有权向第三人追偿。《海洋环境保护法》第 90 条规定，造成海洋环境污染损害的责任者，应当排除危害，并赔偿损失；完全由于第三者的故意或者过失，造成海洋环境污染损害的，由第三者排除危害，并承担赔偿责任。《水污染防治法》第 85 条规定，因水污染受到损害的当事人，有权要求排污方排除危害和赔偿损失。水污染损害是由第三人造成的，排污方承担赔偿责任后，有权向第三人追偿。

(3) 受害人自己的过错　在环境侵权法中，受害人过错，是指"由于受害人自身的过错而导致环境污染损害事故的发生，并使其自身的人身或财产权益受到损害"。按照过错程度的不同又区分为故意、重大过失和一般过失。环境侵权受害人过错可否成为环境侵权民事责任的抗辩事由，取决于受害者的过错程度，环境侵权受害者的故意及重大过失应当成为环境侵权民事责任的抗辩事由，但是，环境侵权受害者的一般过失能否成为环境侵权民事责任追害抗辩事由则应视具体情况而定。

第二节　环境行政诉讼

环境行政诉讼是人民法院根据对具体环境行政行为不服的公民、法人或者其他组织（环境行政相对人）的请求，在双方当事人和其他诉讼参与人的参加下，依照法定程序，审理并裁决环境行政争议案件的司法活动。

一、环境行政诉讼的特点

① 环境行政诉讼的主体具有独特性。环境行政诉讼的原告只能是环境行政相对人，包括法律、法规规定必须接受环境行政管理机关管理的公民、法人或其他组织，其被告只能是环境行政管理机关。

② 环境行政诉讼的标的是环境行政争议。所谓环境行政争议是指环境行政管理机关及其工作人员在实施环境监督管理的过程中与相对方就环境法律关系中的权利义务所发生的分歧或争执。环境行政诉讼是解决环境行政争议的重要途径之一。

③ 环境行政诉讼的司法审查功能。环境行政诉讼作为一种制度设计，其核心就是审查具体环境行政行为的合法性，对行政管理机关及其工作人员行使职权起着监控作用。

二、环境行政诉讼的分类

(1) 确认之诉　主要是指环境行政管理相对人请求人民法院确认被诉具体环境行政行为违法或者无效的诉讼。根据《最高人民法院关于执行〈中华人民共和国行政诉讼法〉若干问题的解释》，确认之诉适用于以下情形：被告不履行法定职责，但判决责令其履行法定职责已无实际意义的；被诉具体行政行为违法，但不具有可撤销内容的；被诉具体行政行为依法不成立或者无效的。

(2) 履行之诉　是指环境行政管理相对人请求人民法院责令环境行政管理机关履行法定职责而引发的诉讼。

（3）变更之诉 是指环境行政管理相对人认为环境行政管理机关的行政处罚显失公正，请求人民法院予以变更的诉讼。

（4）撤销之诉 是指环境行政管理相对人认为环境行政管理机关的具体行政行为违法，请求人民法院予以撤销而引起的诉讼。

（5）赔偿之诉 是指环境行政管理相对人认为环境行政管理机关的具体行政行为侵犯其合法环境利益并造成实际损害，请求人民法院判令环境行政主体赔偿其损害的诉讼。

三、环境行政诉讼受案范围

环境行政诉讼的受案范围，是指人民法院受理环境行政纠纷、裁判行政争议的范围，即法律规定的由人民法院审理一定范围内行政纠纷的权限。主要包括环境行政诉讼当事人：①不服环保机关作出的行政处罚决定；②不服环保机关作出的查封、扣押等行政强制措施；③不服环保机关作出的许可决定，或者环保机关拒绝或在法定期限内不予答复；④申请行政机关履行保护人身权、财产权等合法权益的法定职责，行政机关拒绝履行或者不予答复的；⑤环保机关违法要求履行义务的；⑥认为行政机关侵犯其他人身权、财产权等合法权益的。

第三节 环境刑事诉讼

一、环境犯罪

环境犯罪是典型的法定犯，它是随着时代的发展，在严重的环境问题出现之后，才逐渐被法律规定为犯罪的。最近 20 年来，全球整体上有一个明显的趋势，就是将环境违法行为刑事化，原因是大家普遍意识到行政性的环境保护措施的效果有时非常有限。我国的情况也不例外，随着以刑法控制污染逐渐成为环境管治的重点策略，政府系统地着手进行环境刑事立法。我国人大立法对环境资源犯罪的规定，最早可以追溯到 1979 年制定的《环境保护法（试行）》，规定严重污染和破坏环境造成重大损失的，可追究责任人的刑事责任。在后来制定颁布的《水污染防治法》《大气污染防治法》以及有关自然资源立法和后来修改的《环境保护法》中也分别规定了刑事责任的条款。1997 年施行的《刑法》在第 6 章第 6 节"妨碍社会管理秩序罪"中专门设立了"破坏环境资源保护罪"一节。此外，《刑法》的其他章节也规定了一些与环境污染、资源破坏相关的犯罪，如环境监管失职罪、非法低价出让国有土地使用权罪等。为适应形势不断发展和打击新型犯罪的需要，立法机关多次以刑法修正案的方式对《刑法》中的环境犯罪规定进行修正，并通过立法解释的方式对相应刑法的适用规范作出解释。

二、环境犯罪的构成要件

1. 环境犯罪的主体

环境犯罪的主体是指实施了危害环境的行为，构成环境犯罪，因而必须承担刑事责任的人，包括自然人、法人和其他组织。自然人环境犯罪主体必须达到刑事责任年龄，具备刑事责任能力。环境犯罪虽然可以由自然人而为，但是大部分造成严重危害的环境犯罪行为是由法人和其他组织完成的。法人和其他组织在其生产、经营活动的过程中，出于理性经济人追求利益最大化的动机，会不顾及周围环境的恶化，一味追求经济利益与企业效益，这就造成了环境的污染和生态的破坏,并间接导致人类生命和健康的损害。

2.环境犯罪的主观方面

环境犯罪的主观方面是指行为人实施环境犯罪行为时,对其危害环境的行为及其可能发生的污染环境或破坏环境的结果所持的心理态度。不同国家的环境刑事立法对环境犯罪的主观心态的要求不同。有的国家规定环境犯罪的主观方面必须具有故意或者过失,有些国家,如英美法系国家,除了规定故意和过失外,还规定了无过错责任。

我国《刑法》坚持主客观相一致的原则,追究行为人的刑事责任,不仅要求客观上要有危害行为,而且要求主观上要有犯罪动机,即必须有故意或者过失,不是在故意或过失支配下实施的行为,即使造成了损害结果,也不构成犯罪。基于此,我国环境刑事立法也是要求环境犯罪的成立主观上必须具备故意或者过失。从我国《刑法》规定的环境犯罪来看,主观上多是出于故意。在"破坏环境资源保护罪"这一专门规定环境犯罪的章节中,只有重大环境污染事故罪属于典型的过失环境犯罪。环境犯罪的过失是指环境犯罪主体因违背有关环境管理规范,违反从事生产经营应当秉持的注意义务,进而造成环境破坏的危害行为。

3.环境犯罪的客体

将环境纳入《刑法》保护范围最初并不在于保护生态环境、维护生态平衡,而是为了保护因污染与破坏生态环境所导致的公私财产损害和人身损害。传统观点认为,《刑法》保护的是因环境问题损害的人身利益和财产利益。只有当环境污染和破坏行为威胁到人身利益和财产利益时,才考虑对污染环境和破坏生态安全的行为科以刑罚。

然而随着社会的发展和人们对环境保护认识的不断深入,在理论中环境亦作为环境犯罪所侵犯的客体被很多人提出,人们开始认识到"环境"本身在环境犯罪客体构造中的重要地位,以及环境本身是环境犯罪客体所承载的对象,而并非是人或财产,生态环境的独立价值逐渐被人们关注。《刑法》保护的法益不只是人身利益和财产利益,还应当包括环境利益。严重的环境问题致使人身利益和财产利益遭受的是一种间接损害结果,环境利益的损害才是直接的损害结果。如今,在对环境犯罪的客体认识上,从传统人本主义法益向环境犯罪所侵害的环境法益的转变,已经成为世界各国环境法学理论和立法发展的共同趋势。

4.环境犯罪的客观方面

犯罪客观方面,是指《刑法》所规定的,说明行为对《刑法》所保护的社会关系造成侵害的客观外在事实特征。环境犯罪的客观方面包括危害行为、危害结果以及危害行为和危害结果之间的因果关系。

环境危害行为是由行为人意识和意志支配的,危害或足以危害人类利益或者生态环境利益的行为人的行为,既包括传统模式下规定的危害人类利益的环境危害行为,也包括在此基础上发展起来的现代模式下规定的造成人类利益和环境利益危险状态的行为,还包括不产生实际危害结果或危险状态,但违反法律对环境保护的相关规定的行为[10]。

危害结果既包括环境危害行为对人类利益和环境利益造成的现实物质性损害,也包括环境危害行为对人类利益和环境利益造成的危险状态。

传统的刑法因果关系理论在认定因果关系成立时,要求控方能够以足够的证据证明危害结果是由加害人的行为造成的。而在环境犯罪中,环境犯罪的特殊性使得在判定环境犯罪因果关系时非常困难,各国刑法学界开展了广泛探讨,将民事救济上的因果关系理论应用到环境犯罪的因果关系判定上,形成了环境犯罪因果关系推定理论。这一理论中的"疫学因果关系说""间接反证说""因果关系推定说"是其中最具代表性的学说。

三、环境刑事责任

环境刑事责任指行为人违反国家《刑法》关于保护环境和自然资源的规定,实施了严重危害环境的行为,造成或可能造成重大环境污染或环境破坏,从而构成犯罪所应负的刑事制裁的法律责任[11],包括自由刑、财产刑。

我国环境犯罪的自由刑包括管制、拘役、有期徒刑、无期徒刑,其中适用最广的是有期徒刑。环境犯罪的有期徒刑主要有以下几个量刑幅度:3年以下有期徒刑、3年以上7年以下有期徒刑、7年以上有期徒刑、5年以下有期徒刑、5年以上有期徒刑、5年以上10年以下有期徒刑、10年以上有期徒刑等。如《刑法》将"走私珍贵动物、珍贵动物制品罪"的法定最高刑设置为死刑,将"非法捕猎、杀害珍贵、濒危野生动物罪"的法定最高刑规定为10年以上有期徒刑。

财产刑包括罚金和没收财产。罚金刑在环境犯罪领域的适用非常普遍,我国《刑法》"破坏环境与资源保护罪"一节有关环境犯罪的条文无一例外地都规定了有关罚金刑的适用,但没收财产刑在环境犯罪中还不具有普遍的适用性。

第四节　环境公益诉讼

环境公益诉讼是指公民、社会团体和其他组织针对行政机关、企事业单位或其他组织及个人的不当行为或违法行为致使环境受到或可能受到污染和破坏的情势下,为维护环境公共利益不受损害而依法向法院提起诉讼的制度。

一、环境公益诉讼的特点

1. 环境公益诉讼的诉权放宽

一方面,环境公益诉讼对原告的起诉资格不再是人身权和财产权受到非法侵害的人,环境的侵害成为具有原告资格的充分理由。另一方面,承认公民个人和社会团体有原告的起诉资格,如承认环保组织有原告的起诉资格,是对原告资格与损害有直接利害关系的突破。

2. 环境公益诉讼适格主体的扩展

一方面,因为环境公共利益与当代的每个人以及子孙后代都是密切相关的,它直接关系到人们的生命、健康和社会经济的可持续发展。所以,提起环境公益诉讼的社会成员,既可以是直接的受害人,其诉讼请求包括保护私益和公益,而且往往是原告个人的利益较小,而公共的利益较大;也可以是无直接利害关系,但其利益因为环境公益受损而最终会受到间接损害的公民、企事业单位和社会团体。他们都可以依据法律的授权,以自己的名义提起诉讼。另一方面,环境公益诉讼的对象既包括一般的民事主体,也包括国家行政机关及其公务员。一般的民事主体,如企事业单位和个人,其生产和生活活动造成的环境污染和破坏都可能对环境公共利益造成损害,且这种损害是无时无刻、无处不在的,传统的环境行政控制受制于各种因素的影响,有时难以解决。因此,一般的民事主体当其行为对环境公共利益构成损害,而环境行政控制无力或不能干预时,即可成为环境公益诉讼的对象。另外,伴随着行政权的不断扩张,公共利益的维护者——国家,其有关行政机关及公务员在利益衡量及其他因素的影响下,未履行法定职责,应作为而不作为,不应作为而作为的情形屡有发生,从而构成了对环境公共利益的损害,更有甚者,国家推行的一些开发计划、方案,由于忽视了环境保护的要求，对环境公共利益所造成的损害远远大于一般的民事主体。所以，国家行政机关及其公务员的不当行政行为，也应成为环境公益诉讼的对象。

3.环境公益诉讼的公益性目的

环境公共利益作为社会这一系统所具有的独立的利益，区别于社会成员的个体利益，这种区别，主要体现在利益内容的特殊性上。环境公共利益并非社会个体成员的环境利益的总和，一方面，社会个体成员的环境利益与环境公共利益密不可分，但另一方面，环境公共利益与环境个体利益在内容上并不具有同等性和可比性。个人环境利益被满足，并不意味着整个社会环境公共利益也被满足了。因此，环境公益诉讼与基于传统理论的环境侵权损害个案救济的私益诉讼有着根本的不同，其诉讼主张指向的是环境公共利益而非某个人或某些人的环境利益。

4.环境公益诉讼的预防性功能

由于环境公共利益不同于一般的社会公共利益，其一旦受到损害，事后的补救比较困难，需要耗费大量的人力、物力和财力，有时甚至是无法弥补和挽救的。为此，环境公益诉讼的提起不以发生实质性的损害为要件，即对环境公益的侵害不需要现实地发生，只要根据有关的情况合理地判断其具有发生侵害的可能性即可提起诉讼，甚至是在科学不确定性的情况下，这有利于把潜在的大规模环境污染和破坏消灭在萌芽状态，因而对维护环境公共利益具有特别重要的意义[9]。

二、我国环境公益诉讼的发展

2012年8月31日修改并于2013年1月1日实施的《中华人民共和国民事诉讼法》第55条规定，"对污染环境、侵害众多消费者合法权益等损害社会公共利益的行为，法律规定的机关和有关组织可以向人民法院提起诉讼"。这是我国第一个有关环境公益诉讼的立法条文。

2014年4月24日修改并于2015年1月1日实施的《环境保护法》第58条规定，对污染环境、破坏生态、损害社会公共利益的行为，符合下列条件的社会组织可以向人民法院提起诉讼：①依法在设区的市级以上人民政府民政部门登记；②专门从事环境保护公益活动连续5年以上且无违法记录。符合前款规定的社会组织向人民法院提起诉讼，人民法院应当依法受理。提起诉讼的社会组织不得通过诉讼牟取经济利益。

此后有关部门颁布了一系列文件，指导环境公益诉讼的开展，包括《最高人民法院、民政部、环境保护部关于贯彻实施环境民事公益诉讼制度的通知》（法［2014］352号）、中央全面深化改革领导小组第12次会议于2015年5月审议通过的《检察机关提起公益诉讼改革试点方案》、十二届全国人大常委会第十五次会议作出的《全国人民代表大会常务委员会关于授权最高人民检察院在部分地区开展公益诉讼试点工作的决定》《人民检察院提起公益诉讼试点工作实施办法》（高检发释字［2015］6号）、《最高人民法院关于审理环境民事公益诉讼案件适用法律若干问题的解释》（法释［2015］1号）。

三、环境民事公益诉讼

1.社会组织提起的环境公益诉讼

社会组织依据《环境保护法》第58条和《最高人民法院关于审理环境民事公益诉讼案件适用法律若干问题的解释》（法释［2015］1号），可以提起环境民事公益诉讼。

提起环境民事公益诉讼的社会组织的资格：①在设区的市级以上人民政府民政部门登记

的社会团体、民办非企业单位以及基金会等，其中"设区的市级"包括设区的市、自治州、盟、地区，不设区的地级市、直辖市的区；②社会组织章程确定的宗旨和主要业务范围是维护社会公共利益，应与其宗旨和业务范围具有关联性；③社会组织在提起诉讼前5年内未因从事业务活动违反法律、法规的规定受过行政、刑事处罚。

（1）受案范围 环保组织可以对已经损害社会公共利益或者具有损害社会公共利益重大风险的污染环境、破坏生态的行为提起诉讼。

（2）诉讼管辖 第一审环境民事公益诉讼案件由污染环境、破坏生态行为发生地、损害结果地或者被告住所地的中级以上人民法院管辖。中级人民法院认为确有必要的，可以在报请高级人民法院批准后，裁定将本院管辖的第一审环境民事公益诉讼案件交由基层人民法院审理。同一原告或者不同原告对同一污染环境、破坏生态行为分别向两个以上有管辖权的人民法院提起环境民事公益诉讼的，由最先立案的人民法院管辖，必要时由共同上级人民法院指定管辖。经最高人民法院批准，高级人民法院可以根据本辖区环境和生态保护的实际情况，在辖区内确定部分中级人民法院受理第一审环境民事公益诉讼案件。中级人民法院管辖环境民事公益诉讼案件的区域由高级人民法院确定。

（3）责任方式 对污染环境、破坏生态，已经损害社会公共利益或者具有损害社会公共利益重大风险的行为，原告可以请求被告承担停止侵害、排除妨碍、消除危险、恢复原状、赔偿损失、赔礼道歉等民事责任。原告请求恢复原状的，人民法院可以依法判决被告将生态环境修复到损害发生之前的状态和功能。无法完全修复的，可以准许采用替代性修复方式。人民法院可以在判决被告修复生态环境的同时，确定被告不履行修复义务时应承担的生态环境修复费用，也可以直接判决被告承担生态环境修复费用。

2. 检察机关提起的环境民事公益诉讼

（1）诉前程序 人民检察院在提起民事公益诉讼之前，应当履行以下诉前程序：①依法督促法律规定的机关提起民事公益诉讼；②建议辖区内符合法律规定条件的有关组织提起民事公益诉讼。有关组织提出需要人民检察院支持起诉的，可以依照相关法律规定支持其提起民事公益诉讼。法律规定的机关和有关组织应当在收到督促起诉意见书或者检察建议书后1个月内依法办理，并将办理情况及时书面回复人民检察院。经过诉前程序，法律规定的机关和有关组织没有提起民事公益诉讼，或者没有适格主体提起诉讼，社会公共利益仍处于受侵害状态的，人民检察院可以提起民事公益诉讼。人民检察院可以向人民法院提出要求被告停止侵害、排除妨碍、消除危险、恢复原状、赔偿损失、赔礼道歉等诉讼请求。

（2）原告地位 检察机关以公益诉讼人身份提起民事公益诉讼，诉讼权利义务参照《民事诉讼法》关于原告诉讼权利义务的规定。对于人民法院作出的民事公益诉讼判决、裁定，当事人依法提起上诉、人民检察院依法提起抗诉或者其他当事人依法申请再审且符合《民事诉讼法》规定的，分别按照《民事诉讼法》规定的第二审程序、审判监督程序审理。

四、环境行政公益诉讼

人民检察院履行职责中发现生态环境和资源保护、国有资产保护、国有土地使用权出让等领域负有监督管理职责的行政机关违法行使职权或者不作为，造成国家和社会公共利益受到侵害，公民、法人和其他社会组织由于没有直接利害关系，没有也无法提起诉讼的，可以向人民法院提起行政公益诉讼。人民检察院履行职责包括履行职务犯罪侦查、批准或者决定逮捕、审查起诉、控告检察、诉讼监督等职责。

1. 诉前监督程序

在提起行政公益诉讼之前，人民检察院应当先行向相关行政机关提出检察建议，督促其纠正违法行为或者依法履行职责。行政机关应当在收到检察建议书后1个月内依法办理，并将办理情况及时书面回复人民检察院。经过诉前程序，行政机关拒不纠正违法行为或者不履行法定职责，国家和社会公共利益仍处于受侵害状态的，人民检察院可以提起行政公益诉讼。人民检察院可以向人民法院提出撤销或者部分撤销违法行政行为、在一定期限内履行法定职责、确认行政行为违法或者无效等诉讼请求。

2. 诉讼管辖

人民检察院提起行政公益诉讼的案件，一般由违法行使职权或者不作为的行政机关所在地的基层人民检察院管辖。违法行使职权或者不作为的行政机关是县级以上人民政府的案件，由市（分、州）人民检察院管辖。有管辖权的人民检察院由于特殊原因，不能行使管辖权的，应当由上级人民检察院指定本区域其他试点地区人民检察院管辖。上级人民检察院认为确有必要，可以办理下级人民检察院管辖的案件。下级人民检察院认为需要由上级人民检察院办理的，可以报请上级人民检察院办理。

习题与讨论

[1] 简述破坏环境与资源罪的犯罪构成要件。
[2] 试论环境与资源保护法的民事责任承担方式。
[3] 试述环境民事诉讼的特点。
[4] 论环境民事责任中的无过错责任原则。
[5] 简述破坏环境与资源罪的犯罪构成要件。

阅读材料

[英] 马克·韦尔德著. 环境损害的民事责任——欧洲和美国法律与政策比较 [M]. 张一心，吴婧译. 北京：中国商务出版社，2017.

第四章 环境与资源保护法的基本原则

法的基本原则，即事情的道理。大陆法系国家通常是"以社会通念、公序良俗、信义诚实之原则等言词表现，最终存在于社会生活的根本理念中以为补充法欠缺的工具"。在英美法系国家，法的原则表达了"详细的法律规则和具体的法律制度的基本目的，因为，人们把原则看做使这些基本目的始终如一、紧密一致、深入人心，从而使其完全理性化的东西。因此，法律原则正是规则与价值的交汇点"[12]。法的基本原则体现着法的本质和根本价值，是整个法律活动的指导思想和出发点，构成法律体系的灵魂，决定着法的统一性和稳定性[13]。我国《环境保护法》第5条规定了"坚持保护优先、预防为主、综合治理、公众参与、损害担责"的环境保护基本原则。

第一节 保护优先原则

在各国的环境立法和学者们的著述中，很少有关保护优先原则的直接论述。保护优先这种提法在我国党和政府的一些文件中有所提及，如2005年《国务院关于落实科学发展观加强环境保护的决定》中提到："在生态环境脆弱的地区和重要生态功能保护区实行限制开发，在坚持保护优先的前提下，合理选择发展方向，发展特色优势产业，确保生态功能的恢复与保育，逐步恢复生态平衡"[14]。2006年《中华人民共和国国民经济和社会发展第十一个五年规划纲要》第二十章"推进形成主体功能区"中提到："要坚持保护优先、适度开发、点状发展，因地制宜发展资源环境可承载的特色产业，加强生态修复和环境保护，引导超载人口逐步有序转移，逐步成为全国或区域性的重要生态功能区。"2011年《中华人民共和国国民经济和社会发展第十二个五年规划纲要》中提到："对限制开发的农产品主产区和重点生态功能区，分别实行农业发展优先和生态保护优先的绩效评价，不考核地区生产总值、工业等指标"。根据这些论述，可以推断，保护优先至少有一层含义，即对于生态脆弱的地区和重要的生态功能区，应本着保护优先的原则发展。

还有学者认为，该原则是执行国家环境管理职能的环境管理机关在环境管理活动中应当遵循的原则，即遇到环境（生态）风险科学性不确定的情形时，应以保护环境（生态）为优先原则。"保护优先"原则与"预防为主"原则形成功能互补，即以"预防为主"原则针对可在科学上确定的环境损害、以"保护优先"原则针对暂时无法在科学上确定的环境风险[15]。在遇有严重或不可逆转损害的威胁时，不得以缺乏科学充分确定证据为理由，延迟采取符合成本效益的措施防止环境恶化。

第三种观点认为，保护优先原则的目的是回答经济发展与环境保护这一关系，但这一观点值得商榷。《环境保护法》第4条提出，"保护环境是国家的基本国策。国家采取有利于节约和循环利用资源、保护和改善环境、促进人与自然和谐的经济、技术政策和措施，使经济社会发展与环境保护相协调"。从这一条来看，二者仍是协调发展的关系，不能单纯地认定谁具有优先权。而且脱离经济发展的基础，将环境保护利益绝对化，本身也不符合科学发展的客观规律。

第二节 预防原则

预防原则最早出现于20世纪70年代国际海洋法，经由数十年的实践，预防原则于20世纪90年代正式被各国认可为法律原则。1992年联合国《里约宣言》第15条规定："为保护环境，各国应依据其能力广泛使用预防性作法。当存在不可恢复之损害之威胁时，缺乏充分科学证据之事实，不得作为延缓采取符合成本效益以防止环境恶化之措施之理由"。此外，《联合国气候变化框架公约》以及《生物多样性公约》中也均提及预防原则。

一、预防原则产生的背景

19世纪初，为了扩大生产，积累财富，在工业化的推动之下，甚至不惜以牺牲环境为代价来获取经济利益，人类大力发展经济，忽略了资源环境保护。这一行为产生了一系列严重的后果，人类为此付出了惨痛的代价，20世纪中叶，全球此起彼伏的环境公害事件，将各国从经济增长的喜悦中警醒。环境污染问题逐渐成为国际化的问题。随着经济全球化，环境污染问题也不断显现出区域化、全球化趋势。环境问题一旦产生，并不是一朝一夕能解决的，人们在花费巨额费用却不能使环境状况恢复时，也认识到有些环境破坏是不能修复的。因此，自20世纪70年代以来，人类开始将环境问题作为全球性重大议题。在这一时期，人们也认识到与事后修复相比，事前预防才是解决环境问题之道。因此，将环境保护和环境管理的核心从末端治理转向源头控制和全过程管理，强调应采取事前预防措施，防止环境危害的发生或进一步扩大。

1972年关于环境问题的第一次世界性会议在瑞典首都斯德哥尔摩召开，其最重要的贡献是制定了重要的国际环境法规则，预防原则是其中之一。1982年举行的人类环境会议通过了《内罗毕宣言》，该宣言强调了《斯德哥尔摩宣言》的原则依然有效，并提出包含预防原则在内的一些原则性内容。目前预防原则已成为各国国内环境法和国际环境法中最普遍的基本原则之一。

预防原则强调在环境治理过程中，要将事前预防与事中事后治理相结合，并优先采用防患于未然的方式。对开发和利用环境行为所产生的环境质量下降或者环境破坏等应当事前采取预测、分析和防范措施，以避免、消除由此可能带来的环境损害。某些环境污染和生态破坏具有不可逆性，或治理和恢复代价高昂，国际经验表明经济活动中产生的许多环境问题可以采取预防措施得到解决或得到控制。我国环境法中的环境影响评价制度、三同时制度、排污许可证制度等均体现了这一原则的要求。

二、风险防范原则

风险防范原则起源于德国。20世纪70年代初，德国在经济发展和环境保护的实践中逐步认识到，仅仅限于对已有科学依据确定会发生的破坏行为采取预防措施是不够的，必须对潜在的不确定的环境风险有一种深刻且全面的认识，进而采取有效的方式预防这种风险可能带来的损害后果。因而，德国针对其潜在的环境污染问题，提出"Vorsorgeprinzip"（"前瞻原则"或"预防原则"），其核心是"为避免环境损害进行长远计划，通过全面调查和研究检测环境和健康危险,在得到关于损害的确定性证据之前采取行动"。该原则的实质就是在无法完全证实潜在的环境风险与损害后果存在因果关系时,本着保障后代人生产环境得以持续发展的态度,必须采取相应措施来最大化地预防各类环境风险[16]。

1982年,联合国大会通过了《世界自然宪章》,该宪章规定,应控制那些可能影响大自然的活动,并应采用能尽量减轻对大自然造成重大危险或其他不利影响的现有最优良技术,特别是应避免那些可能对大自然造成不可挽回的损害的活动。在进行可能对大自然造成重大危险的活动之前应先彻底调查。这种活动的倡议者必须证明预期的益处超过大自然可能受到的损害。如果不能完全了解可能造成的不利影响,活动即不得进行。在进行可能干扰大自然的活动之前应先估计后果,事先尽早研究开发项目对环境的影响。如确定要进行这些活动,则应周密计划之后再进行,以便最大限度地减低可能造成的不利影响。这意味着国际社会开始普遍关注那些可能影响自然环境的活动,认识到环境风险引发的不利影响是难以挽回的,基于一种谨慎负责的态度必须采取并利用现有最优良的技术,尽可能地控制各类环境风险。

在德国的积极推动下,风险防范原则进入了国际环境保护领域,它第一次形式化运用是在海洋环境保护和臭氧层保护领域。20世纪90年代,可持续发展战略被世界各国广泛接受和推崇,1992年,里约环境与发展大会召开,可持续发展成为大会的主题。该会议通过的几个文件都对风险防范原则进行明确规定。此后,该原则逐步出现于其他环境保护领域,这些领域都存在不确定环境风险的威胁,如危险物品管制、气候变化、生物多样性保护、臭氧层保护等。这一原则在欧盟和其他欧洲的许多国家环境法中运用最为广泛。另外,越来越多的美洲、亚洲、非洲国家也认同这一原则。但在关于风险防范原则的表述和内涵方面,国际环境法学界仍存在争议。

三、预防原则与风险防范原则的关系

学者们对预防原则和风险防范原则有不同认识。有学者认为预防原则本身有两层含义,即损害预防和风险预防。而有学者认为二者本身是两个不同的原则。损害预防是指在损害发生之前采取措施防止、限制或控制在其管辖范围内或控制下可能引起环境损害的活动或行为。而风险预防的含义主要是《里约宣言》的定义。预防原则已经成为国际环境法以及大多数国家国内环境法的一项法律原则,而风险防范原则的法律地位还在发展中。

第三节 综合治理原则

综合治理原则体现在多个层面,首先在环境空气、水环境、声环境、固体废物等各环境要素的治理过程中要统筹考虑,不能简单地将污染物搬家或将污染物在各环境要素中转移;在环境管理的手段上,应综合运用法律、行政、经济、技术、宣传教育等多种手段治理环境;在管理机制上形成环保部门统一监督管理,各部门分工负责,企业承担社会责任,公民提升环保意识,社会积极参与的合力;在地理空间上,流域、城市群内部或相邻的行政区域要开展跨行政区域的环境污染和生态破坏防治联防联控,防止以邻为壑。

第四节 公众参与原则

公众参与是当今世界各国较为普遍遵循的环境法基本原则。公众参与的模式最早出现于

古希腊城邦，公民团体不仅具有选举权，而且也有直接立法的权力，事实上，公民团体是最高且唯一的立法机关，这就是"直接民主制"或"纯粹民治制度"的雏形[17]。近代，公众参与最早出现于北美国家的"规划"当中，最初的目的是为了协调、平衡各个方面（尤其是普通民众、政府与投资商之间）的利益而采取的一种规划方法，后来逐渐发展，作为一种规划技术和规划理念而被广泛应用[18]。20世纪60年代，随着科学技术的进步与发展，公众意识也渐渐提高，西方各国普遍开展公众参与制度，而参与活动所涉及的范围也越来越广泛，涵盖了开发项目、开发计划、规划和国家政策制度等[19]。

一、公众的定义

公众通常是指具有共同的利益基础、共同的兴趣或关注某些共同问题的社会大众或群体。一直以来，公众仅仅是一个日常用语而不是一个科学概念，随着政治的发展、经济的多元化、社会的多样化，公众已逐渐被认定为一个群体来看待，甚至在措辞严谨的法律条文中也开始使用公众的概念。1991年联合国在芬兰埃斯波缔结的《关于跨界背景下环境影响评价的埃斯波公约》中，首次在国际环境法中对公众予以界定，其中规定："公众是指一个或一个以上的自然人或法人"。1998年在丹麦奥胡斯签订的《公众在环境事务中的知情权、参与权与获得司法救济公约》中，对公众的定义是"公众是指一个或一个以上的自然人或者法人，根据各国立法和实践，还包括他们的协会、组织或者团体"。1995年匈牙利布达佩斯《中欧及东欧国家公众参与环境决策的实践状态》中，对公众的定义是"在最低限度下，公众至少应包括会受到拟议活动所直接影响或可能受到影响的人"。《美国联邦法规》第40章第25.3节（a）小节中规定："公众不只应包括私人个体，还应包括消费者、环境相关者和少数民族协会的代表，贸易、工业、农业和劳工组织的代表，公众健康、科学和专业学会的代表，公民协会的代表，公众官员，以及政府和教育协会的代表"。在各国环境立法中也广泛使用公众的概念，公众一词已经从一个日常用语转化成一个法律概念。

关于公众的解释，在较多的情况下，所反映的是一些特定的人群，他们因为共同关心某一事件而结合在一起，但并不具有共同的价值观和思想意识。而对于公众的定义，国内外众多专家学者均提出了许多的见解，本质上的意义均相同，其差异性主要在于应用层面的广度不同。综合来说，公众的定义可以从狭义及广义两方面来说明，狭义的解释是指"直接受影响的团体""受影响团体的代表"及"其他感兴趣的团体"；广义的解释，从社会学的角度来讲，公众乃是指"社会群体、社会组织、机构或个人"，欧盟《关于故意向环境中释放转基因生物的指令》（90/220）中更明白清楚地指出，公众就是指"每一个人"。图4-1所表现的即为公众的狭义定义与广义定义的关系图。

公众的行为通常有两类，一类属于个人独立行为，另一类属于组织行为。一般而言，公众行为较多属于个人行为，但是由于个人力量有限，所以公众往往通过组织形式展开活动，而公众的组织行动主要的基础就是以地域为基础及以共同的利益和爱好为基础，这也说明了公众参与活动是具有"地域性""共同利益"及"共同爱好"等特质的公众群体活动。公众参与也有各种角度的定义，简单地说就是"介入（take part）"，介入的层面可深可浅，取决于感兴趣的程度，美国《资源保护与回收法案》的《公众参与手册》将公众参与做出如下的定义："任何利益团体为促进公众了解并影响'污染排放许可程序'的能力，所采取的行为活动"。根据《美国联邦法规》第40章第25.3节（b）小节中规定："公众参与是污染排放许可机构与污染排放机构为了达成下列目标所采取的行为活动：①奖励公众的投入与反

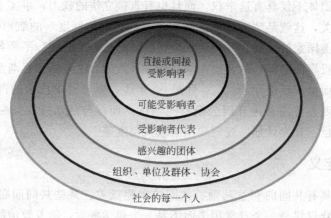

图 4-1 公众定义的关系图

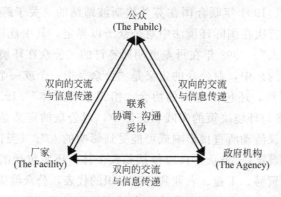

图 4-2 公众参与的概念图

馈;②与公众进行对话;③提供与决策者接触的途径;④了解并同化公众的观点与喜好;⑤向公众展现前项所谈及的观点与喜好均已被决策者认真考虑"。透过《美国联邦法规》的说明可以明确了解到,公众参与的相关方(Stakeholder)主要可分成下列三类:①政府主管机关;②项目方;③公众和感兴趣的组织或环保团体。三方面之间构筑成一个"正三角形",如图 4-2 所示。

国内的学者对公众参与也有不同的定义,如"公众参与是一个过程,在这个过程中所有利益相关者都应参与政策制定、规划投资方案筛选、管理决策制定等"[19];"公众参与是公众对政治生活、社会生活和经济生活的参与,参与的主体是公众";"公众参与是指社会群体、社会组织、机构或个人作为主体在权利、义务范围内所从事的有目的的社会行动"[20];"公众参与就是在社会分层、公众需求多样化、利益集团介入的情况下采取的一种协调对策,它强调公众(市民)对城市规划编制管理过程的参与"[21]。就环境管理的层次而言,公众参与可定义为"环境法中的公众参与,是指在环境保护领域里,公民有权通过一定的程序或途径参与一切与环境利益相关的决策活动,使得该项决策符合广大公众的切身利益"[22,23]。在讨论环境影响评价时,对于公众参与可解释为"环境影响评价中的公众参与,是指项目方通过环评工作同公众之间的一种双向交流,提高项目的环境合理性和社会可接受性,从而提高环境影响评价的有效性"[20]。公众参与是征求项目所在地区各方群众意见的一种手段,公众参与应该贯穿于环境影响评价的全部过程。

总结而论,所谓公众,狭义的是指直接受影响的个体,广义的是指社会中的每一分子、成员；所谓公众参与是指针对一个特定的事项，公众、项目方（厂家）与政府机构及其他不同利益团体之间，在法律所赋予的权利与义务范围内，为达成一致的共识及共同的目标，所进行的一系列"联系、协调、沟通、妥协"等"双向对话、双向交流"的行为活动与过程。

二、公众参与的层次

由于主体本身的特性，往往限制了公众参与的方式，在参与的过程中，公众所扮演的角色从"主动式参与"到"被动式参与"，主要可以区分成五种类型，包括决策制定者、咨询顾问者、被动回应者、委托代表者和投票者，如图 4-3 所示。

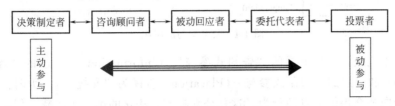

图 4-3 公众参与的角色

(1) 决策制定者 这是由于社区的居民对于社区的需求有最清楚、最准确的概念，因此，在这类相关事项上，可由社区居民自行制定决策，此时，公众是决策制定者。

(2) 咨询顾问者 透过适当的信息传递，在决策制定的过程中，公众利用各种信息交流的机会，主动参与决策制定的工作，包括提出个人的专业意见，针对不同的方案提出建设性的意见等，此时，公众扮演着主动咨询者的角色。

(3) 被动回应者 由于专业层次的差距，在某些时候，公众对于问题所在或是解决问题的方法并没有足够深入地了解，但是，通过专家的调查与分析将公众的意见融入决策制定的过程中，此时，公众通过被咨询的机会来表达个人的意见，是属于被动式的参与。

(4) 委托代表者 某些专家或是被推选的专业人士可以代表公众兴趣，为了公众的福利，可以通过这些专家或是被推选的专业人士来制定决策。

(5) 投票者 在许多时候，当所制定的决策具有相当的科学性，公众无法也没有能力实际参与决策时，必须由受过训练的专家和政策制定者来决定，因此，由公众投票选举代表，然后由代表来参与决策制定。

1969 年，美国谢莉·安斯汀（Sherry Arnstein）所撰写的《市民参与的阶梯》（A Ladder of Citizen Participation）文章中将公众参与的层次具体地比喻为阶梯，共分为八级，归纳为三类。梯子最下的一段叫"不是参与的参与"（Nonparticipation），分成两级；梯子中段是"象征性的参与"（Degrees of Tokenism），分成三级；梯子最上是"实权的参与"（Degrees of Citizen Power），分成三级。图 4-4 所表示的就是市民参与的阶梯[21]。

(1) 不是参与的参与 在此阶段，公众完全不能参与决策制定，所谓的公众参与只是通过良好的公众关系来获得公众的支持。此阶段的具体参与层次可以分成两级，分别是最底部的"操纵式参与"（Manipulation）和其上一级的"教育式参与"（Therapy，直译为"治疗"）。所谓操纵式参与是指以利诱的方式，包括提供工作机会、经济利益及其他补偿等，以换取公众的支持和同意。所谓教育式参与是通过宣传教育手段，不断地对公众灌输观念，使公众认为所有的事情都会圆满地解决，也就是企图改变公众对决策的看法和想法。

(2) 象征性的参与 在此阶段，可能受到决策影响的公众被赋予机会来表达他们的关注点及意见，但是，公众并没有实质的权力去积极参与决策的制定。此阶段的具体参与层次共

图 4-4 公众参与的层次

分成上、中、下三级,包括下层的"告知式参与"(Information)、中层的"咨询式参与"(Consultation)和上层的"限制式参与"(Placation,直译为"安抚")。所谓告知式参与是指决策制定者向公众提供信息的行为,这是公众参与合法化的第一个步骤,但是通常仅限于单方面的信息流通,并未提供反馈的途径。所谓咨询式参与是利用民意调查、社区会议、听证会或其他方式来鼓励公众参与。所谓限制式参与是指让公众成为委员会的成员,参与规划并提供建议,但是只有参议权,所有的决策权仍旧由决策制定者掌握着。

(3)实权的参与 在此阶段,随着参与层级的逐渐提升,公众的参与权也逐渐增加,包括"合伙式参与"(Partnership)、"代表式参与"(Delegated Power)和"决策式参与"(Citizen Control,直译为"市民控制")。所谓合伙式参与是指通过权力的分配使公众具有谈判权和决策权,并且能够和决策制定者共同承担规划及制定决策的责任。所谓代表式参与是指公众在具有决定权力的委员会中占有大多数席位,因此公众能够确保规划的可靠性。所谓决策式参与是指由公众直接制定决策,或是在决策制定过程中,公众拥有绝大多数的投票数。

公众是推动社会进步和实现可持续发展战略的主力,公众参与政策制定是克服政策腐败现象的重要途径,而公众参与的程度和方式直接关系到可持续发展的战略目标能否实现。公众参与的程度包括深度和广度两个方面,所谓公众参与的深度是指公众在政策的具体实施过程中所能发挥作用的大小,包括参与决策、行动的程度以及参与监督作用的大小。参与的广度是指公众在参与政策的推广、执行过程中所能发挥作用的范围和公众参与的比例。随着公众参与层次的逐渐提升,参与成员数量的逐渐递减,两者之间呈现出一种金字塔式的关系,如图 4-5 所示。

三、公众参与的方式

在公共政策的形成过程中,公众参与是确保政策符合民意及政策合法化的根本途径。公众参与的方式主要包括直接参与和间接参与两种模式。所谓直接参与,顾名思义是指公众个体不需要通过任何代表、议会、组织团体等间接的手段、途径和形式而直接参与相关的各类活动,并表达个人的思想、意愿和建议。其活动包括问卷调查和意见访谈、专家咨询、会议讨论(座谈会、听证会)、直接协商谈判、公民请愿和公民投票等。所谓间接参与是指公众个体经由相关的代表、议会、组织团体等间接的手段、途径和形式来参与相关的各类活动,并通过这些间接的手段、途径和形式表达个人的思想、意愿和建议。其活动包括各级政府机关、各级民意代表、各项民意调查、院外游说、非政府组织和各类民间组织的活动等。公众

图 4-5 公众和参与层次的关系

参与政策制定是实现政策制定民主化与科学化的基础，有利于加强政策合法化，减少官僚主义和政策腐败现象，也有利于改善经济增长的质量，改善贫困人口的生活水平。

1. 民意调查制度

建立民意调查制度是实现人民主权原则的需要，也是加强政府服务和政策制定的需要。许多国家的法律规定，政府的重大政策出台前都要进行民意调查，以保证政策符合民意。通过民意调查，还可以宣传政府的政策，获取国民的理解和支持，掌握民众对政府服务的满意程度。民意调查制度为政府的政策制定奠定了良好的民意基础。

2. 信息公开制度

信息公开制度包括允许公众旁听会议制度、议会辩论日志出版制度、议会活动全程实况转播制度和议会网站制度等。

3. 听证会制度

在立法机关的政策制定过程中，听证会扮演着举足轻重的角色。在法治国家中，法律基本上是公开听证会的产物。许多国家的立法程序规则规定，立法必须经过听证程序。在准备阶段，其工作内容包括决定是否举行听证会、发布听证公告和通知、选择和邀请证人、收集证言与准备材料、决定证人作证的形式及顺序等。在执行阶段，工作内容涉及法定人数要求、是否不公开听证、证人的权利、听证开始委员们的公开声明、介绍证人、证人宣誓、证人的口头证词、口头作证。

4. 院外游说制度

院外集团对政策制定是另一项重要的影响力量。在公众参与程度高的国家，院外集团的活动是公开化的，通过院外游说制度，能够培育出大批职业化的政治游说者队伍。

5. 协商谈判制度

协商谈判制度以党派协商制衡制度和规制谈判协商制度最为重要。

党派协商制衡制度：在许多国家，非执政党在政策制定方面的作用表现在对政府的政策始终保持尖锐批评，并及时提出与政府政策相对立的政策。在许多国家，反对党制度对政策合法化与合理化有着重要的保障作用，成为宪政制度的重要组成部分。

规制谈判协商制度：规制型政策的出台应当通过规制当事人的协商谈判程序。该程序要求行政机关在拟议规章前，先设立协商谈判委员会。该委员会成员由规制者和被规制者以及其他利害关系人和公众代表组成。协商谈判委员会的会议必须公开举行。行政机关的规章制定必须依据协商谈判达成的合意。

6. 公民请愿与公民投票制度

现代社会的许多政策问题,诸如战争与和平、环境保护、劳工政策、福利发展、教育改革都需要公民通过积极请愿制度和投票制度来表达意见和参与决策。对于一般言论意见的表达,国家机关可以理会,也可以不理会。但对于公民依法提出的请愿,有关国家机关非理不可。而且在许多重大政策问题上,公民请愿达到一定人数时,就须依法进行公民投票。通过请愿活动和公民投票程序,公民和大众可以越来越广泛地直陈意愿,参与国事和政策制定。

此外,在政策制定过程以外,行政督察专员制度和违宪司法审查制度是及时发现和纠正政策弊端、确保企业和公民权利的重要制度。

四、我国公众参与的发展

我国是社会主义国家,公民、人民及公众是三位一体的,但是在改革开放之前,在集体主义的思想下,主动参与很少。

改革开放以后,计划经济逐步转向商品经济,社会主义市场经济迅猛发展,再加上体制的改革、人民的思想观念的变化,公众参与逐渐发展。细究其原因,可包括以下六项。

(1) 利益的多元化 改革开放之后,由于市场经济的发展,形成多种经济成分并存的市场格局,除国有、集体所有之外,还包括私有、外国资本及其他所有制,社会利益的分化日渐明显。社会慢慢形成不同的专业阶层(如企业家、个体户、私营企业主、流动人口等群体),而在各专业阶层里,内部也不断地分层化(如蓝领工人、白领工人、农民工等)。由于不同的群体具有不同的社会利益,在很大程度上促进公众对公共事务的关心,并以此为基础逐步形成多样式的利益同盟组织,积极地向政府反映他们的需求,主动地参与公共管理决策。

(2) 制度的民主化 改革开放后,党政分离的政治体制改革就是党组织和中央政府不断释权让利的作为,将权力、利益不断地释放给地方、企业及社会。同时,不断地发展、改善并利用公众群体对政策进行监督,以防止决策可能带来的经济损失,确保政策的民主化、科学化。

(3) 群众组织的快速增长 我国现代化进程中大力推动民主与法治,基层民主自治已列为议事日程,同时,由于《城市居居委员会组织法》和《村民委员会组织法》的颁布,居民委员会及村民委员会更加健全,进而逐步实施居民、村民自主、自治,并组织、开展地方社区的公众参与活动。

(4) 新问题新机遇 随着市场经济形态的建立,社会问题、经济问题和环境问题越来越复杂,政府既有的处理机制或是过于老旧,或是不合时宜,无法面对、解决这些新的问题。公众在这种情况下,不得不根据自身的利益要求而对政府提出建议和意见,从而促进了公众参与。

(5) 政府的消极性与公众的积极性 改革开放的过程中,个别地方产生了部分"化公为私、权钱交易"的腐败行为,使政府的形象受到一定程度的损害。这时,公众会用自己的行动来维护自身的权益或是积极地通过社会舆论、向政府呼吁等方式来达到解决问题的目的,也就是广泛的公众参与活动。随着科学技术的发展,在许多社会生活领域(如环境保护、城市规划管理、交通安全、食品卫生、产品质量、建筑质量等)中,征求公众意见已成为许多政府部门的重要工作指导方针。

（6）公众参与意识的觉醒　由于制度的改革，经济利益的快速发展，个人所有的不断成长，公众早已摒除了以往"各人自扫门前雪、莫管他人瓦上霜"的心态，对于和个人切身利益相关的公共事务有着强烈的参与意愿，因此，公众参与意识也随之觉醒。

随着我国改革的逐步深入，公众参与机制逐渐形成，对于公共事务必然会产生极大的影响，整个社会会慢慢迈入一个普遍的、全面的公众参与时代。

五、公众参与环境管理的理论基础

环境问题最突出的特点在于其科学技术性和利益冲突性，前者决定了环境行政控制离不开科技专家，后者决定了各种利益的调和必须借助民主理念和公众参与环境行政过程来实现。而就社会公众的利益和需要而言，他们作为良好环境的享受者和环境公害直接、无辜的受害者对环境状况最关心、最了解，参与环保的热忱也最高。可以说他们是完善和实施环境法治的根本动力来源，是促进环境改善的重要社会资源和力量，因此无论在理论上还是实践中，国际社会和世界各国尤其是发达国家都十分重视公众在环保中的作用，强调维护公众的正当环保权益，特别是环境知情权、参与权和求偿权等，即所谓的程序意义上的环境权。

20世纪60年代以来，随着公众环境意识的提高，民主和法制建设的加强，促进了公众参与环境决策的各种法理研究、法律制度及环境法学理论的快速发展。公众参与环境决策的理论基础可归纳为下列几个方面。

1. 环境公共财产论

古典经济学认为环境资源是一种取之不尽、用之不竭的自然物和"自由财产"。由于人们对于环境资源的所有权和使用权规定得不够严密和周全，造成"抽象的公有变成了每个人所有"的假象，但是个人却又不能充分行使保护私有财产的权利以保护环境这种公共财产，因此无法制止他人滥用权利与损害环境，造成资源的过度浪费与环境的严重恶化，如美国生物学家G.哈丁所提出的"公地的悲哀"[24]。据此，经济学家基于公共物品经济学提出环境公共财产论，其论点在于环境资源是一种公共财产，任何人都有权利及义务参与管理。空气、水、阳光等人类生活所必需的环境要素，不能视其为取之不尽、用之不竭的自然物和"自然财产"；环境是全人类的共享资源，是全人类的公共财产，每个人都有权利及义务参与环境保护，任何人不能任意对环境资源进行占有、支配和损害。作为全人类的公共财产，应当由全人类应用科学决策的方法和程序来共同管理，以提高环境的品质[25]。

2. 环境管理公共信托论

环境公共财产论虽然提出了解决"公地的悲哀"的方法问题，并且指出了公众参与管理的重要性，但是，作为一种民主机制，不可能让所有的公众都成为环境的行政管理者，它必须以一种代表民意的机关来行使环境管理权。为此，美国学者约瑟夫·萨克斯提出环境管理公共信托论："为了合理支配和保护环境公共财产，应当按照信托的原理，由广大公众作为信托人，由政府作为受托人，而国家对环境的管理，实质上是受托人基于信托人的信任而实施的属于信托人权利的权力"[26]。政府作为受托人，应该按照信托人的意志，以一种公正而高效的方式创造和维护良好的环境。然而，事实上信托人与受托人之间存在着严重的信息不对称，带来了以利益为导向的道德风险问题，因此，有必要建立一种约束机制，使受托人按照信托人的利益来行事，实现政府与公众之间畅通的信息传递，以保证公众在适当的条件下直接行使自己的公共财产权。由此，公众参与制度成为一种必然的需求，公众参与环保活动的积极性和责任心均大幅提高。

3. 环境权理论

所谓环境权是指全体社会成员都享有的在健康、安全和舒适的环境中生活和工作的权利，包括生命健康权、财产安全权、生活和工作环境舒适权，及相关的环境使用权、环境知情权、环境决策参与权、环境监督权和环境索赔权等。20世纪60年代初，联邦德国的一位医生首先提出环境权理论。1970年，美国学者约瑟夫·萨克斯以"共有财产"和"公共委托"理论为基础，在东京召开的一次公害问题国际座谈会上，又提出了环境权理论，认为："每一公民都有在良好环境下生活的权利，公民的环境权是公民最基本的权利之一，应该在法律上得到确认并受法律的保护"。而后，会议通过《东京宣言》，其中第5项规定："我们请求，把每个人享有的健康和福利等不受侵害的环境权和当代人传给后代的遗产应是一种富有自然美的自然资源的权利，作为一种基本人权，在法律体系中确定下来"。而后，日本学者又提出了环境权的两条基本原则："环境共有原则"和"环境权为集体性权力原则"，进一步发展了环境权理论。这些理论和主张得到了社会的普遍赞同，从而使环境权在国际法和许多国家的法律中得以确认。1972年联合国《人类环境宣言》明确提出"人类有权在一种拥有尊严和福利的生活环境中，享有自由、平等和充足的生活条件的基本权利，并且负有保护和改善这一代和将来的世世代代的环境的庄严责任"。自此，环境权在一些国家成为公民的一项基本权利，同时，环境权理论也成为公众参与的最重要的理论基础[25,27]。

六、我国环境管理中公众参与原则的发展

1973年，在我国第一次全国环境保护会议上，提出了环境保护的32字方针，即"全面规划，合理布局，综合利用，化害为利，依靠群众，大家动手，保护环境，造福人民"，其中"依靠群众，大家动手"的内容，就具有公众参与的含义。1979年《环境保护法（试行）》以立法方式确认了上述内容。1989年《环境保护法》专门规定，一切单位和个人有权对污染和破坏环境的单位和个人进行检举和控告，并规定了行政机关应当定期发布环境状况公报。1996年修改的《水污染防治法》第13条规定："环境影响报告书中，应当有建设项目所在地单位和居民的意见"。2002年制定的《中华人民共和国环境影响评价法》，首次在环境立法中较为细化地规定了公众参与环境影响评价的法律制度。在2003年颁布的《中华人民共和国行政许可法》中也专门就涉及公众重大影响的行政许可规定了听证制度，原国家环境保护总局就此配套制定了《环境保护行政许可听证暂行办法》。2006年原国家环境保护总局还专门制定了《环境影响评价公众参与暂行办法》对环境评价中的公众参与进行了具体规定[15]。

第五节 损害担责原则

损害担责原则是从"污染者付费"原则发展来的。经济合作与发展组织（OECD）环境委员会于1972年首次提出了"污染者负担原则"（polluter pays principle）。在我国环境法中该原则的最初表述是1979年《环境保护法（试行）》第6条提出的"已经对环境造成污染和其他公害的单位，应当按照谁污染谁治理的原则，制定规划，积极治理，或者报请主管部门批准转产、搬迁"。1996年国务院发布的《国务院关于环境保护若干问题的决定》中提出的"污染者付费、利用者补偿、开发者保护、破坏者恢复"是对该原则完整的表述。"损害担责原则"中的"担责"是指要承担责任，承担恢复环境、修复生态或支付上述费用的责

任；而"损害"描述的是对环境造成任何不利影响的行为，其中包括利用环境造成环境超出自身自然恢复能力的行为。因此，"损害担责原则"指对环境造成任何不利影响的行为人，包括因利用环境造成环境超出其自身自然恢复能力之退化的行为人，应承担恢复环境、修复生态或支付上述费用的法定义务或法律责任[15]。

习题与讨论

简述环境保护法的基本原则。

阅读材料

① 竺效.论中国环境法基本原则的立法发展与再发展[J].华东政法大学学报，2014，(3)：4-16.

② 周卫.论《环境保护法》修订案中的保护优先原则[J].南京工业大学学报（社会科学版），2014，(3)：6-12.

第五章　环境保护基本法律制度

从1973年我国环境保护事业正式起步至今，我国在环境保护的实践中，不断探索和总结，逐步形成了一套既符合我国国情，又能够为强化环境管理提供有效保障的环境管理制度。1973~1979年我国环境保护工作的初创期，提出和施行了"三同时"制度、环境影响评价制度、超标准排污收费制度，俗称"老三项"制度。上述三项环境管理制度的创建和实施，推动并标志着我国环境管理工作迈入制度化轨道，在我国环境保护行政管理工作的初期，对治理老污染和控制新污染产生了积极作用，构筑了环境保护行政管理工作的基础。1989年第三次全国环境保护会议召开，总结环境保护管理经验和环境管理制度的实践，提出开拓有中国特色的环境保护道路，又出台了环境保护目标责任制、城市综合整治定量考核、排放污染物许可证、污染集中控制、限期治理五项环境管理制度，俗称"新五项"制度。这八项制度形成了我国环境管理的基本制度框架。

进入21世纪，随着环境保护重心逐渐由污染治理向改善环境质量和提升服务功能转变，我国的环境管理正由以环境污染控制为目标导向，向以环境质量改善为目标导向转变。环境保护模式也从"先污染后治理"的传统模式，向保护优先、构建保护-修复-再保护体系、着力提升生态系统服务功能和提高生态产品生产能力的新模式转变。一些行之有效的新的环境管理制度和手段逐步形成：一是污染物排放总量控制制度，将主要污染物排放总量作为约束性指标纳入国民经济和社会发展规划；二是环境监察和应急管理制度，针对跨区域、跨流域环境监管问题，成立了六大区域环保督查中心；三是清洁生产审核制度和循环经济规划制度，推进环境污染的源头控制和过程控制；四是信息公开、公众参与机制，不断加强环境信息公开及环评中的公共参与等工作力度；五是环境经济政策体系，初步构建了包括绿色信贷、保险、贸易、电价、证券、税收等环境经济政策体系框架[28]。同时一些与社会经济发展不相适应的环境管理制度逐渐淡出历史舞台，如从2012年起不再进行城市环境综合整治定量考核，2014年修订的《中华人民共和国环境保护法》删除了限期治理的规定。

第一节　环境规划制度

一、环境规划的发展历程

在环境保护工作开创初期，1973年第一次全国环境保护会议上提出的环保工作32字方针中就有"全面规划，合理布局"。1974年10月，国务院环境保护领导小组提出了"五年控制，十年基本解决污染问题"的奋斗目标，用以指导全国制定污染治理规划的工作。但实践证明这个目标不太切合实际，表明了当时我们对环境保护的客观规律还缺乏全面深入的了解，对环境规划与社会经济发展规划的关系还认识不清。

十一届三中全会（1978年）以后，环境保护必须纳入经济管理的轨道，经济发展与环境保护要相协调，逐渐被决策层所接受。国家在编制国民经济和社会发展"六五"计划时开始把环境保护纳入计划，将"加强环境保护，制止环境污染的进一步发展，并使一些重点地区的环境状况有所改善"作为一项基本任务。

1983 年年底在北京召开了第二次全国环境保护会议，确定"环境保护是我国一项基本国策"；提出了"经济建设、城乡建设、环境建设同步规划、同步实施、同步发展，实现经济效益、社会效益与环境效益统一"的战略方针；并确定了"预防为主，谁污染谁治理，强化环境管理"的环境保护"三大政策"。上述战略方针和政策明确了防治污染的原则及经济部门应承担治理污染的责任，推动了区域环境规划和企业环境规划的发展。

1985 年 10 月，国务院环境保护委员会在洛阳召开了全国城市环境保护工作会议。这次会议提出了城市环境综合整治的方针任务，明确了城市环境保护要走综合整治的道路，市长要对本市的环境质量负责。这次会议指明了要制定城市环境综合整治规划，其主要任务是防治污染、改善生态环境、促进生态良性循环，以最佳方式利用城市环境资源，以最小的劳动消耗为城市居民创造清洁、卫生、舒适、优美的生活环境和劳动环境。

1989 年 12 月，《环境保护法》颁布。第 10 条规定，"国家制定的环境保护规划必须纳入国民经济和社会发展计划"。第 12 条规定，"县级以上人民政府环境保护行政主管部门，应当会同有关部门对管辖范围内的环境状况进行调查和评价，拟订环境保护规划，经计划部门综合平衡后，报同级人民政府批准实施"。法律明确了环境规划的制定机关、制定程序。

1992 年 8 月，中共中央、国务院批准转发的《中国环境与发展十大对策》，在第一条"实行持续发展战略"中指出"转变发展战略，走持续发展的道路，是加速我国经济发展、解决环境问题的正确选择。为此，必须重申'经济建设、城乡建设、环境建设同步规划、同步实施、同步发展'的战略方针。各级人民政府和有关部门在制定和实施发展战略时，要编制环境保护规划"。

1993 年国家环境保护局发文要求各城市编制城市环境综合整治规划，并下发了《城市环境综合整治规划编制技术大纲》，组织编制了《环境规划指南》。

1996 年 3 月，第八届全国人大四次会议通过《中华人民共和国国民经济和社会发展"九五"计划和 2010 年远景目标纲要》，明确提出实施可持续发展战略和跨世纪环境保护目标。从"九五"规划开始生态保护和农村环境保护纳入环境规划的内容，并编制了总量控制计划、重点项目规划和重点流域、区域规划。另外，随着 21 世纪的临近，21 世纪环境问题的研究和环境规划也成为环境规划的新热点。

2000 年年初，国家环境保护总局制定了《地方环境保护"十五"计划和 2015 年长远目标纲要编制技术大纲》。2001 年 3 月 15 日，第九届全国人民代表大会第四次会议批准了《中华人民共和国国民经济和社会发展第十个五年计划纲要》。"十五"规划较好地体现了以人为本的思想和污染防治与生态保护并重的原则，提出了以污染总量控制为主线，以防治区域的污染和遏制人为生态破坏为重点，以政府主导、市场推进、公众参与为机制创新的方向。编制并实施了《"十五"期间全国主要污染物排放总量控制分解计划》，确定了 6 项主要污染物排放总量控制指标，并分解总量控制目标到各省、自治区、直辖市和规划单列城市，但没有完成目标。在全国各地区开展了 14 年的水环境功能区划工作基础上，国家环境保护总局初步完成了全国水环境功能区划的汇总编制工作，这是国家首次对全国进行系统的水环境功能区划，并且初步完成了我国 31 个省、自治区、直辖市的生态功能区划编制工作。重点区域的环境保护规划取得了重大进展。《珠江三角洲区域环境保护规划纲要（2004—2020 年）》和《广东省环境保护综合规划》经广东省人大批准实施。随后，长江三角洲、京津冀区域环境保护规划编制工作也相继展开。

"十一五"期间，国家将环境保护作为贯彻落实科学发展观的重要内容，作为转变经济发展方式的重要手段，作为推进生态文明建设的根本措施，将两项污染物总量控制指标作为国民经济和社会发展的约束性指标。中共中央政治局常委和国务院常务会议首次专题听取了关于环境保护"十一五"规划思路的汇报。国家环境保护规划第一次以国务院印发形式颁布。环境保护相关内容和要求越来越成为各级政府的中心工作。

"十二五"期间，环境保护规划的编制体现了坚持"在保护中发展，在发展中保护"的战略思想，环境保护规划进入了深化发展阶段。2014年《环境保护法》修订，进一步明确"县级以上人民政府应当将环境保护工作纳入国民经济和社会发展规划。国务院环境保护主管部门会同有关部门，根据国民经济和社会发展规划编制国家环境保护规划，报国务院批准并公布实施。县级以上地方人民政府环境保护主管部门会同有关部门，根据国家环境保护规划的要求，编制本行政区域的环境保护规划，报同级人民政府批准并公布实施。环境保护规划的内容应当包括生态保护和污染防治的目标、任务、保障措施等，并与主体功能区规划、土地利用总体规划和城乡规划等相衔接"。

目前我国环境规划体系已经初步形成，包括国家环境规划、区域流域环境规划、省（区）市环境规划、部门环境规划（工业部门、农业部门、交通运输部门环境规划等部门规划）、县区环境规划以及工业园区、乡镇、农村环境规划等。各个层次的环境规划又可以分为污染防治规划与生态保护规划；并且按照专项规划与综合规划，污染防治规划与生态保护规划又可以分为不同的类别。目前我国的环境规划体系呈现了"纵向（行政层级）＋横向（环境要素）"的二维结构。在分类体系上，我国环境规划体系基本覆盖了全环保领域[29]。

我国环境规划体系见图5-1。

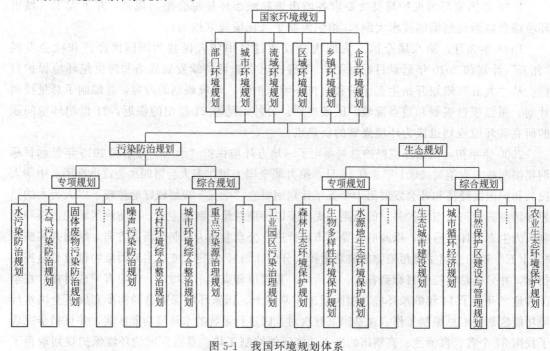

图5-1 我国环境规划体系

资料来源：王金南，蒋洪强等.《中国环境保护规划40年发展：回顾与展望》修改。

二、环境保护与国民经济和社会发展规划

我国环境保护规划纳入国民经济和社会发展规划经历了较长的历史过程。由于历史原因从第一个五年计划到第五个五年计划中并没有环境保护的内容。

1. "六五"计划与环境保护

1982年年初,国务院环境保护领导小组办公室下发了《关于加强环境保护计划指导的几点初步意见》的通知,提出环境保护计划应做好四项计划的平衡工作,即工业生产排污量与环境容量之间、基本建设项目与污染防治设施之间、城市人口增长和经济发展与社会发展(包括城市环境改善)之间、自然资源开发利用的数量与资源保有量及可更新资源的再生增殖数量之间的平衡。同时推出了八项计划指标与六项环保措施,广泛地征求各省、市环保部门的意见,为"六五"期间把环境保护纳入国民经济社会发展计划,做好前期工作。经过一再地争取和做工作,国家"六五"计划终于把环境保护作为一个独立的篇章列入计划之中,实现了零的突破。

国家"六五"计划(1981—1985年)把防止新污染的发展,努力控制生态环境的继续恶化,抓紧解决突出的污染问题,继续改善北京、苏州、桂林等城市的环境状况,作为"六五"期间的控制目标,规定了计划期内要控制与完成的6项指标:工业废水排放量与处理量、有害气体排放量与处理量、工业废渣产生量与综合利用率。计划还提出了主要政策措施。由于计划中的环境指标没有落实到各工业部门和地方政府的年度计划中,环保投资没有进到国家财政的"篮子"里,"六五"环保计划的目标任务未能实现。但是环境保护纳入国民经济计划中是一个重大突破,一个良好的开端,人们从中总结出了许多宝贵的经验。

2. "七五"计划与环境保护

国家"七五"计划(1986—1990年),环境保护被顺利地纳入进去,计划的目标、任务比"六五"计划具体了,凡是可以量化的计划指标都作了具体量化,增强了计划的可比性与可操作性。"七五"计划的主要特点如下。

① 除在环境保护的篇章(第52章)中,规定了"防治工业污染""保护江河湖泊水库和海洋水质""保护重点城市环境""保护农村环境"以及"改善生态环境"五个方面的任务外,在社会发展的大栏目中,也把环境保护和国土整治列为社会事业发展的总体战略目标之一。

② 在工业、农业、交通、能源、水利、城建等各项经济发展的计划中,都兼顾到环境保护的要求,提出了环境保护的相关内容,给予了环保以关注和呼应。这表明,我国经济、社会与环境保护"同步发展"的方针在国民经济发展计划中得到了初步体现和认定。这是我国经济计划工作在指导思想上的一个进步。

③ 有相当多的省和市,在制定本地区"七五"计划时,第一次列入了环境保护的内容,提出了本地区"七五"期间环境保护的目标、任务和措施。

改进的"七五"计划,对全国环境保护宏观调控的作用有了明显的加强,加大了对控制环境污染的投入,对环保工作有很大推动。但是,由于环境保护仍未列入国民经济和社会发展的年度计划,环保投资难以在计划中落实,环境保护进入国民经济发展主干道的问题仍然没有完全解决。

3. "八五"计划与环境保护

从1989年开始,国家环境保护局在国家计划委员会的支持下,开展了环保年度计划编制的研究工作,并在一些省、市进行了试点。与此同时,在国家"八五"计划中,国家环境

保护局和国家计划委员会要求各级地方政府，各工业主管部门，农业、林业、水利部门，按照"同步发展"的方针，在编制本地区、本部门、本行业的"八五"计划时，都要列入环保的内容，提出具体的目标、任务、措施，并分解到年度计划中落实。

国家"八五"计划（1991—1995年），在发展战略中，突出了环保的国策地位，提出了环保的战略目标，专列了环保篇章；同时，编制了国家环境保护"八五"专项计划。专项计划，把反映防治污染的21项污染物总量控制指标，分解到全国30个省、自治区、直辖市和14个计划单列市。对50个环保重点城市，也下达了7项环境质量指标。这一专项计划，作为国家"八五"计划的重要组成部分，由国务院直接下达各地区、各部门、各行业组织实施。"八五"期间，在一些省、市编制环保年度计划试点工作取得成熟经验的基础上，于1992年在全国推行实施了环境保护的年度计划工作。至此，我国的环境保护事业才真正被纳入国民经济计划体系，置于国家计划指导下的宏观调控和管理之中。

4."九五"计划与环境保护

1996年3月，第八届全国人大四次会议通过的"九五"计划和2010年远景目标纲要，明确提出实施可持续发展战略和跨世纪环境保护目标。1996年7月国务院召开了第四次全国环境保护会议并颁发了《国务院关于环境保护若干问题的决定》，批准了《国家环境保护"九五"计划和2010年远景目标》。国家实施污染物排放总量控制和跨世纪绿色工程规划两大举措，确定"三河"（淮河、海河、辽河）、"三湖"（太湖、巢湖、滇池）、"两区"（酸雨和二氧化硫控制区）为治理重点。因此，各级政府对环境规划都十分重视，并大力推进规划的实施，要求规划需落实到项目，大大提高了规划的可操作性，使环境规划的编制和实施名副其实地成为环境决策和管理的重要环节，成为环境保护工作的主线。这一阶段最具有代表性的规划是"三河三湖"的水环境规划。另外，随着21世纪的临近，21世纪环境问题的研究和环境规划也成为环境规划的新热点。

5."十五"计划与环境保护

2000年年初，国家环境保护总局制定了《地方环境保护"十五"计划和2015年长远目标纲要编制技术大纲》。环保"十五"计划要坚持环境保护基本国策和可持续发展战略，以改善环境质量为目标，保障国家安全，保护人民身体健康，实行污染防治和生态保护并重；实施污染物总量控制、生态分区保护与管理、绿色工程规划三大措施；以流域、区域环境区划为基础，突出分类指导，在环境保护计划和规划中突出这一战略转变。2001年3月15日，第九届全国人民代表大会第四次会议批准了《中华人民共和国国民经济和社会发展第十个五年计划纲要》，提出"要高度重视人口、资源、生态和环境问题，抓紧解决好粮食、水、石油等战略资源问题，把贯彻可持续发展战略提高到一个新的水平"。在"十五"计划中，首次将环境保护规划纳入重点专项规划，即《"十五"生态建设和环境保护重点专项规划》。

根据《中共中央关于制定国民经济和社会发展第十个五年计划的建议》和《国民经济和社会发展第十个五年计划纲要》的要求，2001年7月国家环境保护总局编制完成《国家环境保护"十五"计划》（征求意见稿）分送国务院各部门以及各省、自治区、直辖市征求意见，并就一些重要问题进行了协调。2001年12月26日朱镕基总理主持总理办公会，予以批准。在《国务院关于国家环境保护"十五"计划的批复》（国函〔2001〕169号）中指出，"《国家环境保护'十五'计划》（以下简称《计划》）是'十五'期间环境保护工作的重要依据。各省、自治区、直辖市人民政府和国务院有关部门要根据《计划》，尽快制定本地区、本部门的具体实施计划，把环境保护重点工程项目纳入地方、部门和国家的国民经济和社会发展年度计划，认真落实"。

《国家环境保护"十五"计划》中重申"保护环境是我国的一项基本国策"。在总结了环保"九五"计划完成情况和分析当前环境形势的基础上，提出"十五"期间环境保护总体目标是"到 2005 年，环境污染状况有所减轻，生态环境恶化趋势得到初步遏制，城乡环境质量特别是大中城市和重点地区的环境质量得到改善，健全适应社会主义市场经济体制的环境保护法律、政策和管理体系"。

与《国家环境保护"十五"计划》相配套的，还有一系列专项规划，包括《"十五"期间全国主要污染物排放总量控制分解计划》和《国家环境保护"十五"重点工程项目规划》。此外，国家环境保护总局还会同国家计划委员会、国家经济贸易委员会等有关部门和地区编制了《全国生态环境保护"十五"计划》《国家环境科技发展"十五"计划纲要》《全国环境监测"十五"计划》3 个专项计划和"33211" 10 个重点地区的环保"十五"计划，共计 13 项。这些计划，都是环保"十五"计划的具体内容和有机组成部分[30]。

6."十一五"规划与环境保护

2006 年以来我国政府更加重视对环境的保护。"十一五"规划中对相关环境资源保护内容的篇幅之长与内容之详细都是前所未有的。"十一五"规划提出了要全面落实科学发展观，设专篇对环境保护的任务和目标进行详细规定，制定了明确的环境保护目标，包括提高资源利用效率、加强污染控制、促进资源节约，在"十一五"末期，使单位 GDP 能耗和主要污染物与 2005 年水平相比减少 10%，使森林覆盖率从 2005 年的 18.2% 增加到 20%。更为重要的是，这些目标的达标与否将被作为各级政府绩效考核的指标。

"十一五"规划中特别强调要全面贯彻落实科学发展观。一是加快转变经济增长方式，把节约资源作为基本国策，发展循环经济，保护生态环境，加快建设资源节约型、环境友好型社会，促进经济发展与人口、资源、环境相协调。推进国民经济和社会信息化，切实走新型工业化道路，坚持节约发展、清洁发展、安全发展，实现可持续发展。二是立足节约资源保护环境推动发展，把促进经济增长方式根本转变作为着力点，促使经济增长由主要依靠增加资源投入带动向主要依靠提高资源利用效率带动转变。

在制定经济社会发展的主要目标中，也提到了相关环境资源方面的要求。一是资源利用效率要显著提高。单位国内生产总值能源消耗降低 20% 左右，单位工业增加值用水量降低 30%，农业灌溉用水有效利用系数提高到 0.5，工业固体废物综合利用率提高到 60%。二是可持续发展能力要增强。全国总人口控制在 136000 万人。耕地保有量保持 1.2 亿公顷，淡水、能源和重要矿产资源保障水平提高。生态环境恶化趋势基本遏制，主要污染物排放总量减少 10%，森林覆盖率达到 20%，控制温室气体排放取得成效。

"十一五"规划在建设社会主义新农村一篇中还特别提到要加强农村环境保护。具体目标要求是开展全国土壤污染现状调查，综合治理土壤污染。防治农药、化肥和农膜等面源污染，加强规模化养殖场污染治理。推进农村生活垃圾和污水处理，改善环境卫生和村容村貌。禁止工业固体废物、危险废物、城镇垃圾及其他污染物向农村转移。

在能源方面的利用与开发，"十一五"规划坚持节约优先、立足国内、煤为基础、多元发展，优化生产和消费结构，构筑稳定、经济、清洁、安全的能源供应体系。具体又从煤炭、电力、石油天然气和可再生能源四个方面进行详细的规定和要求。

"十一五"规划在关于环境保护方面所做出的努力，其中一个值得赞赏和肯定的部分就是对环境保护的规定提出了一个与生态相联系的区域概念，要求要推进形成主体功能区。

"十一五"规划中把国土空间划分为"优化开发、重点开发、限制开发和禁止开发四类主体功能区",以资源环境承载能力为依据给每一类主体功能区规定了发展方向,并要求对不同主体功能区实现分类管理的区域政策。在优化开发区域,要改变依靠大量占用土地、大量消耗资源和大量排放污染实现经济较快增长的模式,把提高增长质量和效益放在首位,提升参与全球分工与竞争的层次,继续成为带动全国经济社会发展的龙头和我国参与经济全球化的主体区域。在重点开发区域,要充实基础设施,改善投资创业环境,促进产业集群发展,壮大经济规模,加快工业化和城镇化,承接优化开发区域的产业转移,承接限制开发区域和禁止开发区域的人口转移,逐步成为支撑全国经济发展和人口集聚的重要载体。在限制开发区域,如长白山森林生态功能区、新疆塔里木河荒漠生态功能区、东北三江平原湿地生态功能区等,要坚持保护优先、适度开发、点状发展,因地制宜发展资源环境可承载的特色产业,加强生态修复和环境保护,引导超载人口逐步有序转移,逐步成为全国或区域性的重要生态功能区。在禁止开发区域,如国家级自然保护区、国家森林公园、国家重点风景名胜区等,要依据法律法规规定和相关规划实行强制性保护,控制人为因素对自然生态的干扰,严禁不符合主体功能定位的开发活动。

"十一五"规划不仅对环境保护工作做了主体功能区的规划安排,而且还按照主体功能区的定位实行分类管理的区域政策,使这些规划都以相关财政政策、投资政策、产业政策、土地政策、人口管理政策、绩效评价政策等作为实施保证。具体规定:财政政策,要增加对限制开发区域、禁止开发区域用于公共服务和生态环境补偿的财政转移支付,逐步使当地居民享有均等化的基本公共服务。投资政策,要重点支持限制开发区域、禁止开发区域公共服务设施建设和生态环境保护,支持重点开发区域基础设施建设。产业政策,要引导优化开发区域转移占地多、消耗高的加工业和劳动密集型产业,提升产业结构层次;引导重点开发区域加强产业配套能力建设;引导限制开发区域发展特色产业,限制不符合主体功能定位的产业扩张。土地政策,要对优化开发区域实行更严格的建设用地增量控制,在保证基本农田不减少的前提下适当扩大重点开发区域建设用地供给,对限制开发区域和禁止开发区域实行严格的土地用途管制,严禁生态用地改变用途。人口管理政策,要鼓励在优化开发区域、重点开发区域有稳定就业和住所的外来人口定居落户,引导限制开发区域和禁止开发区域的人口逐步自愿平稳有序转移。绩效评价和政绩考核,对优化开发区域,要强化经济结构、资源消耗、自主创新等的评价,弱化经济增长的评价;对重点开发区域,要综合评价经济增长、质量效益、工业化和城镇化水平等;对限制开发区域,要突出生态环境保护等的评价,弱化经济增长、工业化和城镇化水平的评价;对禁止开发区域,主要评价生态环境保护。这些政策对有关环境规划的落实无疑会发挥强有力的保障作用。

"十一五"规划还设专篇规定"建设资源节约型、环境友好型社会"。这些规定为建设环境友好型社会提供了重要的行为规范。在这个专篇中,首次提到了要发展循环经济,提出要坚持开发节约并重、节约优先,按照减量化、再利用、资源化的原则,在资源开采、生产消耗、废物产生、消费等环节,逐步建立全社会的资源循环利用体系。第一,在节约能源方面,要强化能源节约和高效利用的政策导向,加大节能力度。通过优化产业结构特别是降低高耗能产业比重,实现结构节能;通过开发推广节能技术,实现技术节能;通过加强能源生产、运输、消费各环节的制度建设和监管,实现管理节能。尤其要突出抓好钢铁、有色金属、煤炭、电力、化工、建材等行业和耗能大户的节能工作,加大汽车燃油经济性标准实施力度,加快淘汰老旧运输设备。制定替代液体燃料标准,积极发展石油替代产品。鼓励生产使用高效节能产品。第二，在节约用水方面，要发展农业节水，推进雨水集蓄，建设节水灌溉饲草基地，提高水的利用效率，基本实现灌溉用水总量零增长。重点是推进火电、冶金等高耗水行业节水技术改造，抓好城市节水工作，强制推广使用节水设备和器具，扩大再生水利用。同时加强公共建筑和住宅节水设施建设和积极开展海水淡化、海水直接利用和矿井水利用。第三，在节约土地方面，要落实保护耕地基本国策。管住总量、严控增量、盘活存量，控制农用地转为建设用地的规模。建立健全用地定额标准，推行多层标准厂房。同时开展农村土地整理，调整居民点布局，控制农村居民点占地，推进废弃土地复垦。控制城市大广场建设，发展节能省地型公共建筑和住宅。到2010年实现所有城市禁用实心黏土砖。第四，在节约材料方面，要推行产品生态设计，推广节约材料的技术工艺，鼓励采用小型、轻型和再生材料；提高建筑物质量，延长使用寿命，提倡简约实用的建筑装修；推进木材、金属材料、水泥等的节约代用，禁止过度包装，规范并减少一次性用品生产和使用。第五，在加强资源综合利用方面，要抓好煤炭、黑色和有色金属共伴生矿产资源综合利用。推进粉煤灰、煤矸石、冶金和化工废渣及尾矿等工业废物利用和秸秆、农膜、禽畜粪便等循环利用。要建立生产者责任延伸制度，推进废纸、废旧金属、废旧轮胎和废弃电子产品等回收利用，加强生活垃圾和污泥资源化利用。同时推动钢铁、有色金属、煤炭、电力、化工、建材、制糖等行业实施循环经济改造，形成一批循环经济示范企业。在重点行业领域、产业园区和城市开展循环经济试点。如建设济钢、宝钢、攀钢、中铝、鲁北化工等一批循环经济示范企业，建设青海柴达木等若干循环经济产业示范区等。发展黄河三角洲、三峡库区等高效生态经济。第六，在强化促进节约的政策措施上，要加快循环经济立法，实行单位能耗目标责任和考核制度，完善重点行业能耗和水耗准入标准、主要用能产品和建筑物能效标准、重点行业节能设计规范和取水定额标准。要严格执行设计、施工、生产等技术标准，材料消耗核算制度和实行强制淘汰高耗能高耗水落后工艺、技术和设备的制度。推行强制性能效标识制度和节能产品认证制度。同时加强电力需求的管理、政府节能采购、合同能源管理，实行有利于资源节约、综合利用和石油替代产品开发的财税、价格、投资政策。增强全社会的资源忧患意识和节约意识。

在保护修复自然生态方面，提出生态保护和建设的重点要从事后治理向事前保护转变，从人工建设为主向自然恢复为主转变，从源头上扭转生态恶化趋势。在天然林保护区、重要水源涵养区等限制开发区域建立重要生态功能区，促进自然生态恢复。健全法制、落实主体、分清责任，加强对自然保护区的监管。有效保护生物多样性，防止外来有害物种对我国生态系统的侵害。按照谁开发谁保护、谁受益谁补偿的原则，建立生态补偿机制。

"十一五"规划中还列专章对环境保护的基本任务和目标进行了详细规定，要求要加大环境保护力度，坚持预防为主、综合治理，强化从源头防治污染，坚决改变先污染后治理、边治理边污染的状况，以解决影响经济社会发展特别是严重危害人民健康的突出问题为重点，有效控制污染物排放，尽快改善重点流域、重点区域和重点城市的环境质量。第一，在水污染防治方面，要求加大"三河三湖"等重点流域和区域水污染防治力度。科学划定饮用水源保护区，强化对主要河流和湖泊排污的管制，坚决取缔饮用水源地的直接排污口，严禁向江河湖海排放超标污水；同时加强城市污水处理设施建设，全面开征污水处理费，到2010年城市污水处理率不低于70%。第二，在大气污染防治方面，要求加大重点城市大气污染防治力度。首先要加快现有燃煤电厂脱硫设施建设，新建燃煤电厂必须根据排放标准安装脱硫装置，推进钢铁、有色金属、化工、建材等行业二氧化硫综合治理。同时在大中城市及其近郊，严格控制新（扩）建除热电联产外的燃煤电厂，禁止新（扩）建钢铁、冶炼等高耗能企业。此外还要加大城市烟尘、粉尘、细颗粒物和汽车尾气治理力度。第三，在固体废物污染防治方面，要求加快危险废物处理设施建设，妥善处置危险废物和医疗废物；强化对危险化学品的监管，加强重金属污染治理，推进堆存铬渣无害化处置；加强核设施和放射源安全监管，确保核与辐射环境安全；加强城市垃圾处理设施建设，加大城市垃圾处理费征收力度，到2010年城市生活垃圾无害化处理率不低于60%。第四，要求各地区要切实承担对所辖地区环境质量的责任，实行严格的环保绩效考核、环境执法责任制和责任追究制。各级政府要将环保投入作为本级财政支出的重点并逐年增加；健全环境监管体制，提高监管能力，加大环保执法力度；实施排放总量控制、排放许可和环境影响评价制度；实行清洁生产审核、环境标识和环境认证制度，严格执行强制淘汰和限期治理制度，建立跨省界河流断面水质考核制度；实行环境质量公告和企业环保信息公开制度，鼓励社会公众参与并监督环保；同时还要大力发展环保产业，建立社会化多元化环保投融资机制，运用经济手段加快污染治理市场化进程。在国际合作方面，要积极参与全球环境与发展事务，认真履行环境国际公约。

"十一五"规划在资源管理方面，强调要实行有限开发、有序开发、有偿开发，加强对各种自然资源的保护和管理。第一，在水资源方面，提出要顺应自然规律，调整治水思路，从单纯的洪水控制向洪水管理、雨洪资源科学利用转变，从注重水资源开发利用向水资源节约、保护和优化配置转变；加强水资源统一管理，统筹生活、生产、生态用水，做好上下游、地表地下水调配，控制地下水开采；完善取水许可和水资源有偿使用制度，实行用水总量控制与定额管理相结合的制度，健全流域管理与区域管理相结合的水资源管理体制，建立国家初始水权分配制度和水权转让制度；完成南水北调东线和中线一期工程，合理规划建设其他水资源调配工程。第二，在土地资源方面，强调要实行最严格的土地管理制度。具体要求为严格执行法定权限审批土地和占用耕地补偿制度，禁止非法压低地价招商；严格土地利用总体规划、城市总体规划、村庄和集镇规划修编的管理；加强土地利用计划管理、用途管制和项目用地预审管理；加强村镇建设用地管理，改革和完善宅基地审批制度；完善耕地保护责任考核体系，实行土地管理责任追究制；加强土地产权登记和土地资产管理。第三，在矿产资源方面，加强矿产资源勘查开发统一规划管理，严格矿产资源开发准入条件，强化资格认证和许可管理，严格按照法律法规和规划开发。具体内容为完善矿产资源开发管理体制，依法设置探矿权、采矿权，建立矿业权交易制度，健全矿产资源有偿占用制度和矿山环境恢复补偿机制；完善重要资源储备制度，加强国家重要矿产品储备，调整储备结构和布局；实行国家储备与用户储备相结合，对资源消耗大户实行强制性储备。第四，在海洋和气候资源方面，提出要合理利用海洋和气候资源。"十一五"规划将海洋和气候资源的管理和保护单独列章规定，可见对海洋和气候资源的日益重视。在海洋资源方面，提出要强化海洋意识，维护海洋权益，保护海洋生态，开发海洋资源，实施海洋综合管理，促进海洋经济发展。工作重点是要综合治理一些重要海域环境，遏制渤海、长江口和珠江口等近岸海域生态恶化趋势；同时恢复近海海洋生态功能，保护红树林、海滨湿地和珊瑚礁等海洋、海岸带生态系统，加强海岛保护和海洋自然保护区管理；还要完善海洋功能区划，规范海域使用秩序，严格限制开采海砂以及有重点地勘探开发专属经济区、大陆架和国际海底资源。在气候资源方面，提出要加强空中水资源、太阳能、风能等的合理开发利用。重点发展气象事业，加强气象卫星应用、天气雷达等综合监测，建立先进的气象服务业务系统；增强灾害性天气预警预报能力,提高预报准确率和时效性;同时还要增强气象为农业等行业服务的能力,加强人工影响天气、大气成分和气候变化监测、预测、评估工作等[31]。

7. "十二五"规划与环境保护

2008年11月,环保部就启动了"十二五"环保规划编制的前期研究工作。党中央国务院专门听取了关于"十二五"环境保护工作思路的汇报,明确了"十二五"环境保护的方针、路线、目标和重点,将"十二五"环保规划列入了国务院2011年专项规划审批计划。

2011年12月15日,国务院印发了《国家环境保护"十二五"规划》(国发[2011]42号)(以下简称《规划》),成为首个在五年规划开局之年就完成编制、报批的环保五年规划。2011年,国务院以国发文件印发了6项规划,其中环境保护领域的规划就占了2项,分别为国家环境保护"十二五"规划和青藏高原区域生态建设与环境保护综合规划,这在我国环境保护历史上是绝无仅有的。

"十二五"时期是我国全面建设小康社会的关键时期,"十二五"规划纲要将转方式、调结构、促协调、强支撑、惠民生、推改革作为核心任务。从国际和历史发展的经验看,环境保护是推动转型发展的重要切入点,绿色发展是占领新的制高点的必然选择,在转型发展的关键阶段,编制一个助力绿色发展转型的环保规划是时代的使命与必然选择。同时,在第六次全国环境保护大会后,全国环保系统形成了加快推进历史性转变、积极探索环保新道路的共识,广泛开展了一系列富有成效的实践,环境保护与经济发展的关系发生了深刻变化,进一步丰富了"十二五"环保规划指导思想与战略举措。

《规划》紧紧围绕科学发展主题,转变经济发展方式主线,提高生态文明水平,积极探索代价小、效益好、排放低、可持续的环境保护新道路。《规划》从定位、目标、任务到各工作领域、政策措施等,突破就环保谈环保、就污染防治谈环保的局限,将环境保护融入经济绿色转型、调结构、转方式、惠民生的发展潮流,通过维护人民群众的环境权益、改善环境质量,满足广大人民群众加强环境保护的迫切期待。

环保领域不断拓展,《规划》提出要进一步加强环保能力建设。一是首次提出"重点领域环境风险防控"的战略任务。针对我国处于工业化中后期,环境污染事故进入高发期,威胁环境改善成果的现状,在深化"十一五"总量控制、环境质量改善等各项工作任务基础上,明确提出要加强重金属、核与辐射、危险废物、危险化学品等重点领域的环境风险防范,完善环境风险防范的基本制度,提高风险防范水平,尤其突出了核与辐射环境安全保障的要求,将核与辐射环境安全作为核能核技术发展的前置条件,要求核与辐射安全监管能力明显增强,核与辐射安全水平进一步提高。二是首次提出了完善环境保护基本公共服务体系的战略任务。基本的环境质量、不损害群众健康的环境质量是一种公共产品。针对当前环境基本公共服务供给不足、分布不均衡的现状,《规划》提出要着力缩小政府环境公共服务水平与人民群众新期待的差距,特别是着力突破农村环保基础薄弱的瓶颈,深化"以奖促治"政策,推动农村环境综合整治,强化农村环境保护工作,改善农村的环境质量和面貌,让广大农民共享环境保护和经济发展的成果。

《规划》提出要进一步深化总量减排,作为撬动经济发展方式转变的着力点。"十二五"减排工作,增加了控制指标,将工业、生活、农业、交通等经济活动主要领域纳入控制范围,注重经济结构调整引导控制,下大力气淘汰落后产能,实施严格的环境准入与清洁生产,将控制污染物新增量过快增长作为首要任务,建立等量淘汰和减量淘汰机制,利用污染减排倒逼经济结构战略性调整和发展方式转变。

《规划》提出要下大力气解决关系民生的突出环境问题，把改善环境质量放在更加突出的位置。我国水和城市大气环境污染已经成为影响科学发展和损害群众健康的突出环境问题。《规划》把化学耗氧量、氨氮、二氧化硫、氮氧化物四项污染物的排放总量控制作为约束性指标，并且大幅度减少地表水劣Ⅴ类水质的水体，提高七大水系好于Ⅲ类水质水体和好于二级空气质量标准的城市比例。同时，从"十二五"开始，将城市大气细颗粒物（$PM_{2.5}$）防治工作逐步提上议事日程，并着力加强土壤环境保护制度建设，推进重点地区污染场地和土壤修复。

《规划》突出有差别的环境管理政策，完善环境保护战略体系。《规划》提出要根据不同地区主要环境功能差异，以维护环境健康、保育自然生态安全、保障食品产地环境安全等为目标，结合全国主体功能区划，编制国家环境功能区划，在重点生态功能区、陆地和海洋生态环境敏感区、脆弱区等区域划定"生态红线"，实行分类指导、分区管理。规划还针对四类主体功能区和东、中、西、东北四大经济区提出了针对性的环境管理要求。

《规划》中强化政策支撑，推进并建立环境保护长效机制。为推进《规划》落实，《规划》提出了落实环境目标责任制、完善综合决策机制等12项政策措施。其中，突出强调了要充分发挥市场机制、增强科技和产业支撑。从完善环境积极政策角度，提出要落实燃煤电厂烟气脱硫电价政策，研究制定脱硝电价政策，对污水处理设施、污泥无害化处理设施、非电力行业脱硫脱硝和垃圾处理设施等企业实行政策优惠。健全排污权有偿取得和使用制度，发展排污权交易市场。建立企业环境行为信用评价制度、银行绿色评级制度，推进环境金融产品创新，完善市场化融资机制。建立流域、重点生态功能区等生态补偿机制。从技术研发角度，要提升科技基础研究和应用能力，大力研发污染控制、生态保护和环境风险防范的高新技术、关键技术、共性技术，尤其是削减总量的技术，发展相关装配制造业；从环保产业发展角度，提出建立环保产业服务体系，推动跨行业跨企业循环利用联合体建设，实行环保设施运营资质许可制度，建立环保产业服务体系。

第二节 环境影响评价制度

一、环境影响评价制度的形成和发展

1973年第一次全国环境保护会议后，环境影响评价的概念开始引入我国。高等院校和科研单位的一些专家、学者，在报刊和学术会议上，宣传和倡导环境影响评价，并开展了环境质量评价及其方法的研究。1977年，中国科学院召开"区域环境保护学术交流研讨会议"，一定程度上推动了大中城市环境质量现状评价和重要水域的环境质量现状评价。1978年12月31日，中发［1978］79号文件批转的国务院环境保护领导小组《环境保护工作汇报要点》中，首次提出了环境影响评价的定义。1979年4月，国务院环境保护领导小组在《关于全国环境保护工作会议情况的报告》中，把环境影响评价作为一项管理制度再次提出。在国家支持下，北京师范大学等单位率先在江西永平铜矿开展了我国第一个建设项目环境影响评价工作。

1979年9月发布的《环境保护法（试行）》将这一制度法律化。该法第6条规定："一切企业、事业单位的选址、设计、建设和生产，都必须充分注意防止对环境的污染和破坏。在进行新建、改建和扩建工程时，必须提出对环境影响的报告书，经环境保护部门和其他有

关部门审查批准后才能进行设计。"第 7 条还规定："在老城市改造和新城市建设中，应当根据气象、地理、水文、生态等条件，对工业区、居民区、公用设施、绿化地带等进行环境影响评价。"《环境保护法（试行）》的颁布，标志着中国环境影响评价制度正式确立。此后相继颁布了一系列环境保护法律、法规和部门规章，不断对环境影响评价制度进行规范。

1981 年，国家计划委员会、国家经济委员会、国家建设委员会、国务院环境保护领导小组联合颁发的《基本建设项目环境保护管理办法》，明确把环境影响评价制度纳入基本建设项目审批程序中。

1986 年 3 月 26 日国务院环境保护委员会、国家计划委员会和国家经济委员会联合发布的《建设项目环境保护管理办法》[(86) 国环字第 003 号]，对环境影响评价的程序、内容、审批等都进行了详细规范。环境影响评价审批制度也逐步规范，确立了审批的一些基本原则，如建设项目必须符合国家和行业的产业政策，符合地区总体规划布局和环境区划，符合国家或地方的排放标准，符合政府下达的污染物排放总量控制指标；环境影响评价的实际应用范围稳步扩大，从基本建设项目扩大到技术改造项目和区域开发建设项目，从传统的国有企业建设项目扩大到外资企业和乡镇企业建设项目；建设项目环境影响评价的技术规范和标准体系也在不断发展与完备，制定了有关环境要素的环境影响评价技术导则和有关行业的建设项目环境影响评价规范等。同年，国家环境保护局又颁布《建设项目环境影响评价证书管理办法（试行）》，在中国开始实行环境影响评价单位的资质管理。

1989 年 12 月 26 日颁布的《环境保护法》第十三条中规定："建设污染环境的项目，必须遵守国家有关建设项目环境保护管理的规定。建设项目的环境影响报告书，必须对建设项目产生的污染和对环境的影响做出评价，规定防治措施，经项目主管部门预审并依照规定的程序报环境保护行政主管部门批准。环境影响报告书经批准后，计划部门方可批准建设项目设计任务书。"在这一条款中，对环境影响评价制度的执行对象和任务、工作原则和审批程序、执行时段与基本建设程序之间的关系作了原则规定，再一次用法律确认了建设项目环境影响评价制度，并为行政法规中具体规范环境影响评价制度提供了法律依据和基础。

进入 20 世纪 90 年代，随着我国改革开放的深入发展和社会主义计划经济向市场经济转轨，建设项目的环境保护管理也不断改革和强化，在强化建设项目环境影响评价的同时，开展了区域环境影响评价。针对投资多元化造成的建设项目多渠道立项和开发区的兴起，1993 年国家环境保护局下发了《关于进一步做好建设项目环境保护管理工作的几点意见》，提出先评价、后建设，并对环境影响评价分类指导和开发区区域环境影响评价作了规定。在注重环境污染的同时，加强了生态影响项目的环境影响评价，防治污染和保护生态并重。通过国际金融组织贷款项目，在我国开始实行建设项目环境影响评价的公众参与，并逐步扩大和完善公众参与的范围。

1996 年召开了第四次全国环境保护工作会议，发布了《国务院关于环境保护若干问题的决定》（国发 [1996] 31 号）（以下简称《决定》），明确规定："建设对环境有影响的项目必须依法严格执行环境影响评价制度和环境保护设施与主体工程同时设计、同时施工、同时投产的'三同时'制度。"《决定》要求各地加强对建设项目的审批和检查，并实施污染物总量控制，在环境影响评价中增加"清洁生产"和"公众参与"的内容，强化了生态环境影响评价，使环境影响评价的深度和广度得到了进一步扩展。

1998 年国务院颁布了《建设项目环境保护管理条例》（国务院 253 号令），该条例对环境影响评价的分类、适用范围、程序、环境影响报告书的内容以及相应的法律责任等都作了明确的规定。1999年3月，根据《建设项目环境保护管理条例》的授权，国家环境保护总局颁布《建设项目环境影响评价资格证书管理办法》，对评价单位的资质进行了规定；同年4月，国家环境保护总局颁布《建设项目环境保护分类管理名录（试行）》，公布了分类管理目录。

2002年10月28日中华人民共和国第九届全国人大常委会第三十次会议通过了《中华人民共和国环境影响评价法》，将规划纳入环境影响评价的范畴，这是10年来我国环境立法最为重大的进展。这部法律力求从决策的源头防止环境污染和生态破坏，从建设项目环境评价扩展到战略环境评价，标志着我国环境与资源立法步入了一个新的阶段。国家环境保护总局依照《中华人民共和国环境影响评价法》的规定，建立了环境影响评价的基础数据库；颁布了《规划环境影响评价技术导则》（试行）(HJ/T 130—2003)；会同有关部门并经国务院批准制定了《编制环境影响报告书的规划的具体范围（试行）》和《编制环境影响篇章或说明的规划的具体范围（试行）》（环发［2004］98号）；制定了《专项规划环境影响报告书审查办法》（国家环境保护总局第3号令）；设立了国家环境影响评价审查专家库，并颁布《环境影响评价审查专家库管理办法》（国家环境保护总局第16号令）。为了加强环境影响评价管理，提高环境影响评价专业技术人员素质，确保环境影响评价质量，2004年2月，人事部、国家环境保护总局决定在全国环境影响评价系统建立环境影响评价工程师职业资格制度。

二、环境影响评价制度的改革

作为与经济发展关系最密切的环境管理制度，环境影响评价是我国环境与发展综合决策的制度化保障。伴随着环境管理视角的拓展，环境影响评价的内容不断丰富和扩展，经历了从浓度控制到污染物总量控制和环境质量达标；从末端治理到清洁生产和循环经济；从建设项目环评到区域环评、规划环评和政策环评[32]。在环境保护工作历史性转变进程中，环境评价以其灵活性、开放性、科学性、实用性成为环境保护优化经济增长的重要手段。

然而另一方面，建设项目环境影响评价作为环境保护部门的一项审批权力，也备受关注。没有严格监管，环评前置在个别行业部门和项目业主眼中形同虚设。在某些情形下，环评让位于某些地方利益、部门利益甚至小团体利益，使一票否决成为摆设。公众参与流于形式，受影响公众的环境权益得不到保障。2014年11月26日至12月26日，中央第三巡视组对环境保护部开展了专项巡视。在其巡视意见中更是直接指出在建设项目环境影响评价方面存在的问题[33]。在这种背景下，环境影响评价制度全面深化和改革拉开了序幕，有关2015年以来环境影响评价制度改革的相关法规和文件见表5-1。

表5-1 2015年以来环境影响评价制度改革的相关法规和文件

法规和文件	时间
《关于开展产业园区规划环境影响评价清单式管理试点工作的通知》	2016
《关于加强规划环境影响评价与建设项目环境影响评价联动工作的意见》	2016
《关于规划环境影响评价加强空间管制、总量管控和环境准入的指导意见(试行)》	2016
《关于开展规划环境影响评价会商的指导意见(试行)》	2016
《建设项目环境保护事中事后监督管理办法(试行)》	2015

续表

法规和文件	时间
《建设项目环境影响后评价管理办法（试行）》	2015
《建设项目环境影响评价资质管理办法》	2015
《建设项目环境影响评价区域限批管理办法（试行）》	2015
《建设项目环境影响评价信息公开机制方案》	2015
《关于进一步加强环境影响评价违法项目责任追究的通知》	2015
《环境保护公众参与办法》	2015
《建设项目环境影响评价分类管理名录》	2015
《环境保护部审批环境影响评价文件的建设项目目录（2015年本）》	2015

在规划环评工作机制方面，环境保护部研究制定了《关于规划环境影响评价加强空间管制、总量管控和环境准入的指导意见（试行）》（环办环评〔2016〕14号），切实推进在规划环评中严守"空间、总量、准入"三条红线，提升规划环评质量，充分发挥规划环评优化空间开发布局、推进环境质量改善和推动产业转型升级的作用。环境保护部发布了《关于加强规划环境影响评价与建设项目环境影响评价联动工作的意见》（环发〔2015〕178号），强化规划环评的刚性约束，推动项目环评落实规划环评成果，形成联动反馈的内部工作机制。配套制定《产业园区规划环评"清单管理"和与项目环评联动的试点方案》，以管住宏观为前提深化简政放权，推进园区建设项目环评审批制度改革。在规划环评部门间协调机制方面，环境保护部联合国土资源部印发了《关于做好矿产资源规划环境影响评价工作的通知》（环发〔2015〕158号），指导和规范矿产资源规划环评工作，统筹资源开发与环境保护。联合住房和城乡建设部研究制定《关于加强城市规划环境影响评价工作的通知》，促使规划环评在优化城市生产生活生态空间布局、改善城市环境质量等方面发挥更大作用。根据大气和水污染防治行动计划要求，发布了《关于开展规划环境影响评价会商的指导意见（试行）》（环发〔2015〕179号），在环境问题较为突出的区域、流域实行规划环评会商，推进区域、流域环境污染联防联控。同时，环境保护部还与国家发展和改革委员会、交通运输部、水利部、国家能源局等部门建立了合作机制，联合推动铁路网、公路网、水利水电等重大规划环评。

在建设项目环评方面，环境保护部发布了《建设项目环境保护事中事后监督管理办法（试行）》（环发〔2015〕163号），这是贯彻国务院放管结合要求，部委出台的第一个加强事中事后监管的规范性文件，明确了国家和省级环保部门的监督指导责任、市县级环保部门的属地管理职责，强化了建设单位的主体责任，规定了地方党委政府的领导职责，明确了监管内容、程序、方式等，为强化事中事后监管奠定制度基础。出台了《建设项目环境影响后评价管理办法（试行）》（环境保护部令第37号），对一些特别重大、复杂、敏感项目在运行一段时间后，要求建设单位对其实际环境影响及生态环境保护措施有效性，进行分析、验证与评价，采取改进措施，减缓项目实施后的环境影响。发布了《建设项目环境影响评价区域限批管理办法（试行）》（环发〔2015〕169号），对未达到国家环境质量目标、存在严重环境违法行为的予以限批，督促地方政府和企业依法履行环保责任，集中解决突出环境问题。印发了《关于进一步加强环境影响评价违法项目责任追究的通知》（环办函〔2015〕389号），对情节严重的环评违法行为，移送纪检监察机关，追究相关人员责任。全面修订《建设项目环境影响评价资质管理办法》（部令第36号），建立环保部门上下联动的监管机制，将环评资质管理与项目环评审查有机结合,对环评机构和人员实施双重追责。发布《环境保护部审批环境影响评价文件的建设项目目录(2015年本)》(公告2015年第17号),下放32项建设项目的环评审批权限;修订《建设项目环境影响评价分类管理名录》(部令第33号),将13类项目由编制环境影响报告书改为编制报告表或填报登记表,环评手续办理更加便捷高效。

按照国务院要求简政放权的同时,确保"放得下、接得住、管得好"。为此,环境保护部陆续发布了《环境保护部审批环境影响评价文件的建设项目目录(2015年本)》、新的《建设项目环境影响评价分类管理名录》(环境保护部令第33号)以及火电、水电、钢铁、铜铅锌冶炼、石化、制浆造纸、高速公路7个重点行业环评审批原则,科学调整了部分环境影响相对较小的建设项目环评审批权限和环评类别,统一行业环评管理尺度。充分发挥全社会的力量,扩大公众参与。环境保护部印发了《建设项目环境影响评价信息公开机制方案》(环发〔2015〕162号),明确了信息公开的责任主体、范围、方式、内容,确保建设项目环评实现全过程、全方位、全覆盖信息公开,保障公众环境知情权、监督权和参与权,促进环保部门规范、公正、透明审批,企业依法履行环保责任,推动形成政府、企业、公众、媒体共同参与的环境治理体系。

为了系统有序地指导环境影响评价制度的改革,环保部于2016年发布了《"十三五"环境影响评价改革实施方案》(环环评〔2016〕95号),主要内容如下。

① 取消环保竣工验收行政许可。建立环评、"三同时"和排污许可衔接的管理机制。将企业落实"三同时"作为申领排污许可证的前提。

② 加强规划环评与项目环评联动。依法将规划环评作为规划所包含项目环评文件审批的刚性约束。对已采纳规划环评要求的规划所包含的建设项目,简化相应环评内容。建立项目环评审批与规划环评、现有项目环境管理、区域环境质量联动机制,强化改善环境质量目标管理。

③ 突出管理重点。重点把握选址选线环境论证、环境影响预测和环境风险防控等方面,剥离市场主体自主决策的内容以及依法由其他部门负责的事项。环评与选址意见、用地预审、水土保持等实施并联审批。涉及自然保护区、饮用水水源保护区、风景名胜区等法定保护区域的项目,在符合法律法规规定的前提下,不将主管部门意见作为环评审批的前置。对环境影响登记表实行告知性备案管理。编制环境影响报告书(表)的建设项目应开展技术评估。

④ 动态调整分类管理名录。对未列入分类管理名录且环境影响或环境风险较大的新兴产业,由省级环保部门确定其环评分类,报环境保护部备案;对未列入分类管理名录的其他项目,无须履行环评手续。

⑤ 严格高能耗、高物耗、高水耗和产能过剩、低水平重复建设项目,以及涉及危险化学品、重金属和其他具有重大环境风险建设项目的环评审批。

⑥ 制定《建设项目环境影响评价公众参与办法》,明确建设单位的主体责任。建立公众参与意见采纳反馈机制。将公众参与意见作为完善和强化建设项目环保措施的重要手段。加大惩处公众参与弄虚作假。建设单位编制公众参与说明,与环境影响报告书一并公开。落实建设单位环评信息公开主体责任。推进建设项目选址、建设、运营全过程环境信息公开,建设项目环境影响报告书(表)相关信息和审批后环保措施落实情况公开。强化建设单位"三同时"信息公开制度。

⑦ 强化环境影响后评价。对长期性、累积性和不确定性环境影响突出,有重大环境风

险或者穿越重要生态环境敏感区的重大项目，应开展环境影响后评价，落实建设项目后续环境管理。

⑧ 健全统一开放的环评市场。清理地方环保部门设置准入条件、限制外埠环评机构在本地承接环评业务等不当管理方式。支持行业协会等社会组织加强对环评机构和人员的行业自律管理。严厉打击出租、出借资质等扰乱市场秩序的违法行为。

⑨ 强化环评机构和人员管理，严格环评资质管理。完善环评机构工作能力、人员专业结构等准入要求，改革环评工程师职业资格管理，研究提出以强化环评文件质量为重点的环评机构准入条件。强化质量监管，对环评文件质量低劣的，实行环评机构和人员双重责任追究。加强诚信体系建设，制定《全国环评机构和环评工程师诚信管理办法》。在"智慧环评"综合监管平台中建立全国统一的环评机构和环评工程师诚信管理系统，将各级环保部门监管中发现的环评机构及人员违法违规行为和处罚情况及时纳入诚信记录，并向社会公开。对在多地出现不良诚信记录的环评机构和人员，限制或禁止从业范围从当地扩大至全国。

⑩ 建立以改善环境质量为核心的源强、要素、专题技术导则体系。修订《环境影响评价技术导则　总纲》《规划环境影响评价技术导则　总纲》，开展技术导则滚动修订。

三、环境影响评价制度的基本内容

1. 环境影响评价的适用范围

环境影响评价的适用对象是规划和建设项目。其中规划包括国务院有关部门、设区的市级以上地方人民政府及其有关部门组织编制的土地利用的有关规划；区域、流域、海域的建设、开发利用规划；工业、农业、畜牧业、林业、能源、水利、交通、城市建设、旅游、自然资源开发的有关专项规划。建设项目是指在中华人民共和国领域和中华人民共和国管辖的其他海域内建设对环境有影响的项目。

2. 建设项目环境影响评价分类管理

国家根据建设项目对环境的影响程度，对建设项目的环境影响评价实行分类管理。①可能造成重大环境影响的，应当编制环境影响报告书，对产生的环境影响进行全面评价；②可能造成轻度环境影响的，应当编制环境影响报告表，对产生的环境影响进行分析或者专项评价；③对环境影响很小、不需要进行环境影响评价的，应当填报环境影响登记表。

3. 信息公开与公众参与

对于规划的环境影响评价，专项规划的编制机关对可能造成不良环境影响并直接涉及公众环境权益的规划，应当在该规划草案报送审批前，举行论证会、听证会，或者采取其他形式，征求有关单位、专家和公众对环境影响报告书草案的意见。但是，国家规定需要保密的情形除外。规划编制机关应当认真考虑有关单位、专家和公众对环境影响报告书草案的意见，并应当在报送审查的环境影响报告书中附具对意见采纳或者不采纳的说明。

对于建设项目环境影响评价，除国家规定需要保密的情形外，对环境可能造成重大影响、应当编制环境影响报告书的建设项目，建设单位应当在报批建设项目环境影响报告书前，举行论证会、听证会，或者采取其他形式，征求有关单位、专家和公众的意见。建设单位报批的环境影响报告书应当附具对有关单位、专家和公众的意见采纳或者不采纳的说明。

第三节　"三同时"制度

"三同时"制度，是指新建、改建、扩建项目和技术改造项目以及区域性开发建设项目的污染治理设施必须与主体工程同时设计、同时施工、同时投产的制度。它与环境影响评价制度相辅相成,是防止环境免遭新污染和破坏的"法宝",是我国环境保护法"以预防为主"的基本原则的具体化、制度化、规范化,是加强开发建设项目环境管理的重要措施,是防止我国环境质量继续恶化的有效经济手段和法律手段。

"三同时"制度是在我国出台最早的一项环境管理制度,是在我国社会制度和建设经验的基础上提出来的,是一项重要的控制新污染、体现"预防为主"政策、具有中国特色并行之有效的环境管理制度。

一、"三同时"制度的形成和发展

1972年的北京官厅水库鱼污染事件,引起了党和国家的高度重视,国务院接连做出四次指示,指定北京市、河北省、山西省、天津市和国务院有关部门组成官厅水库保护领导小组,积极开展治理,这是由国家出面针对污染进行的第一次治理。同时1972年6月,在国务院批转的《国家计委、国家建委关于官厅水库污染情况和解决意见的报告》中第一次提到了工厂建设和"三废"利用工程要同时设计、同时施工、同时投产的要求。

1973年经国务院批转的《关于保护和改善环境的若干规定》中提出:"一切新建、扩建和改建的企业,防治污染项目必须和主体工程同时设计、同时施工、同时投产。""正在建设的企业没有采取防治措施的,必须补上。各级主管部门要会同环境保护和卫生等部门,认真审查设计,做好竣工验收,严格把关。"从此"三同时"成为中国第一项环境管理制度。

1976年中共中央批转的《关于加强环境保护工作的报告》中又重申了这项制度,并进一步明确了不执行"三同时"的项目不准建设、不准投产。

1979年《环境保护法(试行)》中对"三同时"制度从法律上加以确认,第6条规定:"在进行新建、改建和扩建工程时,必须提出对环境影响的报告书,经环境保护部门和其他有关部门审查批准后才能进行设计;其中防止污染和其他公害的设施,必须与主体工程同时设计、同时施工、同时投产;各项有害物质的排放必须遵守国家规定的标准。"这一规定为以后有关"三同时"的法规和条例提供了法律保证,使这项制度迈出了关键性的一步。

《环境保护法(试行)》颁布1年以后,国家专门就"三同时"的执行问题对全国23个省、市作了调查,发现全国"三同时"执行情况很不理想。其中主要原因是当时的有关法律法规只是对"三同时"制度作了原则性规定,缺乏一套具体、明确的法律规定,包括管理体制、机构职责和权限,以及审批程序,尤其是法律责任等。针对这一情况,1981年年初《国务院关于在国民经济调整时期加强环境保护工作的决定》中,进一步强调了"三同时"制度,并对环保设施的投资、设备、原材料、施工力量等都作了较为明确的规定。尤其是1981年5月由国家计划委员会、国家建设委员会、国家经济委员会、国务院环境保护领导小组联合下达的《基本建设项目环境保护管理办法》,对"三同时"制度的内容、管理程序、违反"三同时"的处罚作了全面具体的规定,把"三同时"制度具体化,并纳入基本建设程序。在全面总结实践经验和教训的基础上,1986年又对这一规定进行了修改和完善,并由国务院环境保护委员会、国家计划委员会、国家经济委员会联合颁布了《建设项目环境保护管理办法》,具体规定了"三同时"的内容。1987年,国家计划委员会、国务院环境保护委员会联合发布《建设项目环境保护设计规定》,"三同时"制度得到进一步的补充和完善。

1989年12月发布的《环境保护法》中总结了实行"三同时"制度的经验,在第二十六条中规定:"建设项目中防治污染的设施,必须与主体工程同时设计、同时施工、同时投产使用。防治污染的设施必须经原审批环境影响报告书的环境保护行政主管部门验收合格后,该建设项目方可投入生产或者使用。"针对现有的污染防治设施运行率不高、不能发挥正常效益的问题,该条还规定:"防治污染的设施不得擅自拆除或者闲置,确有必要拆除或者闲置的,必须征得所在地的环境行政主管部门同意。"第 36 条还对违反"三同时"的法律责任做出了规定。

1998 年中华人民共和国国务院令第 253 号《建设项目环境保护管理条例》和 2001 年《建设项目竣工环境保护验收管理办法》(国家环境保护总局令第 13 号)进一步强化和完善了"三同时"制度。

2014 年修订的《环境保护法》第 41 条再次强调,建设项目中防治污染的设施,应当与主体工程同时设计、同时施工、同时投产使用。防治污染的设施应当符合经批准的环境影响评价文件的要求,不得擅自拆除或者闲置。

2016 年环境保护部印发《"十三五"环境影响评价改革实施方案》对"三同时"提出明确要求。内容包括落实建设单位的主体责任;取消环保竣工验收行政许可;建立环评、"三同时"和排污许可衔接的管理机制;将企业落实"三同时"作为申领排污许可证的前提,强化建设单位"三同时"信息公开制度等。

二、"三同时"制度的基本内容

根据《建设项目环境保护管理条例》和《建设项目环境保护设计规定》,"三同时"制度的基本内容如下。

(1)同时设计 在项目建议书阶段,应对建设项目建成后可能造成的影响进行简要说明;在可行性研究(设计任务书)阶段,可行性研究报告书中应有环境保护的专门论述,内容包括建设项目周围的环境状况、主要污染源和主要污染物、资源开发可能引起的生态变化、控制污染的初步方案、环境保护投资估算、计划采用的环境标准等;初步设计中必须有环境保护篇章,其内容包括环境保护的设计依据,主要污染源和主要污染物及排放方式,计划采用的环境标准、环境保护设施及简要工程流程,对生态变化的防范措施,环境保护投资估算等;在施工图设计中,必须按已批准的初步设计文件及环境保护篇章规定的措施进行。

(2)同时施工 在建设项目的施工阶段,环境保护设施必须与主体工程同时施工。在施工过程中,应当保护施工现场周围的环境,防止对自然环境造成不应有的损害;防止和减轻粉尘、噪声、振动等对周围生活环境的污染和危害。建设项目在施工过程中,环境保护行政主管部门有权进行必要的现场检查,建设单位必须提供必要的资料。

(3)同时投产 建设项目在正式投产或使用前,建设单位必须向负责审批的环境保护部门提交"环境保护设施竣工验收报告",说明保护设施的运行情况、治理效果、达标状况。经环境保护部门验收合格后,发给"环境保护设施验收合格证",方可正式投入生产或者使用。

环境保护行政主管部门对建设项目的环境保护实施统一的监督管理;负责对设计任务书(可行性研究报告)和经济合同中的有关环境保护内容的审查;负责对环境影响报告书或报告表的审批;负责对初步设计中的环境保护篇章的审查及建设施工的检查;负责对环境保护设施的竣工验收;负责对环境保护设施运转和使用情况的检查监督;负责对违反"三同时"

制度行为者的认定和处罚;负责所辖区域"三同时"制度执行情况的统计与管理。

建设项目的主管部门负责对建设项目环境影响报告书(表)初步设计中的环境保护篇章、环境保护设施竣工验收报告等的预审;监督对建设项目设计与施工中的环境保护措施的落实;监督项目竣工后环保设施的正常运转。

建设单位负责提出环境影响报告书(表);落实初步设计中的环境保护措施;负责项目竣工后防治污染设施的正常运转。

对于违反"三同时"规定的,对建设单位及其单位负责人处以罚款。建设项目的环境保护设施未经过验收或验收不合格而强行投入生产或使用的,要追究单位和有关人员的责任。

第四节 排污收费制度与环境保护税制度

排污收费制度是对污水、废气、固体废物、噪声、放射性等各类污染物的各种污染因子,按照一定标准收取一定数额的费用,以及有关排污费可以计入生产成本、排污费专款专用,主要用于补助重点污染源治理等基本原则规定的总称。

一、排污收费制度的形成与发展

1978年12月,中共中央批转的原国务院环境保护领导小组的《环境保护工作汇报要点》中提出,"向排污单位实行排放污染物的收费制度,由环境保护部门会同有关部门制订具体收费办法"。首次提出了在中国实行"排放污染物收费制度"。

1979年8月颁布的《环境保护法(试行)》要求,污染物的排放必须达到国家规定的排放标准;超标排放污染物的,要按照规定收取排污费,在法律上正式确立了我国的排污收费制度。这些要求也为修改后的《环境保护法》和其他各项主要环境保护法律所采纳。江苏省苏州市率先开始进行排污收费试点工作,我国排污收费制度进入试行阶段。

1982年2月国务院在总结27个省、自治区、直辖市征收排污费工作试点经验的基础上,发布了《征收排污费暂行办法》(国发〔1982〕21号),其中第6条第2款规定:"《中华人民共和国环境保护法(试行)》公布以后,新建、扩建、改建的工程项目和挖潜、革新、改造的工程项目排放污染物超过标准的,……应当加倍收费。"该条第3款同时授权:"各省、自治区、直辖市可按照实际情况,作其他增收或减收的规定。"该办法第12条还规定:"各省、自治区、直辖市人民政府可根据本办法,制定具体的实施办法。"该办法自1982年7月1日起开始执行,我国排污收费制度正式建立,排污收费制度并始在全国普遍施行。同年在《海洋环境保护法》、1984年在《水污染防治法》、1987年在《大气污染防治法》中,对排污收费都作了具体的规定。

1984年,财政部、建设部联合发布《征收超标排污费财务管理和会计核算办法》,统一排污费资金预算管理、预算科目和收支结算及会计核算办法。5月,国务院《关于加强环境保护工作的决定》重申,排污费的80%可以用做重点污染治理的补助资金,其余环境保护补助资金应主要用于地区的综合性污染防治和环境监测站的仪器购置。

1988年9月1日开始实施的《污染源治理专项基金有偿使用暂行办法》,是排污收费由拨款改为贷款的重要改革措施。此后,随着我国经济的不断发展和新的环境问题的出现,又提出和实行一系列关于排污收费使用、管理方面的政策。

1992年9月14日,国家环境保护局、物价局、财政部和国务院经贸办联合发出了《关于开展征收工业燃煤二氧化硫排污费试点工作的通知》，以控制日益严重的酸雨危害。这标志着排污收费实施范围的一次重要扩展。此后颁布的一系列有关二氧化硫排污费的文件包括《国务院关于二氧化硫排污费扩大试点工作有关问题的批复》（国函〔1996〕24号）；国家环境保护总局、国家计划委员会、财政部、国家经济贸易委员会《关于在酸雨控制区和二氧化硫污染控制区开展征收二氧化硫排污费扩大试点的通知》（环发〔1998〕6号）；《国家环境保护总局关于二氧化硫排污费试点征收标准执行问题的通知》（环发〔2000〕75号）。

1993年8月15日，国家计划委员会和财政部联合发出《关于征收污水排污费的通知》对不超标的污水排放征收排污费。这是在排污收费中首次体现了总量控制的思想。同年，国家环境保护总局、国家计划委员会、财政部下发《关于在杭州等三城市实行总量排污收费试点的通知》，开始进行总量排污收费试点。

2002年1月，国务院第54次常务会议原则通过《排污费征收使用管理条例》，根据国务院领导指示，国家环境保护总局与财政部、国家计划委员会、国家经济贸易委员会等部门进行了《排污费征收标准管理办法》《排污费资金收缴使用管理办法》《关于排污费征收核定有关工作的通知》《关于减免及缓缴排污费有关问题的通知》《关于印发〈关于环保部门实行收支两条线管理后经费安排的实施办法〉的通知》等配套规章的制定工作。经过反复协调，国务院2003年1月2日颁布《排污费征收使用管理条例》（国务院令第369号）后，上述配套规章相继出台。《排污费征收使用管理条例》明确要求按照污染要素的不同，将原来的超标收费改为排污费和超标收费并存；根据收费体制的变化，明确排污费必须纳入财政预算，列入环境保护专项资金进行管理；将个体工商户列入排污费的收缴对象；规定排污费必须用于重点污染防治、区域性污染防治、污染防治新技术新工艺的开发示范和应用。

2003年2月，国家发展计划委员会、财政部、国家环境保护总局、国家经济贸易委员会制定《排污费征收标准管理办法》，确定当量收费标准，明确进行多因子（三因子）收费，在我国全面实施总量收费。2014年，国家发展和改革委员会、财政部和环保部联合发布《关于调整排污费征收标准等有关问题的通知》，对排污费征收标准予以进一步完善。

二、排污收费制度的内容

1. 征收对象

直接向环境排放污染物的单位和个体工商户（以下简称排污者），应当缴纳排污费。排污者向城市污水集中处理设施排放污水、缴纳污水处理费用的，不再缴纳排污费。排污者建成工业固体废物储存或者处置设施、场所并符合环境保护标准，或者其原有工业固体废物储存或者处置设施、场所经改造符合环境保护标准的，自建成或者改造完成之日起，不再缴纳排污费。

2. 污染物排放种类、数量的核定

排污者应当按照国务院环境保护行政主管部门的规定，向县级以上地方人民政府环境保护行政主管部门申报排放污染物的种类、数量，并提供有关资料。县级以上地方人民政府环境保护行政主管部门，应当按照国务院环境保护行政主管部门规定的核定权限对排污者排放污染物的种类、数量进行核定。污染物排放种类、数量经核定后，由负责污染物排放核定工作的环境保护行政主管部门书面通知排污者。

3. 排污费种类

① 依照《大气污染防治法》《海洋环境保护法》的规定，向大气、海洋排放污染物的，按照排放污染物的种类、数量缴纳排污费。

② 依照《水污染防治法》的规定，向水体排放污染物的，按照排放污染物的种类、数量缴纳排污费；向水体排放污染物超过国家或者地方规定的排放标准的，按照排放污染物的种类、数量加倍缴纳排污费。

③ 依照《中华人民共和国固体废物污染环境防治法》的规定，没有建设工业固体废物储存或者处置的设施、场所，或者工业固体废物储存或者处置的设施、场所不符合环境保护标准的，按照排放污染物的种类、数量缴纳排污费；以填埋方式处置危险废物不符合国家有关规定的，按照排放污染物的种类、数量缴纳危险废物排污费。

④ 依照《中华人民共和国环境噪声污染防治法》的规定，产生环境噪声污染超过国家环境噪声标准的，按照排放噪声的超标声级缴纳排污费。排污者缴纳排污费，不免除其防治污染、赔偿污染损害的责任和法律、行政法规规定的其他责任。

4. 排污费的征收、使用

排污费的征收、使用必须严格实行"收支两条线"，征收的排污费一律上缴财政，环境保护执法所需经费列入本部门预算，由本级财政予以保障。排污费必须纳入财政预算，列入环境保护专项资金进行管理，主要用于重点污染源防治，区域性污染防治，污染防治新技术、新工艺的开发、示范和应用，国务院规定的其他污染防治项目的拨款补助或者贷款贴息。

三、环境保护税制度与环境保护税费改革

排污收费虽然在实践中不断得到完善，但也存在诸多不足。主要是征收面窄，征收标准过低；征收力度不足，征收效率低，缺乏必要的强制手段；征收来的费用不能按照法定用途使用等问题。另外，由于违法成本低，守法成本高，排污收费难以刺激企业最大限度地降低污染的排放。同时，现行排污收费制度未对危险废物、生活垃圾、生活废水以及流动污染源进行收费。由于排污费收入主要归地方财政，中央财政不参与对排污费的分配，削弱了中央对排污费的调控能力。因此，对我国现行环境税费制度进行必要的改革，开征专门的环境税，通过税收这种经济刺激的手段来解决我国环境保护中的一些深层次问题，是我国改善环境治理现状的迫切需要和必然选择。

我国一直在推动环境保护税的立法工作。2007年国务院印发《节能减排综合性工作方案》，明确提出了制定和完善鼓励节能减排的税收政策，研究开征环境税。这是我国首次提出开征环境保护税。在随后的《中华人民共和国国民经济和社会发展第十二个五年规划纲要》中提出，选择防治任务繁重、技术标准成熟的税目开征环境保护税，逐步扩大征收范围。2013年11月党的十八届三中全会通过的《中共中央关于全面深化改革若干重大问题的决定》中，论及税制改革和税收管理时提出，加快资源税改革，推动环境保护费改税。2016年12月25日，十二届全国人大常委会第二十五次会议通过了《中华人民共和国环境保护税法》，并将于2018年1月1日实施。环境保护税法的总体思路是由"费"改"税"，即按照"税负平移"原则，实现排污费制度向环保税制度的平稳转移。

① 关于纳税人。2015年1月1日起施行的新《环境保护法》规定，排污费的缴纳人为排放污染物的企业事业单位和其他生产经营者。为与排污费有关规定相衔接，环境保护税的

纳税人，为在中华人民共和国领域以及管辖的其他海域，直接向环境排放应税污染物的企业事业单位和其他生产经营者。

② 关于税额。环境保护税法的税额标准与现行排污费的征收标准基本一致。省级人民政府可以统筹考虑本地区环境承载能力、污染排放现状和经济社会生态发展目标要求，在规定的税额标准上适当上浮应税污染物的适用税额，并报国务院备案。

③ 关于征税对象和征税范围。环保税的征税对象分为大气污染物、水污染物、固体废物和噪声4类。每一排放口或者没有排放口的应税大气污染物，按照污染当量数从大到小排序，对前三项污染物征收环境保护税。每一排放口的应税水污染物，区分第一类水污染物和其他类水污染物，按照污染当量数从大到小排序，对第一类水污染物按照前五项征收环境保护税，对其他类水污染物按照前三项征收环境保护税。省级人民政府可以根据本地区污染物减排的特殊需要，增加同一排放口征收环保税的应税污染物种类数。

④ 关于税收优惠。对农业生产（不包括规模化养殖）排放的应税污染物，机动车、铁路机车、非道路移动机械、船舶和航空器等流动污染源排放的应税污染物，城镇污水处理厂、城镇生活垃圾处理场向环境排放污染物不超过国家规定排放标准的，纳税人综合利用的固体废物符合国家和地方环境保护标准的，免征环保税。纳税人排放应税大气污染物或者水污染物的浓度值低于国家和地方规定的污染物排放标准百分之三十的，减按百分之七十五征收环境保护税。纳税人排放应税大气污染物或者水污染物的浓度值低于国家和地方规定的污染物排放标准百分之五十的，减按百分之五十征收环境保护税。

第五节 环境保护目标责任制和考核评价制度

一、环境保护目标责任制的形成和发展

环境保护目标责任制是一种具体落实地方各级人民政府和有污染的单位对环境质量负责的行政管理制度。这项制度确定了一个区域、一个部门乃至一个单位环境保护的主要责任者和责任范围，运用目标化、定量化、制度化的管理方法，把贯彻执行环境保护这一基本国策作为各级领导的行为规范，推动环境保护工作的全面、深入发展，是责、权、利、义的有机结合。

第三次全国环境保护会议将环境目标责任制确立为环境管理制度之一。随后，在1989年12月正式颁布的《环境保护法》第16条中明确规定："地方各级人民政府，应当对本辖区的环境质量负责，采取措施改善环境质量。"此后，环境保护目标责任制度作为一项环境管理制度开始在全国执行。

1996年8月发布的《国务院关于环境保护若干问题的决定》强调，明确目标，实行环境质量行政领导负责制，地方各级人民政府及其主要领导人要依法履行环境保护职责，并将辖区环境质量作为考核政府主要领导人工作的重要内容。提出到2000年力争实现使环境污染和生态破坏加剧的趋势得到基本控制、部分城市和地区的环境质量有所改善的环境保护目标。地方各级人民政府应当依据上述目标要求，制订本辖区主要污染物排放量及改善环境质量的具体目标和措施，并报上级人民政府备案，将辖区环境质量作为考核政府主要领导人工作的重要内容。

环境保护目标责任制已经在全国广泛推开，许多地区通过制定地方法规和规章保障这一

制度的实施。如《海南省环境保护目标责任制实施办法》(海南省人民政府),《广东省环境保护目标任期责任制试行办法》(1991年广东省人民政府颁布粤府〔1991〕14号),《云南省环境保护目标责任制实施办法》(云南省人民政府云政发〔1994〕3号文件发布),广西《关于实行环境保护目标责任制的通知》(桂政发〔1997〕66号),《贵州省环境保护目标责任制实施办法》(黔府发〔1999〕45号),吉林省《市、州党政领导班子环境保护实绩考核办法(试行)》(吉环发〔2004〕14号),《江苏省市县党政主要领导干部环保工作实绩考核暂行办法》等。

新修订的《环境保护法》第26条将该制度进行了法律固化。国家实行环境保护目标责任制和考核评价制度。县级以上人民政府应当将环境保护目标完成情况纳入对本级人民政府负有环境保护监督管理职责的部门及其负责人和下级人民政府及其负责人的考核内容,作为对其考核评价的重要依据。考核结果应当向社会公开。有关法律法规对环境保护目标责任制和考核评价制度的规定见表5-2。

表5-2 有关法律法规对环境保护目标责任制和考核评价制度的规定

时间	法律法规	相关规定
1989	《中华人民共和国环境保护法》	地方各级人民政府,应当对本辖区的环境质量负责,采取措施改善环境质量
1996	《国务院关于环境保护若干问题的决定》	明确目标,实行环境质量行政领导负责制
2005	《国务院关于落实科学发展观加强环境保护的决定》	坚持和完善地方各级人民政府环境目标责任制,对环境保护主要任务和指标实行年度目标管理
2008	《中华人民共和国水污染防治法》	国家实行水环境保护目标责任制和考核评价制度
2007	《中华人民共和国节约能源法》	国家实行节能目标责任制和节能考核评价制度
2011	《国务院关于加强环境保护重点工作的意见》	制定生态文明建设的目标指标体系,纳入地方各级人民政府绩效考核
2011	《太湖流域管理条例》	国家对太湖流域水资源保护和水污染防治实行地方人民政府目标责任制与考核评价制度
2013	《大气污染防治行动计划》	构建以环境质量改善为核心的目标责任考核体系
2014	《南水北调工程供用水管理条例》	南水北调工程水质保障实行县级以上地方人民政府目标责任制和考核评价制度
2014	《中华人民共和国环境保护法》	国家实行环境保护目标责任制和考核评价制度
2015	《中华人民共和国大气污染防治法》	地方各级人民政府应当对本行政区域的大气环境质量负责。国务院环境保护主管部门会同国务院有关部门,按照国务院的规定,对省、自治区、直辖市大气环境质量改善目标、大气污染防治重点任务完成情况进行考核。省、自治区、直辖市人民政府制定考核办法,对本行政区域内地方大气环境质量改善目标、大气污染防治重点任务完成情况实施考核。考核结果应当向社会公开

二、生态环境保护"党政同责""一岗双责"

党的十八大把生态文明建设纳入中国特色社会主义"五位一体"总体布局,要求树立生态文明理念,把生态文明建设融入经济建设、政治建设、文化建设、社会建设各方面和全过程,努力建设美丽中国,实现中华民族永续发展。十八大以来,习近平总书记站在坚持和发展中国特色社会主义和实现中华民族伟大复兴"中国梦"的战略高度,针对生态文明建设提出了一系列新思想、新论断、新要求,多次强调要健全生态环境保护责任追究制度,以坚决的态度和果断的措施遏制对生态文明的破坏。十八届三中全会《中共中央关于全面深化改革若干重大问题的决定》提出,建立生态环境损害责任终身追究制。十八届四中全会《中共中央关于全面深化改革若干重大问题的决定》强调,要按照全面推进依法治国的要求,用严格的法律制度保护生态环境,建立重大决策终身责任追究制度及责任倒查机制。2015年5月,党中央、国务院印发了《关于加快推进生态文明建设的意见》,明确要求"严格责任追究,对违背科学发展要求、造成资源环境生态严重破坏的要记录在案,实行终身追责,不得转任重要职务或提拔使用,已经调离的也要问责。对推动生态文明建设工作不力的,要及时诫勉谈话;对不顾资源和生态环境盲目决策、造成严重后果的,要严肃追究有关人员的领导责任;对履职不力、监管不严、失职渎职的,要依纪依法追究有关人员的监管责任。"按照中央的统一部署,中央组织部、监察部牵头,国家发展和改革委员会、财政部、国土资源部、环境保护部、住房和城乡建设部、水利部、农业部、国家林业局参加,共同研究制定了《党政领导干部生态环境损害责任追究办法(试行)》(以下简称《办法》)。《办法》的出台和实施,对于加强党政领导干部损害生态环境行为的责任追究,促进各级领导干部牢固树立尊重自然、顺应自然、保护自然的生态文明理念,增强各级领导干部保护生态环境、发展生态环境的责任意识和担当意识,推动生态环境领域的依法治理,不断推进社会主义生态文明建设,都具有十分重要的意义。

三、领导干部实行自然资源资产离任审计

2015年11月,中共中央办公厅、国务院办公厅印发《开展领导干部自然资源资产离任审计试点方案》,对领导干部实行自然资源资产离任审计,既是生态文明制度体系的重要组成部分,也是建立健全系统完整的生态文明制度体系的重要内容,对于促进领导干部树立科学的发展观和正确的政绩观,推动生态文明建设具有重要意义。党的十八届三中全会《决定》提出,对领导干部实行自然资源资产离任审计,作为加强生态文明建设的一项重要改革举措。

审计涉及的重点领域包括土地资源、水资源、森林资源以及矿山生态环境治理、大气污染防治等领域。主要围绕被审计领导干部任职期间履行自然资源资产管理和生态环境保护责任情况进行审计评价,界定领导干部应承担的责任。具体来说,一方面要揭示自然资源资产管理开发利用和生态环境保护中存在的突出问题以及影响自然资源和生态环境安全的风险隐患,并推动及时解决;另一方面,要落实责任、强化问责,促进领导干部树立正确的政绩观,推动领导干部守法、守纪、守规、尽责,切实履行自然资源资产管理和生态环境保护责任,促进自然资源资产节约集约利用和生态环境安全。

第六节 排污申报登记与排污许可证制度

排污申报登记制度是指排放污染物的单位,须按规定向环境保护行政主管部门申报登记所拥有的污染物排放设施、污染物处理设施和正常作业条件下排放污染物的种类、数量和浓度。排污许可证,是指环保主管部门根据排污单位的申请,核发的准予其在生产经营过程中

排放污染物的凭证。排污单位包括排放污染物的企业事业单位和其他生产经营者,分为重点排污单位与一般排污单位。排污许可证制度以改善环境质量为目标,以污染物总量控制为基础,规定排污单位许可排放什么污染物,许可污染物排放量,许可污染物排放去向等,是一项具有法律含义的行政管理制度。

排污申报登记制度是实行排污许可证制度的基础,排污许可证是对排污者排污的定量化。排污申报登记制度的实施具有普遍性,要求每个排污单位均应申报登记。排污许可证则不同,只对重点区域、重点污染源单位的重要污染物排放实行定量化管理。

一、排污申报登记与排污许可证制度的形成与发展

排污许可证制度是我国的一项重要的环境管理制度。在 1986 年国家环境保护局就开始进行排放水污染物许可证制度的试点工作。1988 年 3 月,国家环境保护局发布《水污染物排放许可证管理暂行办法》,旨在通过排污申报登记,发放水污染物排放许可证,逐步实施污染物排放总量控制。1989 年 4 月,第三次全国环境保护工作会议提出在全国逐步推行排放水污染物许可证制度。9 月颁布的《中华人民共和国水污染防治法实施细则》规定"对不超过国家和地方规定的污染物排放标准及国家规定的企事业单位污染物排放总量指标的,发给排污许可证"。12 月颁布的《环境保护法》进一步规定:"排放污染物的企业事业单位,必须按照国务院环境保护行政主管部门的规定申报登记。"

在水污染物许可证试点工作的基础上,按照《中华人民共和国大气污染防治法实施细则》以及国务院《关于进一步加强环境保护工作的决定》中关于"逐步推行污染物排放总量控制和排污许可证制度"的要求,国家环境保护局于 1991 年又确定在上海、天津、太原、广州、沈阳等 16 个城市进行排放大气污染物许可证制度试点工作。随着"九五"以来全国主要污染物排放总量控制计划的实施,排污许可证制度的重要性日益突出。

1992 年 10 月,国家环境保护局发布《排放污染物申报登记管理规定》(国家环境保护局令第 10 号)和相应的《排放污染物申报登记表》,要求在全国开展排污申报登记,应在 1995 年底以前完成地市级以上城市的申报登记工作。此后在 1995 年的《中华人民共和国固体废物污染环境防治法》和 1997 年的《中华人民共和国环境噪声污染防治法》中,分别规定了工业固体废物和环境噪声污染的申报登记制度。1997 年国家环境保护总局发布《关于全面推行排污申报登记的通知》(环控〔1997〕020 号),对在全国范围内全面进行排污申报登记提出了具体要求。

2000 年 3 月,《中华人民共和国水污染防治法实施细则》规定,地方环境保护主管部门根据总量控制实施方案,发放水污染物排放许可证,至此,从行政法规的层面上正式确立了水污染物排放许可证制度,同年 4 月,《大气污染防治法》规定,地方政府通过划定主要大气污染物排放总量控制区实施排污管理,我国从此开始建立以排污总量控制为目的的排污许可证制度。2008 年 2 月,修订后的《水污染防治法》明确规定,国家实施排污许可证制度,标志着我国排污许可证制度的发展进入了实质阶段;2013 年,《中共中央关于全面深化改革若干重大问题的决定》要求完善污染物排放制度,实行企事业单位污染物排放总量控制;经过多年的发展,《大气污染防治法》《水污染防治法》以及 2014 年新修订的《环境保护法》都对排污许可证制度作了原则上的规定,但仍存在与其他污染源管理核心制度衔接不够,可操作性不足,未建立以固定点源为管理对象的污染源协同管理机制等问题。2015 年 4 月,国务院发布的《水污染防治行动计划》明确提出全面推行排污许可、加强许可证管理等相关

具体要求。至此，国家开始开展国控重点污染源试点地区排污许可证核发工作，逐步建立并完善了覆盖所有固定污染源的企业排放许可证制度[34]。

2015年9月，国务院印发了《生态文明体制改革总体方案》，第35条提出"完善污染物排放许可制"，要求"尽快在全国范围建立统一公平、覆盖所有固定污染源的企业排放许可制，依法核发排污许可证，排污者必须持证排污，禁止无证排污或不按许可证规定排污"。同时，第54条保障措施中专门提出要"完善排污许可的法律法规"。这将是环境管理制度改革的一次重要创新之举，对实施一体化环境管理模式、依法监管和有效执法、最终实现环境质量改善目标等具有重要意义。

二、排污申报登记与排污许可证制度的实施过程

排污许可证制度的实施主要经过排污申报登记、排污指标的审定、发放排污许可证、排污许可证监督管理四个过程。

(1) 排污申报登记　排污申报登记是法律所规定的环境管理制度，也是实施排污许可制度的一项重要基础工作，是核定排污许可限值，进行排污收费的重要依据，也是环保部门掌握排污现状，进行污染源动态管理，制定环境规划、环境标准的重要基础工作。排污申报登记的主要内容是排污单位基本情况，原料、资源、能源消耗情况，工艺流程、排污节点、排污种类、排放浓度、排放总量、排放去向，污染处理设施的建设、运行情况，单位的地理位置及平面布置示意图。

(2) 排污指标的审定　环境保护部门对排污单位排污申报登记表进行核查，确定申报登记内容的准确性，从而审定排污许可证控制因子，然后分配排污单位污染物允许排放浓度、允许排放量。审定排污单位排污指标是排污许可证制度的核心工作。

(3) 发放排污许可证　审核发证阶段是对排污指标分配阶段工作结果的一个最终表述，通过排污许可证的形式，限定企业排污行为。审核发放许可证时，要对排污者规定必须遵守的条件：污染物的允许排放量；规定排污口的位置、排放方式、排放最高浓度等。对符合规定条件的排污者，发放污染物排放许可证，对暂时达不到规定条件的，发放临时污染物排放许可证，同时要求限期治理，削减排污量。具体的审核发证涉及排污许可证的申请、排污许可证的签发、换证管理等具体的内容。

(4) 排污许可证监督管理　监督管理阶段是一个执法含义较强的阶段，也是体现和保障排放污染物许可证管理成效的重要阶段，在排污许可证发放以后，重要的是对企业许可证执行情况进行管理，放松监督管理将会使许可证制度流于形式。这个阶段不仅包括环保部门对企业的管理，也包括企业自身的强化管理，主要有企业自报、监督监测、监督检查、总量核算，排污情况的考核，到期换证等内容和形式。

三、排污许可证制度的主要内容

1. 七类单位须取得排污许可证

这七类单位包括排放工业废气或排放国家规定的有毒有害大气污染物的排污单位，直接或间接向水体排放工业废水和医疗污水的排污单位，集中供热设施的运营单位，规模化畜禽养殖场，城镇或工业污水集中处理单位，垃圾集中处理处置单位或危险废物处理处置单位，其他按照规定应当取得排污许可证的排污单位。

2.排放污染物应符合污染物排放标准

取得许可证的条件包括污染物排放方式、去向要符合生态保护红线和环境功能区划要求，建设项目环评文件经环保主管部门批复或备案，有符合国家或地方规定的防治污染设施或污染物处理能力等。此外，重点排污单位还应当按照国家有关规定和监测规范安装使用监测设备，设置符合国家或地方要求的排污口等。环保主管部门在发放排污许可证之前，应当予以公示。决定不予发放排污许可证的，排污单位可依法申请行政复议或提请行政诉讼。许可证内容包括污染物排放、处置的方式、时间、去向，排污口的地点（经纬度）、数量，排污单位执行的污染物排放浓度限值，重点排污单位的重点污染物年许可排放量、最高允许日排放量等。

3.许可排放量根据其环评结果核定

建设项目所在排污单位的污染物年许可排放量，应当根据其环境影响评价结果核定。具体规定是排污单位的污染物年许可排放量，不得超过根据国家或地方污染物排放标准或污染物特别排放限值及单位产品基准排水量（行业最高允许排水量）或废气量核定的结果；排污单位的最高允许日排放量，原则上不得超过正常工况下污染物年许可排放量的日均值的2倍。对于环境质量不达标的地区，辖区内的排污单位须执行更加严格的污染物排放浓度限值和污染物年许可排放量。排污许可证有效期最长不超过5年，期满后，在符合规定的前提下可延续或重新申领排污许可证。但是，污染物排放超过排污许可证规定的重点污染物年许可排放量等情形许可证不能延续。

4.排污单位不得私设暗管逃避监管

持有排污许可证的排污单位应当将排污许可证正本悬挂于办公场所或生产经营场所；不得出租、出借、倒卖或以其他方式非法转让排污许可证；不得私设暗管或以其他方式逃避监管。即使取得了排污许可证，也要缴纳排污费。排污单位应当及时、如实公开污染治理设施运行情况、污染物排放等环境信息；同时，重点排污单位应当自行或委托第三方机构就办法规定的许可内容如实编制年度执行情况报告，上报环保主管部门，并向社会公开。环保主管部门应当对排污许可证的执行情况进行检查，并记录有关情况，建立排污许可证管理档案。此外，环保主管部门应当按照国家和地方信息公开的要求，每年向社会公开排污许可证发放、监督管理情况。

5.无证排污直接责任人可被拘留

对于排污单位申请材料不实，或以欺骗、贿赂等不正当手段取得排污许可证的；对不符合条件的排污单位核发排污许可证的；违反程序核发排污许可证的；超越职权核发排污许可证的等应当撤销其许可证。而排污单位被依法予以关闭的，排污许可证被依法撤销或收回的则属于排污许可证被注销的情形。对于未取得排污许可证排放污染物，被责令停止排污而拒不执行的，办法要求，将按照新《环境保护法》第63条第2款予以处罚。即可对其直接负责的主管人员和其他直接责任人员，处十日以上十五日以下拘留；情节较轻的，处五日以上十日以下拘留。

6.通过暗管渗井等排污将收回许可证

涂改、伪造、出租、出借、倒卖或以其他方式非法转让排污许可证的；未按照规定设置排污口的；未经环境保护主管部门批准，拆除或闲置防治污染设施的；重点排污单位未按照规定开展自行监测和公开环境信息的均属于不按证排污行为。由县级以上环保主管部门责令限期改正，拒不改正的，按有关法律、法规、规章予以处罚。

污染物排放浓度超过排污许可证规定的污染物排放浓度限值，或污染物排放量超过排污许可证规定的许可排放量的，县级以上环保主管部门应当按照各省（自治区、直辖市）规定的征收标准加 1 倍征收排污费；同时存在上述两种情况的，加 2 倍征收排污费。

对于超过排污许可证规定的污染物排放浓度限值或超过重点排污单位的重点污染物年许可排放量的，情节严重的，报经有批准权的人民政府批准，责令停业、关闭。

"通过暗管、渗井、渗坑、灌注或篡改、伪造监测数据，或不正常运行防治污染设施等逃避监管的方式违法排放污染物的；非法排放含重金属、持久性有机污染物等严重危害环境、损害人体健康的污染物超过国家污染物排放标准或省（自治区、直辖市）人民政府根据法律授权制定的污染物排放标准 3 倍以上的。"原发证的环保主管部门收回排污许可证。对于造成重大环境污染事故的，不但要收回排污许可证，而且 1 年内不得重新申领排污许可证。

第七节　污染集中控制制度

一、污染集中控制制度的建立

污染集中控制制度是指在不减轻污染源单位防治责任的前提下，将同类污染源排放的污染物集中预防和治理的措施。污染集中控制有利于取得规模效益，从而使整体环境质量得到改善。近年来，中国污染集中控制的方法主要是实施集中供热、城市污水集中处理、固体废物集中处置以及危险废物集中处置等。

1981 年，国务院《关于在国民经济调整时期加强环境保护工作的决定》指出"在城市规划和建设中，要积极推广集中供热和联片供热，今后不要再搞那种一个单位一个锅炉房的分散落后的供热方式"。1984 年国务院环境保护委员会《关于防治煤烟型污染技术政策的规定》要求："在老城市改造和新城市建设总体规划中，以集中供热方式代替分散的供热方式。"1989 年 4 月，第三次全国环境保护会议召开，国务院环境保护委员会明确提出："考虑到我国现实情况，污染治理应该走集中与分散治理相结合的道路，以集中控制作为发展方向。"污染集中控制制度正式得以确认。

《环境保护法》第 51 条规定，各级人民政府应当统筹城乡建设污水处理设施及配套管网，固体废物的收集、运输和处置等环境卫生设施，危险废物集中处置设施、场所以及其他环境保护公共设施，并保障其正常运行。

二、污染集中控制的方式

我国目前污染集中控制的对象主要是污水、空气污染和固体废物。

污水集中控制方式包括相邻企业废水的联合处理；同一行业同一类型工厂、同一种废水的统一集中处理；特殊污染废水集中处理；按城区排水系统进行废水集中处理；建设城市污水处理厂。

空气污染集中控制方式包括实施城市集中供热，取代分散供热；改变燃料结构，城市民用燃料向气体化方向发展；按功能区进行污染控制；改变供暖制度，实施联片供暖。

固体废物集中控制方式包括建设固体废物集中填埋场、处理厂；工业固体废物回收利用；垃圾分类回收利用；指定专业危险废物行政代处置单位（机构），依法对危险废物进行处置。

第八节　污染物排放总量控制制度

一、污染物排放总量控制制度的形成和发展

"六五"期间，我国在长江、黄浦江、湘江等地开展了水环境容量研究。"七五"期间，在长江、珠江、淮河等6大水系，滇池、巢湖、太湖等25个湖泊水库开展了大规模的水环境容量、水污染控制规划、防治湖泊富营养化、总量控制系列技术的科技攻关。通过研究，建立了适用于不同水体的水质模型，提供了水环境容量分析计算方法，实施污染负荷总量控制，制定水环境综合整治规划，试行排污许可证制度等重要技术成果。1987年国家环境保护局召开"实行排污申报登记和排污许可证制度座谈会"，提出总量控制可以分为容量控制和总量控制两种做法。1988年国家环境保护局召开"水污染物排放许可证试点城市工作会议"，会议后在上海、北京等17个城市和山东小清河流域开展"水污染物排放许可证"的试点工作。1989年我国召开了第三次全国环境保护会议。在这次会议上，国家环境保护局提出同时实行浓度控制和总量控制的污染控制对策，确定由浓度控制向总量控制发展的方向。这是我国首次在国家政策层面上提出污染物总量控制的概念[35]。

1993年国家环境保护局提出，污染控制"从单纯浓度控制向浓度控制与总量控制相结合转变"。1995年7月31日国务院在听取国家环境保护局关于国家环境保护"九五"计划和2010年远景目标的汇报时，要求到2000年要把污染物排放量冻结在1995年水平。1995年10月24日国家环境保护局提出《全国主要污染物排放总量控制思路框架》。

1996年，第四次全国环境保护会议召开，会议决定"九五"期间全国实行污染物排放总量控制计划。同年8月国务院发布《关于环境保护若干问题的决定》，要求全国所有工业污染源排放污染物到2000年要达到国家或地方规定的标准；各省、自治区、直辖市要使本辖区主要污染物排放总量控制在国家规定的排放总量指标内，环境污染和生态破坏的趋势得到基本控制；直辖市及省会城市、经济特区城市、沿海开放城市和重点旅游城市的环境空气、地面水环境质量，按功能区分别达到国家规定的有关标准（即"一控双达标"）。1996年9月，国务院批准了由国家环境保护局、国家计划委员会和国家经济贸易委员会共同制定的《国家环境保护"九五"计划和2010年远景目标》，其附件1《"九五"期间全国主要污染物排放总量控制计划》要求，废气或废水中排放的烟尘、二氧化硫、粉尘、化学耗氧量、石油类、氰化物、砷、汞、铅、镉、六价铬和工业固体废物排放量12项指标实现排放总量下降10%~15%的目标，并明确提出了"一控双达标"的考核目标，即2000年全国实现污染物排放总量控制目标，47个重点城市实现环境功能区达标和全国工业企业排放达到污染物排放标准。

在《国家环境保护"十五"计划》中将总量控制指标从"九五"期间的12项，调整为5项，提出"2005年，二氧化硫、尘（烟尘及工业粉尘）、化学需氧量、氨氮、工业固体废物等主要污染物排放量比2000年减少10%；工业废水中重金属、氰化物、石油类等污染物得到有效控制；危险废物得到安全处置。酸雨控制区和二氧化硫控制区二氧化硫排放量比2000年减少20%，降水酸度和酸雨发生频率有所降低"，并且还编制并实施了《"十五"期间全国主要污染物排放总量控制分解计划》。2003年国家环境保护总局发布《关于核定建设项目主要污染物排放总量控制指标有关问题的通知》（环办[2003]25号），要求"编制建

设项目环境影响报告书（表），应对建设项目投入生产或使用后可能排放的主要污染物种类、数量及对环境的影响进行预测，提出控制和削减措施，作为核定该项目主要污染物排放总量控制指标的依据"。为了保证污染物排放总量控制制度的有效实施，2003年8月国家环境保护总局发布《关于印发全国地表水环境容量和大气环境容量核定工作方案的通知》（环发［2003］141号），要求在全国进行环境容量测算工作，以科学准确地掌握区域、流域和城市的环境容量。

"十一五"期间，我国的环境保护规划由软约束向硬约束转变。其中，二氧化硫和化学需氧量为两项"刚性约束"指标，计划到2010年，其排放量在2005年基础上削减10%。2007年，国务院颁布了污染物总量控制的统计、监测、考核办法，包括《主要污染物总量减排监测办法》（国发［2007］36号）、《"十一五"主要污染物总量减排核查办法（试行）》（环发［2007］124号）、《主要污染物总量减排核算细则（试行）》（环发［2007］183号）、《关于实施"十一五"主要污染物总量减排措施季度报告制度的通知》（环办［2007］131号）。

"十二五"期间，污染物减排约束性指标在"十一五"化学需氧量、二氧化硫减排基础上，新增了氨氮、氮氧化物两项指标，将农业源和机动车纳入控制领域。同时国家确定的重点区域、流域、海域专项规划中，还要控制重点重金属、总氮、总磷等污染物排放量。

二、污染物排放总量控制目标分类

污染物排放总量控制是指在一定时间、一定空间条件下，对污染物排放总量的限制，其总量控制目标可以按环境容量确定，也可以将某一时段排放量作为控制基数，确定控制值。污染物排放总量控制的核心内容是确定某一范围，如一个城市、一个流域、一个功能区、一个行业的污染物允许排放总量和各排污单位污染物的允许排放总量。根据确定方法的不同，污染物排放总量控制总体上有以下几种。

容量总量控制。由于有关确定环境容量的环境自净规律复杂，研究的周期长、工作量大，而且某些自净能力的因子难以确定，因此通过环境容量来确定排放总量面临着很大的困难。

目标总量控制。由于容量总量控制实施的困难性，目前通常使用的方法是将环境目标或相应的标准看作确定环境容量的基础。即一个区域的排污总量应以其保证环境质量达标条件下的最大排污量为限，一般应采用现场监测和采用相应的模拟模型计算的方法，分析原有总量对环境的贡献以及新增总量对环境的影响，特别是要论证采取综合整治和总量控制措施后，排污总量是否满足环境质量要求。这部分内容与现有的环境影响评价过程基本相同。这种以环境目标值推算的总量就称为目标总量控制。

指令性总量控制，即国家和地方按照一定原则在一定时期内所下达的主要污染物排放总量控制指标，所做的分析工作主要是如何在总指标范围内确定各小区域的合理分担率，一般要根据区域社会、经济、资源和面积等代表性指标比例关系，采用对比分析和比例分配法进行综合分析来确定。这种方法简便易行，可操作性强，见效快。目前多数城市运用这种方法，取得明显效果。

最佳技术经济条件下的总量控制，主要是分析主要排污单位是否在其经济承受能力的范围内或是合理的经济负担下，采用最先进的工艺技术和最佳污染控制措施所能达到的最小排污总量，但要以其上限达到相应污染物排放标准为原则。它可把污染排放最少量化的原则应用于生产工艺过程中，体现出全过程控制原则。

三、污染物总量控制分类

2014年修订的《环境保护法》规定国家实行重点污染物排放总量控制制度。重点污染物排放总量控制指标由国务院下达，省、自治区、直辖市人民政府分解落实。企业事业单位在执行国家和地方污染物排放标准的同时，应当遵守分解落实到本单位的重点污染物排放总量控制指标。对超过国家重点污染物排放总量控制指标或者未完成国家确定的环境质量目标的地区，省级以上人民政府环境保护主管部门应当暂停审批其新增重点污染物排放总量的建设项目环境影响评价文件。

1. 水污染物总量控制

2008年修订的《水污染防治法》规定，国家对重点水污染物排放实施总量控制制度。省、自治区、直辖市人民政府应当按照国务院的规定削减和控制本行政区域的重点水污染物排放总量，并将重点水污染物排放总量控制指标分解落实到市、县人民政府。市、县人民政府根据本行政区域重点水污染物排放总量控制指标的要求，将重点水污染物排放总量控制指标分解落实到排污单位。省、自治区、直辖市人民政府可以根据本行政区域水环境质量状况和水污染防治工作的需要，确定本行政区域实施总量削减和控制的重点水污染物。对超过重点水污染物排放总量控制指标的地区，有关人民政府环境保护主管部门应当暂停审批新增重点水污染物排放总量的建设项目的环境影响评价文件。

2. 大气污染物总量控制

国家对重点大气污染物排放实行总量控制。重点大气污染物排放总量控制目标，由国务院环境保护主管部门在征求国务院有关部门和各省、自治区、直辖市人民政府意见后，会同国务院经济综合主管部门报国务院批准并下达实施。省、自治区、直辖市人民政府应当按照国务院下达的总量控制目标，控制或者削减本行政区域的重点大气污染物排放总量。国家逐步推行重点大气污染物排污权交易。

对超过国家重点大气污染物排放总量控制指标或者未完成国家下达的大气环境质量改善目标的地区，省级以上人民政府环境保护主管部门应当会同有关部门约谈该地区人民政府的主要负责人，并暂停审批该地区新增重点大气污染物排放总量的建设项目环境影响评价文件。约谈情况应当向社会公开。

3. 排海污染物总量控制

2013年修订的《海洋环境保护法》规定，国家建立并实施重点海域排污总量控制制度，确定主要污染物排海总量控制指标，并对主要污染源分配排放控制数量。具体办法由国务院制定。

四、污染物总量控制方法

总量控制目标分配完成于"十二五"初期，经过"两上两下"的审批程序确定了全国各省市的污染物总量减排目标。地方上报当地的经济发展总量、可能的新增量以及产业结构情况，基于产值总量和排污总量的客观规律，环境保护部计算出各省市的减排潜力，并根据经济形势和污染压力状况，给出低于减排潜力的减排目标建议值；经过地方研究反馈再次上报后，环境保护部调整并最终确定各省市5年的减排目标值[36]，并根据上报减排工程措施与各省主要负责人签订目标责任状。"十二五"期间总量减排属于目标总量减排，这是由我国现阶段经济发展和环境保护并重的发展需求决定的，基于环境容量的总量减排目标将会严重制约我国部分地区的经济发展。

每年年初各省（自治区、直辖市）根据减排目标任务，遵循上年减排环境统计基数，分配当年的减排任务，即年度减排计划。减排计划上报给环境保护部后，环境保护部总量司会同专家进行审核反馈，减排计划将用于安排各地减排工作任务和年底总量考核工作。各减排企业按季度上报减排工作进展，由省级环境保护部门汇总已完成的减排工作清单数据，上报环境保护部审核，最终数据将用于年度核查。

总量核查是我国总量控制的核心。目前，我国总量核查方式是环境保护部及区域督察中心组织相关专家每年对各省进行2次考核，考核分为现场核查和数据核算两部分。现场核查中，需要收集各省减排项目及减排数据，查阅所有上报减排企业的生产及减排台账，对部分企业进行现场核查；数据核算则由环境保护部总量司会同专家进行审核。在操作层面上，确立"遵循基数、算清增量、核实减量"的核算原则，将污染物排放量与宏观经济、社会数据挂钩；在减排量的认定上，将减排量与具体的工程治理项目、结构关停项目等挂钩，对项目进行严格审核。

总量控制制度作为我国现阶段最强执行力的环境保护政策，与其强硬的考核机制有关。"十二五"期间，新的《环境保护法》确立了总量控制制度的法律地位，同时目标责任书的问责制和"一票否决"制的实施，有效地推动了总量控制制度的实施落地。总量控制制度的责任主体是地方各级政府，而非地方环境保护部门。总量减排任务的完成与否直接与各级政府领导的政绩和任免密切相关。中央根据年度目标的完成情况对省级政府进行考核，未完成的省（自治区、直辖市）将执行区域限批、挂牌督办，责任人会被约谈问责。省级政府也会依据排放数据对市县级政府进行考核，从而督促地方在发展经济和环境保护中实现协调发展[37]。

第九节 公众参与制度

公众参与环境管理是指公众依法以各种形式和渠道参与影响环境的决策，并帮助环境行政权力的有效行使，这其中主要包括公众对自身环境行为和意识的提高；协助行政机关监督不法企业；督促行政机关积极充分地履行职责。参与权是连接集体环境权和个人环境权的桥梁，实际上是通过国家立法，在体制内建立一种沟通和协调不同团体利益的谈判机制和协商机制。参与制度的建立，首先给予各种利益团体表达其各自利益要求的机会，从而有助于各方寻求利益的平衡点，减少了因环境保护的巨大利益冲突引发的社会矛盾；其次作为民主法治的一项基本要求，公众参与、监督机制的设立可以防止因行政机关的违法和不当行为引起的环境破坏。

一、我国公众参与环境管理的立法进程

我国公众参与环境管理的法源依据早已确立在立国根本大法——《中华人民共和国宪法》（以下简称《宪法》）之中。而后，随着国家的逐步发展及时代潮流的趋势，陆续颁布了各项法律、法规、条例、规定及说明来确保我国公众参与环境管理的权利及义务。

《宪法》第2条规定，中华人民共和国的一切权利属于人民。人民行使国家权利的机关是全国人民代表大会和地方各级人民代表大会。人民依照法律规定，通过各种途径和形式，管理国家事务，管理经济和文化事业，管理社会事务。这一规定赋予了人民参与环境保护和

管理的宪法权利。

《宪法》第 41 条规定，中华人民共和国公民对于任何国家机关和国家工作人员，有提出批评和建议的权利；对于任何国家机关和国家工作人员的违法失职行为，有向有关国家机关提出申诉、控告或者检举的权利，但是不得捏造或者歪曲事实进行诬告陷害。对于公民的申诉、控告或者检举，有关国家机关必须查清事实，负责处理。任何人不得压制和打击报复。由于国家机关和国家工作人员侵犯公民权利而受到损失的人，有依照法律规定取得赔偿的权利。

1989 年的《环境保护法》第 6 条规定，一切机构和个人都有保护环境的义务，并有权对污染和破坏环境的机构和个人进行检举和控告。

《中国 21 世纪议程——中国 21 世纪人口、环境与发展白皮书》第 20 章团体及公众参与可持续发展中提出，实现可持续发展目标，必须依靠公众及社会团体的支持和参与。公众、团体和组织的参与方式和参与程度，将决定可持续发展目标实现的进程。……团体及公众既需要参与有关环境与发展的决策过程，特别是参与那些可能影响到他们生活和工作的社区决策，也需要参与对决策执行的监督。

1993 年国家环境保护局、国家计划委员会、财政部、中国人民银行联合发布的《关于加强国际金融组织贷款建设项目环境影响评价管理工作的通知》第 7 条提出，公众参与是环境影响评价的重要组成部分，环境影响报告书中应设专门章节予以表述，使可能受影响的公众或社会团体的利益能得到考虑和补偿。公众参与工作可在环境影响评价大纲编制和审查阶段或环境影响报告书审查阶段进行。根据我国目前的实际情况，可采用下述方式：一是建设机构和环保部门直接听取贷款项目所在地（区、县）人大代表、政协委员、群众团体、学术团体或居委会、村委会代表的意见和建议；二是项目所在地（区、县）人大、政协或群众团体征询受影响地区公众的意见。可以发放《公众意见征询表》、召开座谈会和邀请参加环境影响评价大纲与环境影响报告书审查会议的形式进行。环保部门和行业主管部门在环境影响评价大纲审查与环境影响报告书审批时应充分考虑公众的意见，并反馈给建设机构。

1996 年修订的《水污染防治法》第 13 条和 1996 年新制定的《噪声污染防治法》第 13 条，对公众参与环境影响评价做出了原则性规定，即环境影响报告书中，应当有建设项目所在地有关机构和居民的意见。

1998 年国务院颁布的《建设项目环境保护管理条例》第 15 条规定，建设机构编制环境影响报告书，应当依照有关法律规定，征求建设项目所在地有关机构和居民的意见。

2000 年 3 月发布的《中华人民共和国立法法》第 58 条规定，行政法规在起草过程中，应当广泛听取有关机关、组织和公民的意见。听取意见可以采取座谈会、论证会、听证会等多种形式。

2002 年 10 月通过的《中华人民共和国环境影响评价法》第 5 条规定，国家鼓励有关机构、专家和公众以适当方式参与环境影响评价；第 11 条规定，专项规划的编制机关对可能造成不良环境影响并直接涉及公众环境权益的规划，应当在该规划草案报送审批前，举行论证会、听证会，或者采取其他形式，征求有关机构、专家和公众对环境影响报告书草案的意见。但是，国家规定需要保密的情形除外。编制机关应当认真考虑有关机构、专家和公众对环境影响报告书草案的意见，并应当在报送审查的环境影响报告书中附具对意见采纳或者不采纳的说明；第 21 条规定，除国家规定需要保密的情形外，对环境可能造成重大影响、应当编制环境影响报告书的建设项目，建设机构应当在报批建设项目环境影响报告书前，举行论证会、听证会，或者采取其他形式，征求有关机构、专家和公众的意见。建设机构报批的环境影响报告书应当附具对有关机构、专家和公众的意见采纳或者不采纳的说明。

显然，我国的公众参与环境管理在立法方面有了很大的发展，使公众参与环境管理的权利受到法律的保障。但是，由于公众参与环境管理的规定过于简单，既不成体系，又难以操作，公众参与的权利并未受到实质、有效的保护。

2005年发生的圆明园湖底防渗工程环境影响评价公众听证会事件是我国环境保护公众参与的标志性事件。此后，环境保护部在推动公众参与方面做了很多探索和尝试，先后出台的《环境影响评价公众参与暂行办法》（环发〔2006〕28号）、《环境信息公开办法（试行）》（总局令第35号）、《关于推进环境保护公众参与的指导意见》（环办〔2014〕48号）、《关于培育引导环保社会组织有序发展的指导意见》（环发〔2010〕141号）等，均对公众参与做出了明确规定。

推动公众依法有序参与环境保护，是党和国家的明确要求，也是加快转变经济社会发展方式和全面深化改革步伐的客观需求。党的十八大报告明确指出，"保障人民知情权、参与权、表达权、监督权，是权利正确运行的重要保证"。新修订的《环境保护法》在总则中明确规定了"公众参与"原则，并对"信息公开和公众参与"进行专章规定。中共中央、国务院《关于加快推进生态文明建设的意见》中提出要"鼓励公众积极参与。完善公众参与制度，及时准确披露各类环境信息，扩大公开范围，保障公众知情权，维护公众环境权益。"2015年环境保护部印发了《环境保护公众参与办法》，这是自新修订的《环境保护法》实施以来，首个对环境保护公众参与做出专门规定的部门规章。

二、公众参与环境管理的方式

环境保护主管部门可以通过征求意见、问卷调查，组织召开座谈会、专家论证会、听证会等方式征求公民、法人和其他组织对环境保护相关事项或者活动的意见和建议。公民、法人和其他组织可以通过电话、信函、传真、网络等方式向环境保护主管部门提出意见和建议。

环境保护主管部门拟组织问卷调查征求意见的，应当对相关事项的基本情况进行说明。调查问卷所设问题应当简单明确、通俗易懂。调查的人数及其范围应当综合考虑相关事项或者活动的环境影响范围和程度、社会关注程度、组织公众参与所需要的人力和物力资源等因素。

环境保护主管部门拟组织召开座谈会、专家论证会征求意见的，应当提前将会议的时间、地点、议题、议程等事项通知参会人员，必要时可以通过政府网站、主要媒体等途径予以公告。参加专家论证会的参会人员应当以相关专业领域专家、环保社会组织中的专业人士为主，同时应当邀请可能受相关事项或者活动直接影响的公民、法人和其他组织的代表参加。

法律、法规规定应当听证的事项，环境保护主管部门应当向社会公告，并举行听证。环境保护主管部门组织听证应当遵循公开、公平、公正和便民的原则，充分听取公民、法人和其他组织的意见，并保证其陈述意见、质证和申辩的权利。除涉及国家秘密、商业秘密或者个人隐私外，听证应当公开举行。

环境保护主管部门应当对公民、法人和其他组织提出的意见和建议进行归类整理、分析研究，在作出环境决策时予以充分考虑，并以适当的方式反馈公民、法人和其他组织。

环境保护主管部门支持和鼓励公民、法人和其他组织对环境保护公共事务进行舆论监督和社会监督。公民、法人和其他组织发现任何单位和个人有污染环境和破坏生态行为的，可以通过信函、传真、电子邮件、"12369"环保举报热线、政府网站等途径，向环境保护主管部门举报。

公民、法人和其他组织发现地方各级人民政府、县级以上环境保护主管部门不依法履行职责的，有权向其上级机关或者监察机关举报。接受举报的环境保护主管部门应当依照有关法律、法规规定调查核实举报的事项，并将调查情况和处理结果告知举报人。接受举报的环境保护主管部门应当对举报人的相关信息予以保密，保护举报人的合法权益。

环境保护主管部门可以通过提供法律咨询、提交书面意见、协助调查取证等方式，支持符合法定条件的环保社会组织依法提起环境公益诉讼。

环境保护主管部门应当在其职责范围内加强宣传教育工作，普及环境科学知识，增强公众的环保意识、节约意识；鼓励公众自觉践行绿色生活、绿色消费，形成低碳节约、保护环境的社会风尚。环境保护主管部门可以通过项目资助、购买服务等方式，支持、引导社会组织参与环境保护活动。

三、公众参与环境管理的其他途径

目前，我国公众参与环境管理主要通过下列几种间接途径：人民代表大会、政治协商会议、民主党派、地方政府的环保部门、各级人民法院、居委会和村委会、职工代表大会、公共舆论等。

1. 各级人民代表大会

透过人民代表大会，公众可利用两种形式参与环境管理的工作：第一种形式是人民代表大会的立法活动，在人民代表大会开会期间，人民代表都有权提出和审查有关环保事务议案。第二种形式是人民代表大会通过对政府的行政活动进行宪法监督，无论是人民代表大会开会或闭会期间，人民代表均有权监督政府的环保工作，主要活动包括以下几个方面：①听取和审议政府提交环保工作报告并做出决议。②在人民代表大会开会期间提出有关环保事务的建议，并将建议送交有关政府部门及环保机构，由他们对建议做出反应并提出报告，人民代表大会再将报告转交提出建议的人民代表。③向政府提出质询案，被质询的政府部门必须负责对质询进行答复。④对特定环保事务做出决议案。地方人民代表大会有权针对地方环保事务做出决议，命令地方政府或其他组织消除环境问题。⑤对特殊的环境事务进行视察，这项检查工作也可以是秘密进行的，也就是在检查前不发通知或公告。⑥人民代表在各级人民代表大会的全体或小组会议上的批评发言，通过对政府环保工作的评论，向政府施加压力，促使他们更注意批评中指出的环境问题。

2. 各级政治协商会议

政治协商会议是中国共产党领导下的政党合作和政治协商制度的基本组织形式。《宪法》确认了政协在国家的政治生活、经济与社会发展事务中的作用，并保障政协委员在各级政协会议上的言论自由。公众可以通过各级政协的委员表达意愿。政协委员有建议权、视察权、报告权，有关部门对政协委员的建议和报告，应认真研究，积极反应。各级政协都非常积极地参与我国的环境管理，他们经由组织对环境问题进行调查和检查，并据此提出很多有价值的建议以及对共产党和政府的批评，这些建议和批评有助于各级党和政府改进有重大环境影响的决策活动。

3. 民主党派

目前，我国共有八个民主党派。他们有权调查环境问题，并向政协或直接向中国共产党、政府递交报告和建议。中共中央与民主党派的协商与合作方式：①中共中央与民主党派的领导人以及无党派人士的年度座谈会；②不定期座谈；③中共中央每月举行2次会议向民主党派和无党派人士通告重要情况，或听取他们的意见，或与他们交换意见；④民主党派或无党派人士就重大事务向中共中央提出书面建议，或邀请中国共产党领导人讨论重要事务。通过这些方式，民主党派在环保事务上的观点和建议可以直接渗透到决策过程中并有助于其改善决策环境。

4. 政府环保监督管理部门

公众可以针对环境问题向地方政府环保部门提出控告和要求。听取公众在环境问题上的控告和建议，这是环保监督管理部门的职责，这些部门包括环保部门、公共卫生部门，以及管理森林、农业、水利、矿业、交通等部门。环保行政主管部门作为统一行使监督管理权的部门，是地方上倾听公众声音并做出反应的首要责任者。为了和公众保持密切联系，提高为公众服务的效率，环境保护主管部门和许多地方政府都建立了处理群众检举和要求的公开程序。

5. 地方人民法院

人们可以到各级地方人民法院对污染危害者提起诉讼，法院根据民事诉讼法和环境法进行审理。一个针对某个污染者的司法判决能够震慑类似的污染者。在这个意义上，个人的环境诉讼推动了国家的环境管理，并且是最直接的参与环境管理的途径。

6. 居民委员会和村民委员会

城市的居民委员会和农村的村民委员会属于基层群众性自治组织，委员会的主任、副主任和委员由居民选举产生，关心街道或乡村的环境问题是委员会的职责，因此居民可以向这些委员会反映环境保护方面的意见。

7. 公共舆论

公共舆论在环境保护管理工作中扮演着非常重要的角色，政府和群众之间的关系往往取决于环境保护管理工作的成效。公共舆论是推动我国环保的手段和压力。因此，政府采取措施公开其掌握的环境资料，使公众能主动监督环境管理活动。

第十节 环境信息公开制度

信息公开概念在1966年《美国信息自由法案》中第一次出现，以印度博帕尔事件为导火索，美国于1986年通过了有史以来第一部《应急规划和社区知情权法案》，要求政府部门向公众披露工厂污染物排放信息，且要求企业对600多种有毒化学品排放数量向公众公开[38,39]。20世纪90年代，环境信息公开被列入全球环境政策的议程，不少发达国家也在积极推动各国政府及企业向公众进行信息披露，1998年6月，联合国欧洲经济委员会在第四次部长级会议上通过了《在环境问题上获得信息公众参与决策和诉诸法律的公约》（即《奥胡斯公约》）。公约对环境信息公开制度予以详细地规范。公约定义了"环境信息""公共当局"等基本概念；规定了政府环境信息公开的主体、内容、例外以及司法救济机制；规定了企业环境信息公开与产品环境信息公开的原则及实施路径；明确了环境信息公开制度的完善与发展机制。《奥胡斯公约》的签订在国际上引起了很大反响。前联合国秘书长科菲·

安南指出："尽管《奥胡斯公约》是区域性公约，但它的重要性却是普遍的。它强调了公众在环境问题上参与的重要性和从公共当局获得环境信息的权利。"[40]

我国在新中国成立后相当长的一段时期，政府信息一直处于保密状态。1951年，国家政务院发布了《保守国家机密暂行条例》，在该条例颁布后的30多年里，政府工作的保密趋势基本没有变动。在实际工作中，政府进行保密的范围很广，对所拥有的政府信息普遍存在只定密不解密的现象。改革开放后，党和政府对信息公开制度的建设逐渐重视起来。尤其从20世纪80年代开始，政府为适应改革开放和发展社会主义市场经济的要求，不断推进和深化行政体制改革，政务公开是改革的重要目标之一。

2007年4月，国务院颁布《中华人民共和国政府信息公开条例》，为保障公民、法人和其他组织依法获取政府信息，提高政府工作的透明度，促进依法行政，充分发挥政府信息对人民群众生产、生活和经济社会活动的服务作用提供了法律保障。随后，国家环境保护总局颁布《环境信息公开办法（试行）》，进一步推进和规范环境保护行政主管部门以及企业公开环境信息，维护公民、法人和其他组织获取环境信息的权益，推动公众参与环境保护。

1. 政府环境事务信息公开

2007年《中华人民共和国政府信息公开条例》（国务院令第492号）发布后，我国各级政府的网站建设不断改进，各类政府环境事务信息通过政府网站向社会公开。环境保护部每年都会对省级环保厅（局）政府网站进行绩效评估，并发布绩效评估报告。目前，我国省级以上环保部门网站基本上都可以实现信息公开、在线服务、政民互动等功能。[41]

2. 环境质量信息公开

大气环境质量公开的数据信息相对全面、时效性也较高。目前我国已有338个城市的1436个监测点位开展空气质量新标准监测，并向社会公开信息，公开的信息包括可吸入颗粒物（PM_{10}）、细颗粒物（$PM_{2.5}$）、二氧化硫（SO_2）、二氧化氮（NO_2）、臭氧（O_3）和一氧化碳（CO）6项指标的实时监测数据以及空气质量指数（AQI）。

我国现已公开的水环境信息主要针对地表水（河流或湖泊断面）。环保部已在我国重要河流的干流、重要支流汇入口及河流入海口、重要湖库湖体及环湖河流、国界河流及出入境河流、重大水利工程项目等断面上建设了100个水质自动监测站，监控包括七大水系在内的63条河流13座湖库的水质状况，监测项目包括水温、酸碱度、溶解氧、电导率、浊度、高锰酸盐指数、总有机碳、氨氮，湖泊水质自动监测站的监测项目还包括总氮和总磷。与国控断面地表水水质的实时监测全面公开状况不同，部分地方水质监测数据没有向社会公开，有些水域还没有系统监测。地下水水质信息仍未见有效公开[42]。

土壤的环境质量信息公开尚处于起步阶段。目前政府相关网站还没有针对土壤信息建立专门的公开平台。除2014年4月发布的《全国土壤污染状况调查公报》之外，其他的土壤环境质量信息很少公布。

固体废物信息公开正逐步规范。《中华人民共和国固体废物污染环境防治法》第十二条规定，大、中城市人民政府环境保护行政主管部门应当定期发布固体废物的种类、产生量、处置状况等信息。全国大、中城市应当于每年6月5日之前发布本城市上一年度信息。此项工作正在逐年展开，且发布信息的城市数量不断增加，发布的内容也逐渐丰富。

3. 污染源信息公开

环保部于2013年7月发布的《关于加强污染源环境监管信息公开工作的通知》强调，各级环保部门应根据《污染源环境监管信息公开目录》的要求，主动公开污染源环境监管信息。为进一步推动企业事业单位环境信息公开工作，环保部于 2014 年 12 月发布《企业事业单位环境信息公开暂行办法》，对哪些企业事业单位必须公开环境信息、公开什么、如何公开、公开的时限以及不公开要承担的法律责任等都做了明确的规定。尽管我国的污染源环境信息公开已经取得一定进展，但总的来说，除实时在线监测信息公开相对全面外，其他污染源环境信息公开均不够全面，且信息准确度较低，公开现状比较差。对于强制公开的部分，部分企业已经做到了信息公开，但仍有相当多的企业不能做到按时公开；对于企业自愿公开的环境信息，仅有一些大型企业从重视履行企业社会责任或者提升其社会形象角度，采取环境报告书等形式主动公开环境行为信息[42]。

4. 环境影响评价的信息公开

尽管环境影响评价制度尤其是建设项目环境影响评价已经在我国实施了 30 年，但直到 2014 年公众才可以获得环境影响评价报告书的全本，在此之前，公众在被邀请填写环境影响评价公众调查问卷时，通常仅仅是知道项目的名称。情况从 2006 年《环境影响评价公众参与暂行办法》生效后，有了一定的改观，但该文件只要求建设项目和环境影响评价咨询服务机构公开环境影响评价报告书的简本，因此在 2006—2013 年期间，普遍的情况是，环境影响评价咨询服务机构仅在自己单位的网站上公开环境影响评价报告的简单信息和简本，一般公众几乎很难知晓，即使知晓也很难在短短的征求意见的 10 天期限内，开展任何实质性的参与活动。2014 年《建设项目环境影响评价政府信息公开指南》的颁布实施，使公众都可以在环境保护行政主管部门的网站上获得环境影响评价报告的全本，我国环境影响评价信息公开的历程如图 5-2 所示。

图 5-2 我国环境影响评价信息公开的历程

第十一节 生态保护红线制度

一、生态环境保护红线制度的形成

我国于 2011 年首次提出了划定生态保护红线，随后生态保护红线逐步上升为国家生态保护和生态文明建设的意志和决心。目前，我国已经在资源和生态环境管理领域应用红线概念和制度，形成了诸如能源消费红线、水资源红线、耕地红线、生态保护红线等红线制度，具有空间约束和数量约束的性质。

2011年10月，《国务院关于加强环境保护重点工作的意见》（国发［2011］35号）提出，国家编制环境功能区划，在重要生态功能区、陆地和海洋生态环境敏感区、脆弱区等区域划定生态红线。2013年，十八届三中全会提出，建设生态文明，必须建立系统完整的生态文明制度体系，用制度保护生态环境。要健全自然资源资产产权制度和用途管制制度，划定生态保护红线，实行资源有偿使用制度和生态补偿制度，改革生态环境保护管理体制。2015年4月，《中共中央国务院关于加快推进生态文明建设的意见》（中发［2015］12号）提出，严守资源环境生态红线。树立底线思维，设定并严守资源消耗上限、环境质量底线、生态保护红线，将各类开发活动限制在资源环境承载能力之内。合理设定资源消耗"天花板"，加强能源、水、土地等战略性资源管控，强化能源消耗强度控制，做好能源消费总量管理。继续实施水资源开发利用控制、用水效率控制、水功能区限制纳污三条红线管理。划定永久基本农田，严格实施永久保护，对新增建设用地占用耕地规模实行总量控制，落实耕地占补平衡，确保耕地数量不下降、质量不降低。严守环境质量底线，将大气、水、土壤等环境质量"只能更好、不能变坏"作为地方各级政府环境保护责任红线，相应确定污染物排放总量限值和环境风险防控措施。在重点生态功能区、生态环境敏感区和脆弱区等区域划定生态红线，确保生态功能不降低、面积不减少、性质不改变；科学划定森林、草原、湿地、海洋等领域生态红线，严格自然生态空间征（占）用管理，有效遏制生态系统退化的趋势。探索建立资源环境承载能力监测预警机制，对资源消耗和环境容量接近或超过承载能力的地区，及时采取区域限批等限制性措施。2014年修订的《中华人民共和国环境保护法》第29条规定，国家在重点生态功能区、生态环境敏感区和脆弱区等区域划定生态保护红线，实行严格保护。2015年9月，中共中央、国务院印发的《生态文明体制改革总体方案》也提出了"划定生产空间、生活空间、生态空间"的重要举措。生态保护红线是国家和区域生态安全的底线，"多规合一"中应首先确定生态保护红线和生态空间，将其作为国土空间规划的底盘，再合理布局生产和生活空间，界定城市增长边界和永久性基本农田，形成"三生空间"和"三条红线"。2016年3月16日，第十二届全国人民代表大会第四次会议表决通过了《关于国民经济和社会发展第十三个五年规划纲要的决议（草案）》，其中，在完善生态环境保护制度中要求，落实生态空间用途管制，划定并严守生态保护红线，确保生态功能不降低、面积不减少、性质不改变。2015年4月，环境保护部印发《生态保护红线划定技术指南》（环发［2015］56号），明确生态保护红线的概念、特征，提出生态保护红线划定方法，指导全国开展生态保护红线划定工作，保障国家和区域生态安全。

二、资源环境领域红线的实践

1. 耕地红线

2006年，十届全国人大四次会议通过的《中华人民共和国国民经济和社会发展第十一个五年规划纲要》明确提出"18亿亩耕地是未来五年一个具有法律效力的约束性指标，是不可逾越的一道红线"。2008年，国务院印发《全国土地利用总体规划纲要（2006—2020年）》，对土地利用的目标和任务提出六项约束性指标和九大预期性指标，确立了到2010年和2020年全国耕地保有量为18.18亿亩和18.05亿亩的目标，并将这一指标作为土地利用的约束性调控指标，其核心是确保18亿亩耕地红线。18亿亩耕地红线，其内涵并不意味着现有耕地都不能占用,而是强调各项建设都要节约集约用地,能不占用耕地就应尽量不占,能用劣地就尽量不用好地。

2. 水资源红线

2011 年,中央一号文件《关于加快水利改革发展的决定》为严格水资源管理制度定义了"三条红线":第一条红线是建立水资源开发利用控制红线,严格实行用水总量控制,到 2020 年全国年用水总量要力争控制在 6700 亿立方米以内,这是一个约束性指标;第二条红线是建立用水效率控制红线,坚决遏制用水浪费,到 2020 年农田灌溉水的有效利用系数要提高到 0.55 以上,万元国内生产总值和万元工业增加值用水量要降到 $124m^3$ 和 $60m^3$ 的水平;第三条红线是建立水功能区限制纳污红线,严格控制入河排污总量,水功能限制纳污红线指标,确定为全国主要江河、湖泊水功能区达标率要提高到 60% 以上。2012 年 1 月,国务院发布《关于实行最严格水资源管理制度的意见》,明确提出四项制度、三条红线管理作为在全国范围内实施最严格水资源管理制度的基本指导意见。水资源管理三条红线着眼于水资源的可持续利用和经济社会与资源环境的协调发展,起到转变用水管理模式、推动节水型社会建设、改善水生态环境的作用。

3. 污染物排放总量控制红线

污染物排放总量控制红线是指为满足某区域的环境质量要求,采取措施将该区域的污染物排放总量控制在一定目标之内的数量约束。主要污染物排放总量控制可以说是我国目前环境管理中最典型的但没有"红线"称谓的一条环境红线。从"九五"开始,我国就实行主要污染物排放总量控制红线管理,但实际上到"十一五"才实现了真正意义上的总量红线管理,从"十一五"开始,国家将化学需氧量和二氧化硫两项污染物的总量目标分解到各地市和排污单位,对达不到总量控制目标的区域或企业实行"区域限批"和"行业限批",建立了触碰总量红线的责任追究制度。在总量红线的高压态势下,2010 年,化学需氧量和二氧化硫排放总量分别比 2005 年下降 14.3% 和 12.5%,国家首次实现 5 年环境保护规划目标。2007 年以来出台的国务院环境保护法规和节能减排规划方案,以及 2008 年修订的《水污染防治法》中,都明确规定了确保总量控制红线的"区域限批""行业限批""暂停审批制度""公布制度""超标限期治理并处罚款制度"等严厉措施,保证了排放总量控制红线的真实落地。"十二五"开始,从原有的 2 项污染物总量控制红线上升到 4 项污染物总量控制红线、重金属污染控制以及环境质量红线,总量控制红线得到了发展[43]。

三、资源环境生态红线的设计框架

资源环境生态红线是指划定并严守资源消耗上限、环境质量底线和生态保护红线,如图 5-3 所示。强化资源环境生态红线指标约束,将各类经济社会活动限定在红线管控范围以内。

资源消耗上限是指为促进资源能源节约,保障能源、水、土地等资源高效利用,在符合经济社会发展的基本需求和适应现阶段资源环境承载能力的情况下设立的不应突破的最高限值。具体包括能源消耗上限、水资源消耗上限和土地资源消耗上限等。其中,能源消耗上限是指依据经济社会发展水平、产业结构和布局、资源禀赋、环境容量、减排要求等因素,确定能源消费总量控制目标。水资源消耗上限是指依据水资源禀赋、生态用水需求、经济社会发展合理需要等因素,确定用水总量控制目标。严重缺水以及地下水超采地区,要严格设定地下水开采总量指标、生态用水、生态流量等要求。土地资源消耗上限指依据粮食和生态安

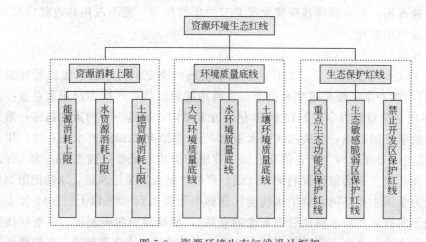

图 5-3 资源环境生态红线设计框架
资料来源：根据王金南等《国家"十三五"资源环境生态红线框架设计》修改。

全、主体功能定位、开发强度、城乡人口规模、人均建设用地标准等因素，确定耕地保有总量目标，并与划定永久基本农田、落实耕地占补平衡等政策要求相衔接，用地供需矛盾特别突出的地区，要设定城乡建设用地总量控制目标。

环境质量底线是指以改善环境质量为核心，以保障人民群众身体健康和生命财产安全为目标，综合考虑环境质量现状、经济社会发展需求、污染防治和治理技术等因素，与限期达标规划充分衔接，分阶段、分区域设置大气、水和土壤环境质量目标，不达标地区要尽快制定达标规划，实现环境质量达标；达标地区要努力实现环境质量向更高水平迈进；使得影响人群健康和生命财产安全的环境风险区域环境安全水平处于合理阈值，具体包括水环境质量底线、大气环境质量底线和土壤环境质量底线。其中，水环境质量底线指基于水环境功能重要性、敏感性及脆弱性评价，划定水环境质量底线管控单元，并明确环境质量改善、污染物排放控制和风险管理要求，以断面水质优良比例和水功能区水质达标率为主要指标，与《水污染防治行动计划》相衔接，水体考核断面水质达标率不低于现状，向更好转变；大气环境质量底线指基于大气环境功能重要性、敏感性与脆弱性评价，划定大气环境质量底线管控单元，并明确环境质量改善目标、污染物排放控制和风险管理要求，以达到《环境空气质量标准》（GB 3095—2012）为主要目标，与《大气污染防治行动计划》相衔接，大气环境质量不低于现状，向更好转变；土壤环境质量底线指为保障人体健康和生态环境安全，综合考虑土壤环境质量现状、土地利用用途等因素，基于土壤环境功能的重要性、敏感性与脆弱性，划定土壤环境质量底线管控单元，并明确污染控制和风险管控要求，以耕地土壤质量达标率、污染地块安全利用率等为主要指标，与《土壤污染防治行动计划》相衔接，土壤环境质量不低于现状，向更好转变。

生态保护红线是指依据《环境保护法》和生态保护相关规范性文件以及技术方法，在生态保护重点区域开展生态系统服务重要性评估和生态敏感性与脆弱性评估，将等级高的地方确定为红线进行管控。具体包括重点生态功能区保护红线、生态敏感脆弱区保护红线和禁止开发区保护红线。其中，重点生态功能区保护红线指根据不同类型重点生态功能区的主要服务功能，开展水源涵养、水土保持、防风固沙、生物多样性保护等生态系统服务重要性评价与等级划分，将重要性等级高的区域纳入生态保护红线；生态敏感脆弱区保护红线指针对区域生态敏感性特征，开展水土流失、土地沙化、石漠化等生态敏感性评价与等级划分，将敏感性等级高的区域纳入生态保护红线；禁止开发区保护红线指根据生态保护重要性评估结果并结合内部管理分区，综合确定纳入生态保护红线的具体区域范围，原则上将自然保护区全部纳入生态保护红线，对面积较大的自然保护区，其实验区将根据生态保护重要性评估结果，确定纳入生态保护红线的具体区域范围[44]。

第十二节 生态补偿制度

生态补偿制度是在综合考虑生态保护成本、发展机会成本和生态服务价值的基础上，采取财政转移支付或市场交易等方式，对生态保护者给予合理补偿，是明确界定生态保护者与受益者权利义务、使生态保护经济外部性内部化的公共制度安排。

2005 年，党的十六届五中全会《关于制定国民经济和社会发展第十一个五年规划的建议》首次提出，按照谁开发谁保护、谁受益谁补偿的原则，加快建立生态补偿机制。第十一届全国人大四次会议审议通过的"十二五"规划纲要就建立生态补偿机制问题作了专门阐述，要求研究设立国家生态补偿专项资金，推行资源型企业可持续发展准备金制度，加快制定实施生态补偿条例。党的十八大报告明确要求建立反映市场供求和资源稀缺程度、体现生态价值和代际补偿的资源有偿使用制度和生态补偿制度。2013 年 11 月，中国共产党十八届三中全会通过的《中共中央关于全面深化改革若干重大问题的决定》要求实行生态补偿制度。稳定和扩大退耕还林、退牧还草范围，调整严重污染和地下水严重超采区耕地用途，有序实现耕地、河湖休养生息。坚持谁受益、谁补偿原则，完善对重点生态功能区的生态补偿机制，推动地区间建立横向生态补偿制度。2013 年 4 月，十二届全国人大常委会第二次会议审议《国务院关于生态补偿机制建设工作情况的报告》，要求出台建立健全生态补偿机制的意见。2014 年修订的《中华人民共和国环境保护法》明确规定：国家加大对生态保护地区的财政转移支付力度。有关地方人民政府应当落实生态保护补偿资金，确保其用于生态保护补偿。2015 年，中共中央、国务院印发的《关于加快推进生态文明建设的意见》《生态文明体制改革总体方案》，提出要加快形成受益者付费、保护者得到合理补偿的生态保护补偿机制。2016 年 4 月《国务院办公厅关于健全生态保护补偿机制的意见》（国办发〔2016〕31 号）提出了生态补偿的七大重点领域，主要包括森林、草原、湿地、荒漠、海洋、水流、耕地。在中央转移支付这种纵向生态保护补偿之外，要推进横向生态保护补偿。

一、重点领域补偿

森林生态保护补偿的重点是健全公益林补偿标准动态调整机制。草原生态保护补偿的重点是合理提高退牧还草工程标准和新一轮草原生态保护补助奖励政策。湿地生态保护补偿的重点是通过退耕还湿试点探索建立湿地生态效益补偿制度。荒漠生态保护补偿的重点是开展沙化土地封禁保护试点，研究制定鼓励社会力量参与防沙治沙的政策措施。海洋生态保护补偿的重点是完善现有补偿制度，研究建立国家级海洋自然保护区、海洋特别保护区生态保护补偿制度。水流生态保护补偿的重点是在重要的水功能区全面开展生态保护补偿。耕地生态保护补偿的重点是完善耕地保护补偿制度，建立以绿色生态为导向的农业生态治理补贴制度。

1. 水流的生态补偿

《中华人民共和国水污染防治法》第 7 条规定，国家通过财政转移支付等方式，建立健全对位于饮用水水源保护区区域和江河、湖泊、水库上游地区的水环境生态保护补偿机制。

2016年4月《国务院办公厅关于健全生态保护补偿机制的意见》（国办发〔2016〕31号）要求，在江河源头区、集中式饮用水水源地、重要河流敏感河段和水生态修复治理区、水产种质资源保护区、水土流失重点预防区和重点治理区、大江大河重要蓄滞洪区以及具有重要饮用水源或重要生态功能的湖泊，全面开展生态保护补偿，适当提高补偿标准，加大水土保持生态效益补偿资金筹集力度。

流域和水源地方面，在中央财政支持重点流域生态补偿试点的同时，各地积极开展流域横向水生态补偿实践探索，形成了多种补偿模式。例如，浙江省在全省8大水系开展流域生态补偿试点，对水系源头所在市、县进行生态环保财政转移支付，成为全国第一个实施省内全流域生态补偿的省份。江西省安排专项资金，对"五河一湖"（赣江、抚河、信江、饶河、修河和鄱阳湖）及东江源头保护区进行生态补偿，补偿资金的20%按保护区面积分配，80%按出境水质分配，出境水质劣于Ⅱ类标准时取消该补偿资金。江苏省在太湖流域、湖北省在汉江流域、福建省在闽江流域分别开展了流域生态补偿，断面水质超标时由上游给予下游补偿，断面水质指标值优于控制指标时由下游给予上游补偿。北京市安排专门资金，支持密云水库上游河北省张家口市、承德市实施"稻改旱"工程，在周边有关市（县）实施100万亩水源林建设工程。天津市安排专项资金用于引滦水源保护工程。

2. 森林生态补偿

在森林生态补偿实践领域，我国相继在30多个省实施了"三北"防护林体系工程、长江流域等重点地区防护林体系建设工程、天然林资源保护工程、森林生态保护建设工程以及退耕还林工程等生态补偿项目。2000年以后《中华人民共和国森林法》确立了森林生态效益补偿基金制度。根据《中华人民共和国森林法》的有关规定，财政部、林业局先后出台了《国家级公益林区划界定办法》（林资发〔2009〕214号）和《中央财政森林生态效益补偿基金管理办法》（财农〔2007〕7号），在森林领域率先开展生态补偿。国有国家级公益林每亩每年补助5元，集体和个人所有的国家级公益林补偿标准从最初的每亩每年5元提高到2010年的10元和2013年的15元，目前补偿范围已达18.7亿亩。

为配合中央森林生态效益补偿基金的实施，各省相继设立了本省的森林生态效益补偿基金并制定了实施办法及其方案。在退耕还林工程方面，2008年4月甘肃省还颁布了《甘肃省完善退耕还林政策补助资金管理实施细则》，专门确定了重点补偿区域。

3. 草原生态补偿

《中华人民共和国草原法》第35条规定，国家提倡在农区、半农半牧区和有条件的牧区实行牲畜圈养。草原承包经营者应当按照饲养牲畜的种类和数量，调剂、储备饲草饲料，采用青贮和饲草饲料加工等新技术，逐步改变依赖天然草地放牧的生产方式。在草原禁牧、休牧、轮牧区，国家对实行舍饲圈养的给予粮食和资金补助。第48条规定，国家支持依法实行退耕还草和禁牧、休牧。对在国务院批准规划范围内实施退耕还草的农牧民，按照国家规定给予粮食、现金、草种费补助。退耕还草完成后，由县级以上人民政府草原行政主管部门核实登记，依法履行土地用途变更手续，发放草原权属证书。

2007年《国务院关于促进畜牧业持续健康发展的意见》（国发〔2007〕4号）提出"探索建立草原生态补偿机制"。2010年10月，国务院第128次常务会议决定建立草原生态保护补助奖励机制促进草原生态安全和牧民增收。会议决定，从2011年起，在内蒙古、新疆（含新疆生产建设兵团）、西藏、青海、四川、甘肃、宁夏和云南8个主要草原牧区省（自治区)，全面建立草原生态保护补助奖励机制。农业部、财政部关于《2011 年草原生态保护补助奖励机制政策实施的指导意见》（农财发 [2011] 85 号）中规定，"禁牧的中央财政按照每年每亩 6 元的测算标准给予补助；草畜平衡的按照每年每亩 1.5 元的测算标准给予奖励"。2016 年刚出台的《新一轮草原生态保护补助奖励政策实施指导意见》将禁牧补助提高到每亩 7.5 元，草畜平衡的奖励提高到每亩 2.5 元。

在草原生态补偿实践领域，我国在蒙甘宁西部荒漠草原、内蒙古东部退化草原、新疆北部退化草原和青藏高原东部江河源草原等地分别实施了退耕还草工程、退牧还草工程以及草原生态保护补助奖励政策。

4. 海洋生态补偿

我国海洋生态补偿的实践目前以海洋渔业为主，具体措施包括伏季休渔制度、渔民转业转产政策、限额捕捞制度、人工放流、建设人工鱼礁、建设海洋自然保护区等。

5. 湿地生态补偿

湿地是水陆自然生态系统间的过渡与交接地带，是地球自然生态系统的重要组成部分。《关于特别是作为水禽栖息地的国际重要湿地公约》（简称"湿地公约"）中将湿地定义为："或天然或人工，或永久或暂时，或静止或流动之淡水、半咸水或咸水水体的沼泽、湿原、泥炭地或水域地带，包括低潮时水深不超过 6 米的海域"。湿地被称为"地球之肾"，不仅为人类提供丰富的生产生活资源，而且在蓄洪防旱、净化水质、调节气候、保护生物多样性等方面有着重要的生态效益。我国湿地资源丰富，截至 2015 年，全国湿地公园总数达到 900 多处，其中国家湿地公园（试点）达到 569 处，总面积达 275 万公顷。然而人类的开发与利用活动正使湿地遭受着功能不断退化、面积逐渐萎缩的严重破坏。

在湿地生态补偿实践领域，各地主要依托森林、草原和自然保护区建设开展湿地生态补偿工作。例如，黑龙江省于 2003 年 6 月颁布了我国第一个地方性湿地保护法规——《黑龙江省湿地保护条例》。目前，已经开展湿地生态补偿工作的省份（自治区）还有辽宁、江苏、内蒙古、安徽、福建、江西等。

二、重点区域生态补偿

重点区域包括重点生态功能区和禁止开发区。重点生态功能区生态保护补偿的重点是继续推进生态保护补偿试点示范，统筹各类补偿资金，探索综合性补偿办法。划定并严守生态保护红线，研究制定相关生态保护补偿政策。禁止开发区生态保护补偿的重点是健全国家级自然保护区、世界文化自然遗产、国家级风景名胜区、国家森林公园和国家地质公园生态保护补偿政策。将青藏高原等重要生态屏障作为开展生态保护补偿的重点区域。将生态保护补偿作为建立国家公园体制试点的重要内容。

2009 年，财政部出台《国家重点生态功能区转移支付（试点）办法》，通过明显提高转移支付补助系数的方式，加大对青海三江源、南水北调中线及国家限制开发的其他生态功能重要区域共 451 个县的转移支付力度。2011—2014 年，财政部先后印发了《国家重点生态功能区转移支付办法》（财预 [2011] 428 号）、《2012 年国家重点生态功能区转移支付办法》（财预 [2012] 296 号）、《中央对地方国家重点生态功能区转移支付办法》（财预 [2014] 92 号），支付力度越来越大，支付办法和范围越来越明确。截至 2015 年，享受转移支付的县市已达 556 个，转移支付资金达 509 亿元。为了确保转移支付资金发挥应有的效益，2011 年以来，环保部联合财政部先后发布了《国家重点生态功能区县域生态环境质量考核办法》

（环发〔2011〕18号）、《国家重点生态功能区县域生态环境质量监测评价与考核指标体系》（环发〔2014〕32号）等文件，明确了采取地方自查与中央抽查相结合的方式进行定期考核，将转移支付资金拨付与县域生态环境状况评估结果挂钩。

为探索重点区域综合性生态补偿办法，拓宽生态补偿领域，有关部门组织开展了相关试点。按照国务院批复的《西部大开发"十二五"规划》要求，发展和改革委员会组织开展了祁连山、秦岭-六盘山、武陵山、黔东南、川西北、滇西北、桂北7个不同类型的生态补偿示范区建设，通过整合资金、明确重点、完善办法、落实责任，为建立生态补偿机制提供经验。

三、地区间生态补偿

地区间生态补偿主要是继续推进南水北调中线工程水源区对口支援、新安江水环境生态补偿试点，推动在京津冀水源涵养区、广西广东九洲江、福建广东汀江-韩江、江西广东东江、云南贵州广西广东西江等开展跨地区生态保护补偿试点。研究制定以地方补偿为主、中央财政给予支持的横向生态保护补偿机制办法。

第十三节　污染防治区域联动机制

《中华人民共和国环境保护法》第20条提出，国家建立跨行政区域的重点区域、流域环境污染和生态破坏联合防治协调机制，实行统一规划、统一标准、统一监测、统一的防治措施。下面我们以大气污染联防联控为例，说明这一机制是如何运作的。

一、开展大气污染联防联控的必要性

目前我国大气污染特征发生了重要转变，呈现出污染复合型和影响区域性的特点。这种转变在工业化水平与城市化程度较高的城市群地区表现得尤为明显。由于城市群地区资源、能源消耗巨大，大气污染物排放集中，使得重污染天气常常在区域内大范围同时出现，呈现突出的区域性特征；此外，排放量巨大的一次污染物在距离较近的城市之间输送、转化、耦合，导致细粒子浓度、臭氧浓度、酸雨频率与灰霾频率不断增大，这些问题单靠各城市自身的力量、各自为政的环境管理方式已难以有效解决，亟须打破行政区划限制，采取联防联控措施，统筹环境资源，严格落实责任，形成治污合力。

2010年5月国务院发布国务院《办公厅转发环境保护部等部门〈关于推进大气污染联防联控工作改善区域空气质量指导意见〉的通知》（国办发〔2010〕33号）。2012年12月国务院批复了环境保护部、发展和改革委员会和财政部联合发布的《重点区域大气污染防治"十二五"规划》，要求统筹区域环境资源、优化产业结构与布局，加大落后产能淘汰、优化工业布局，加强能源清洁利用、控制区域煤炭消费总量，深化大气污染治理、实施多污染物协同控制，创新区域管理机制，提升联防联控管理能力，并重点突出了区域污染联防联治的措施。2013年9月国务院发布了《大气污染防治行动计划》，提出包括区域协作与属地管理相协调、实施分区域分阶段治理在内的总体目标，明确了包括全国空气质量总体改善、重污染天气较大幅度减少、京津冀等区域空气质量明显好转的奋斗目标。《中华人民共和国大气污染防治法》第2条提出，防治大气污染，应当加强对燃煤、工业、机动车船、扬尘、农业等大气污染的综合防治，推行区域大气污染联合防治，对颗粒物、二氧化硫、氮氧化物、挥发性有机物、氨等大气污染物和温室气体实施协同控制。

二、重点区域和防控重点

开展大气污染联防联控工作的重点区域是京津冀、长三角和珠三角地区；在辽宁中部、山东半岛、武汉及其周边、长株潭、成渝、台湾海峡西岸等区域，要积极推进大气污染联防联控工作；其他区域的大气污染联防联控工作，由有关地方人民政府根据实际情况组织开展。

大气污染联防联控的重点污染物是二氧化硫、氮氧化物、颗粒物、挥发性有机物等，重点行业是火电、钢铁、有色金属、石化、水泥、化工等，重点企业是对区域空气质量影响较大的企业，需解决的重点问题是酸雨、灰霾和光化学烟雾污染等。

三、优化区域产业结构和布局

提高环境准入门槛。制定并实施重点区域内重点行业的大气污染物特别排放限值，严格控制重点区域新建、扩建除"上大压小"和热电联产以外的火电厂，在地级城市市区禁止建设除热电联产以外的火电厂。针对重点区域内重点行业的建设项目实行环境影响评价区域会商机制。加强区域产业发展规划环境影响评价，严格控制钢铁、水泥、平板玻璃、传统煤化工、多晶硅、电解铝、造船等产能过剩行业扩大产能项目建设。

优化区域工业布局。建立产业转移环境监管机制，加强产业转入地在承接产业转移过程中的环保监管，防止污染转移。在城市城区及其近郊禁止新建、扩建钢铁、有色金属、石化、水泥、化工等重污染企业，对城区内已建重污染企业要结合产业结构调整实施搬迁改造。

推进技术进步和结构调整。完善重点行业清洁生产标准和评价指标，加强对重点企业的清洁生产审核和评估验收。加大清洁生产技术推广力度，鼓励企业使用清洁生产先进技术。加快产业结构调整步伐，确保电力、煤炭、钢铁、水泥、有色金属、焦炭、造纸、制革、印染等行业淘汰落后产能任务按期完成。

四、加大重点污染物防治力度

强化二氧化硫总量控制制度。提高火电机组脱硫效率，完善火电厂脱硫设施特许经营制度。加大钢铁、石化、有色金属等行业二氧化硫减排工作力度，推进工业锅炉脱硫工作。完善二氧化硫排污收费制度。制定区域二氧化硫总量减排目标。

加强氮氧化物污染减排。建立氮氧化物排放总量控制制度。新建、扩建、改建火电厂应根据排放标准和建设项目环境影响报告书批复要求建设烟气脱硝设施，重点区域内的火电厂应在"十二五"期间全部安装脱硝设施，其他区域的火电厂应预留烟气脱硝设施空间。推广工业锅炉低氮燃烧技术，重点开展钢铁、石化、化工等行业氮氧化物污染防治。

加大颗粒物污染防治力度。使用工业锅炉的企业以及水泥厂、火电厂应采用袋式等高效除尘技术。强化施工工地环境管理，禁止使用袋装水泥和现场搅拌混凝土、砂浆，在施工场地应采取围挡、遮盖等防尘措施。加强道路清扫保洁工作，提高城市道路清洁度，实施"黄土不露天"工程，减少城区裸露地面。

开展挥发性有机物污染防治。从事喷漆、石化、制鞋、印刷、电子、服装干洗等排放挥发性有机污染物的生产作业，应当按照有关技术规范进行污染治理。推进加油站油气污染治理，按期完成重点区域内现有油库、加油站和油罐车的油气回收改造工作，并确保达标运行；新增油库、加油站和油罐车应在安装油气回收系统后才能投入使用。严格控制城市餐饮服务业油烟排放。

五、加强能源清洁利用

严格控制燃煤污染排放。严格控制重点区域内燃煤项目建设，开展区域煤炭消费总量控制试点工作。推进低硫、低灰分配煤中心建设，提高煤炭洗选比例，重点区域内未配备脱硫设施的企业，禁止直接燃用含硫量超过 0.5% 的煤炭。加强高污染燃料禁燃区划定工作，逐步扩大禁燃区范围，禁止原煤散烧。建设火电机组烟气脱硫、脱硝、除尘和除汞等多污染物协同控制技术示范工程。

大力推广清洁能源。改善城市能源消费结构，加大天然气、液化石油气、煤制气、太阳能等清洁能源的推广力度，逐步提高城市清洁能源使用比重。继续推进清洁能源行动，积极开展清洁能源利用示范。推进工业、交通和建筑节能，提高能源利用效率。加快发展农村清洁能源，鼓励农作物秸秆综合利用，推广生物质成型燃料技术，大力发展农村沼气。禁止露天焚烧秸秆等农作物废弃物，确保城市周边、交通干线、机场周围空气质量。鼓励采用节能炉灶，逐步淘汰传统高污染炉灶。

积极发展城市集中供热。推进城市集中供热工程建设，加强城镇供热锅炉并网工作，不断提高城市集中供热面积。加强集中供热锅炉烟气脱硫、脱硝和高效除尘综合污染防治工作。发展洁净煤技术，加大高效洁净煤锅炉集中供热示范推广力度。在城市城区及其近郊，禁止新建效率低、污染重的燃煤小锅炉，逐步拆除已建燃煤小锅炉。

六、加强机动车污染防治

提高机动车排放水平。严格实施国家机动车排放标准，完善新生产机动车环保型式核准制度，禁止不符合国家机动车排放标准车辆的生产、销售和注册登记。继续推进汽车"以旧换新"工作，加速"黄标车"和低速载货车淘汰进程，积极发展新能源汽车。

完善机动车环境管理制度。加强机动车环保定期检验，实施机动车环保标志管理，对排放不达标车辆进行专项整治。依法加强对机动车环保检验机构的监督管理，促进其健康发展。加强机动车环保监管能力建设，建立机动车环保管理信息系统。研究有利于机动车污染防治的税费政策。

加快车用燃油清洁化进程。推进车用燃油低硫化，加快炼油设施改造步伐，增加优质车用燃油市场供应。尽快制定并实施国家第四、第五阶段车用燃油标准和车用燃油有害物质限量标准。强化车用燃油清净剂核准管理。

大力发展公共交通。完善城市交通基础设施，落实公交优先发展战略，加快建设公共汽、电车专用道（路）并设置公交优先通行信号系统。改善居民步行、自行车出行条件，鼓励居民选择绿色出行方式。

七、完善区域空气质量监管体系

加强重点区域空气质量监测。提高空气质量监测能力，优化重点区域空气质量监测点位，开展酸雨、细颗粒物、臭氧监测和城市道路两侧空气质量监测，制定大气污染事故预报、预警和应急处理预案，完善环境信息发布制度，实现重点区域监测信息共享。到 2011 年年底前，初步建成重点区域空气质量监测网络。

完善空气质量评价指标体系。加快空气质量评价指标修订工作，完善臭氧和细颗粒物空气质量评价方法，增加相应评价指标。

强化城市空气质量分级管理。空气质量未达到二级标准的城市，应当制订达标方案，确保按期实现空气质量改善目标。国家环境保护重点城市的达标方案应报环境保护部批准后实施。空气质量已达到二级标准的城市，应制订空气质量持续改善方案，防止空气质量恶化。

加强区域环境执法监管。环境保护部要会同有关地方和部门确定并公布重点企业名单，开展区域大气环境联合执法检查，集中整治违法排污企业。各地环保部门应加强对重点企业的监督性监测，并推进其安装污染源在线监测装置。到 2012 年年底前，重点企业应全部安装在线监测装置并与环保部门联网。

第十四节 生态环境损害赔偿制度

法律意义上的环境污染损害包括两个层面，第一个层面是因人为污染而造成的个人健康、财产权利的私权损害；第二个层面是指因污染环境、破坏生态造成大气、地表水、地下水、土壤等环境要素和植物、动物、微生物等生物要素的不利改变，及上述要素构成的生态系统功能的退化。其中前者人身健康和财产权利属于私法上民事权利的客体，受到民法的保护和救济。《中华人民共和国侵权责任法》第 65 条规定，因污染环境造成损害的，污染者应当承担侵权责任。《中华人民共和国环境保护法》第 64 条规定，因污染环境和破坏生态造成损害的，应当依照《中华人民共和国侵权责任法》的有关规定承担侵权责任。在环境污染侵害财产权和人身权的侵权之诉中，起诉人主体只能是权利被侵害的公民、法人，换句话说，原告必须是侵权行为的受害人，国家行政机关无权代表任何人提起民事诉讼。对于后者，即生态环境损害，由于其损害的对象是不具备人身、财产权利属性的以生态环境为载体的环境公共利益，因此缺乏私法上明确的实定法律权利，也无特定的受到权利侵害的私法主体[45]。生态环境损害赔偿制度的提出正是针对这个问题，修订和调整传统的侵权理论，使其适应新的环境保护等公共利益目标。

一、国际经验

美国、欧盟已经开展了数十年的生态环境损害赔偿实践，建立了比较完整的法律和实施体系。这些实践的显著特征是，针对生态环境损害不同于人身财产损害的特殊性进行了专门立法，对人身财产损害与生态环境损害分别适用不同的法律进行救济。

美国自然资源损害赔偿范围包括污染清理费用、污染修复费用和生态服务功能的期间损失，而且评估费用也由污染责任者承担。在救济途径方面，美国建立了环境公益诉讼制度对自然资源损害进行救济。环境民事公益诉讼制度旨在保护环境公共利益，不以"人身、财产权利"受害为必要，造成生态功能或环境审美等一般性公众利益直接或间接受害即可提起环境民事公益诉讼，环境保护机关、社会组织和公民个人均可作为原告针对企业排污行为起诉。需要指出的是，美国司法实践中往往采用协商的途径分流诉讼。具体到生态环境损害的索赔诉讼，在环境保护局等国家机关向责任方起诉之前可以与责任方就环境赔偿包括修复等事宜达成协议，由责任方根据协议执行赔偿和修复事宜，在协议不成的情况下可以由环境保护局代为修复环境，然后提起诉讼要求责任方承担修复等赔偿费用。美国在自然资源损害评估方面具有内政部和海洋大气管理局两套评估规则，评估步骤与技术方法主要如下。首先，确定生态环境损害的性质、程度、范围，确认损害发生前的环境基线状态；其次，确定污染行为与损害间的因果关系；再次，采取等值分析方法量化损害相对于基线的程度，确立基本恢复、补偿性的规模和程度，分别使受损生态环境恢复到基线状态、弥补期间损失，若基本修复措施不能完全将损害恢复到基线状态，还需确定补充性修复措施的规模和程度；最后，根据修复措施选择最优修复方案，并予以执行。

欧盟生态环境损害赔偿制度借鉴并沿袭了美国自然资源损害赔偿的主要经验，但其将生态环境损害的行为限定为职业活动，对环境或人类健康具有危险或潜在危险的职业活动造成的损害适用严格责任，对上述活动之外的其他职业活动造成的损害适用过错责任[46]。

二、必要性

建立生态环境损害赔偿制度，一是实现损害担责的需要，《环境保护法》确立了损害担责原则。建立健全生态环境损害赔偿制度，由造成生态环境损害的责任者承担赔偿责任，修复受损生态环境，有助于破解"企业污染、群众受害、政府买单"的困局。二是弥补制度缺失的需要，《宪法》《中华人民共和国物权法》等相关法律规定，国家所有的财产即国有财产，由国务院代表国家行使所有权，但是在矿藏、水流、城市土地、国家所有的森林、山岭、草原、荒地、滩涂等自然资源受到损害后，现有制度中缺乏具体索赔主体的规定。三是履行法定职责的需要，通过实施生态环境损害赔偿制度，修复受损的生态环境，保护和改善人民群众生产生活环境，是政府履行环境保护职责的需要[47]。

三、相关政策

2015年12月，中共中央办公厅、国务院办公厅印发了《生态环境损害赔偿制度改革试点方案》，要求探索建立生态环境损害的修复和赔偿制度，加快推进生态文明建设。通过试点逐步明确生态环境损害赔偿范围、责任主体、索赔主体和损害赔偿解决途径等，形成相应的鉴定评估管理与技术体系、资金保障及运行机制。2015—2017年，选择部分省份开展生态环境损害赔偿制度改革试点。从2018年开始，在全国试行生态环境损害赔偿制度。到2020年，力争在全国范围内初步构建责任明确、途径畅通、技术规范、保障有力、赔偿到位、修复有效的生态环境损害赔偿制度。

环保部相继发布了《环境污染损害数额计算推荐方法（第Ⅰ版）》《环境损害鉴定评估推荐方法（第Ⅱ版）》（环办［2014］90号）以及《突发环境事件应急处置阶段环境损害评估推荐方法》等技术方法。

1. 适用范围

应追究生态环境损害赔偿责任的情形包括发生较大及以上突发环境事件的；在国家和省级主体功能区规划中划定的重点生态功能区、禁止开发区发生环境污染、生态破坏事件的；发生其他严重影响生态环境事件的。涉及人身伤害、个人和集体财产损失以及海洋生态环境损害赔偿的，分别适用《侵权责任法》和《海洋环境保护法》等相关法律规定。

2. 赔偿范围

生态环境损害赔偿范围包括清除污染的费用、生态环境修复费用、生态环境修复期间服务功能的损失、生态环境功能永久性损害造成的损失以及生态环境损害赔偿调查、鉴定评估等合理费用。

3. 赔偿权利人

地方省级政府经国务院授权后，作为本行政区域内生态环境损害赔偿权利人，可指定相关部门或机构负责生态环境损害赔偿具体工作。地方省级政府应当制定生态环境损害索赔启动条件、鉴定评估机构选定程序、管辖划分、信息公开等工作规定，明确环境保护、国土资源、住房城乡建设、水利、农业、林业等相关部门开展索赔工作的职责分工。建立对生态环境损害索赔行为的监督机制，赔偿权利人及其指定相关部门或机构的负责人、工作人员在索赔工作中存在滥用职权、玩忽职守、徇私舞弊的，依纪依法追究责任；涉嫌犯罪的，应当移送司法机关。

四、诉讼权利与监管权力间的平衡

在环境损害赔偿诉讼中有权利提起诉讼的相关政府部门往往就是对生态环境保护具有监管责任的部门。那么，在什么情况下这些政府部门应该提起侵权诉讼，在什么情况下应该使用其监管手段，是一个需要厘清的问题。在某些欧盟成员国中已经显现出这个问题，其关注点在于主管当局是否能够提起侵权诉讼以代替其履行已经拥有的公共执法权力，还是作为履行公共执法权力的补充。有关这一问题的讨论，可以参考阅读材料1。

阅读材料1 荷兰的案例

案例1："贝凯瑟"案

在"贝凯瑟"的案例中，❶ 所涉及的问题是公共机构是否有资格申请强制令救济，从而确保将一批石膏运出荷兰领土。这些石膏由德国贝凯瑟公司以极低的价格出口到荷兰，由博斯（Bos）公司对石膏进行再加工。博斯公司并没有将石膏进行再加工，而是将其倾倒在荷兰境内8个场地，这明显违反了《化学废物法案》（Chemical Waste Act）；由于石膏中含有氰化物，因此对环境和公众健康造成了重大威胁。荷兰主管当局针对贝凯瑟公司申请了强制令，要求该公司收回石膏，并将石膏送回德国。尽管荷兰主管当局对这些倾倒石膏的场地没有直接的所有权益，但是荷兰最高法院（Hoge Raad）认为，主管当局在保护环境和公众健康方面享有一般利益。此外，这种利益属于"受侵权保护的利益"。换句话说，这种利益是足够具体的，应该获得侵权行为的保护。可以据此提出这一判决体现了在这种情况下，国家可以被视为是公众对环境的平等所有权的监护人的观点。此外，荷兰最高法院认为，本案中主管当局利用侵权是合理的，因为依靠《化学废物法案》第49节规定的行政权力不可能取得这样的结果。

因此法院认为，在特定情况下提起侵权诉讼对主管当局有利，不应阻碍主管当局使用这个途径。但是，也明确地表示必须制定原则以确定在什么情况下主管当局采用侵权诉讼是合适的。在"贝凯瑟"案中所提出的"受侵权保护的利益"检验标准在这方面稍显不足，因为在如何定义"受侵权保护的利益"方面并没有达成普遍共识。❶此外，这一检验标准并没有解决基于侵权的救济措施和法定权力之间重叠的问题，也没有说明何时使用侵权代替这种行政权力是恰当的。在随后的判决中，荷兰法庭开发了"侵犯性检验"标准，根据这一检验规定，只要不会对监管执法机制产生不可接受的侵犯，那么主管当局可以依赖于侵权诉讼以寻求救济。

---

❶ Hoge Raad 14 April 1989, NJ 1990, 712. Discussed by Bierbooms and Kottenhagen-Edzes (n. 1077) 151-152.

案例2:"温德梅尔"(Windmill)案

在"温德梅尔"(Windmill)❶的案例中,温德梅尔公司将废石膏泥浆排放到国家所有的水域中,荷兰政府针对温德梅尔公司提起侵权诉讼。由于温德梅尔公司认为它已经取得了《河流法案》(Rivers Act)和《地表水污染法案》(Pollution of Surface Waters Act)中规定的所有必要的许可证,因此拒绝做出进一步赔偿。荷兰最高法院认为,政府使用侵权手段是否对法定权力形成了不可接受的侵犯,这个问题应该运用三个标准来予以确定,即监管法规的内容和目的、公民的利益在公法上是否获得了充分的保护和使用公共权力是否可以达到相应的结果。将这些准则应用到本案时,法院认为,如果允许政府通过侵权诉讼获得补偿,将会对公法制度体系造成一个不可接受的侵犯。允许政府在侵权诉讼中解除其本身已经颁发的许可将会彻底破坏许可证制度,并且会严重影响荷兰法律体系的合法性、民主性和司法确定性。❷

案例3:"国家诉马格努斯金属国际"案

随后,该标准在"国家诉马格努斯金属国际"❸的案例中得到应用,并且得到了一个非常不同的结论。本案中,为了防止锌渣对土壤造成污染并防止进一步进口此类物质,荷兰主管当局针对马格努斯申请了强制令救济。这一做法再次引发了争论,即荷兰主管当局是否有资格通过侵权诉讼寻求救济措施,而不是根据《化学废物法案》第49节的规定行使法定权力。回想在"贝凯瑟"的案例中,主管当局取得了胜诉,其原因是根据该法的规定不可能达成相同的结果。然而,在此期间,第49节所规定的权力得到了加强,新增加的第49(a)节则赋予了主管当局开展修复工作并且要求污染者支付费用的权力。尽管出现了这一改进,主管当局仍然通过侵权诉讼申请强制令救济,其理由是基于本案的特殊情况,要求污染者支付清理修复费用存在实际上的困难。荷兰最高法院改变了荷兰上诉法院的判决,最高法院认为,在应用侵犯性检验"可比结果"标准时,针对实际上的困难予以考虑是恰当的。正如前面提到的,《环境责任指令》显著地增加了行政法中这种修复权力的范围。然而,荷兰最高法院的这种做法表明,在监管部门被要求尽可能地使用公共权力的同时,如果侵权是更有效的解决方案,那么监管部门应该保留一定的自由裁量权以提起侵权诉讼。

习题与讨论

[1] 我国环境法的基本制度有哪些?
[2] 什么是环境影响评价?
[3] 我国法律规定的公众参与环境影响评价的主要方式有哪些?
[4] 简述排污收费与环境保护税的区别?
[5] 根据法律规定,哪些环境信息应当向公众公开?
[6] 简述生态保护红线制度的内容。
[7] 生态补偿制度中重点补偿领域有哪些?

---

❶ Hoge Raad, 26 January 1990, NJ 1991, 393. Discussed by Bierbooms and Kottenhagen-Edzes (n. 1077) 153-154.
❷ 正是由于这个原因,荷兰最高法院放弃了"双轨制"的做法,因为"双轨制"允许主管当局可以不受约束地提起侵权诉讼而无论其是否享有充分的公共执法权力。
❸ Hoge Raad, 22 October 1993, NJ 1995, 717. Discussed by Bierbooms and Kottenhagen-Edzes (n. 1077) 154-155.

阅读材料

① I-Shin Chang, Jing Wu*, Huimin Qiao, Zhilei Zhang. The Spatio-Temporal Approach to Regional Analysis on Cleaner Production in China. Renewable and Sustainable Energy Reviews. December 2015, 52 (2015): 1491-1503.

② Jing WU, I-Shin CHANG*, Olivia BINA, Kin Che LAM, He XU. Strategic Environmental Assessment Implementation in China-Five-year Review and Prospects. Environmental Impact Assessment Review 31 (2011) 77-84.

③ 徐鹤, 白宏涛, 吴婧, 乔盛. 气候变化新视角下的中国战略环境评价. 北京：科学出版社, 2013.

第六章 环境污染防治

第一节 大气污染防治

一、主要大气污染物和大气环境问题

1. 二氧化硫

二氧化硫的主要来源是燃烧、冶炼、硫酸生产和火山爆发。当二氧化硫溶于水中，会形成亚硫酸（酸雨的主要成分）。若把二氧化硫进一步氧化，通常在催化剂如二氧化氮的存在下，便会生成硫酸。二氧化硫本身具有氧化性、还原性、腐蚀性，其二次污染物三氧化硫毒性、氧化性、腐蚀性更强。二氧化硫具有酸性，可与空气中的其他物质反应，生成微小的亚硫酸盐和硫酸盐颗粒。当这些颗粒被吸入时，它们将聚集于肺部，是呼吸系统症状和疾病、呼吸困难以及过早死亡的一个原因。如果与水混合，再与皮肤接触，便有可能发生冻伤。与眼睛接触时，会造成红肿和疼痛。二氧化硫不仅是一种污染物，也是工业生产中重要的原料和产品。由于二氧化硫具有酸性并可以进行氧化还原反应等重要性质，因此可用于防腐剂、酿酒、还原性漂白剂、制备硫酸、制冷剂、试剂和溶剂、脱氯等。

2. 二氧化氮

二氧化氮是氮氧化物之一。室温下为有刺激性气味的红棕色顺磁性气体，易溶于水，溶于水生成硝酸和一氧化氮。二氧化氮吸入后对肺组织具有强烈的刺激性和腐蚀性。二氧化氮多数是由燃烧过程产生，它也是工业合成硝酸的中间产物，每年有大约几百万吨被排放到大气中，是一种影响空气质量的重要污染物。虽然吸入二氧化氮会导致中毒反应，但由于二氧化氮过于刺激反而使得中毒事故较容易避免。低浓度的二氧化氮会使鼻子麻痹，从而可能导致过量吸入。长期暴露在二氧化氮浓度为 $40\sim100mg/m^3$ 的环境中会导致不利的健康影响。最重要的二氧化氮排放源是内燃发动机、火力发电厂以及制浆厂。大气核试验也是二氧化氮的一个来源。这些过程都需要吸入大量的空气来帮助燃烧，从而将氮气引入到高温的燃烧反应中，最终产生了氮氧化物。因此，控制氮氧化物要求精细地控制为助燃而吸入的空气量。

3. 一氧化碳

一氧化碳是含碳物质不完全燃烧的产物。其天然排放源包括对流层中的光化学反应、火山活动，自然和人为的火灾（如森林大火、焚烧秸秆和甘蔗以驱赶甘蔗园里的蚊虫）。人为排放源主要是燃烧化石燃料产生。最大来源是以汽油为燃料的机动车辆，工业燃烧、炼油、炼钢、固体废物焚烧也会产生一氧化碳。由于一氧化碳与体内血红蛋白的亲和力比氧与血红蛋白的亲和力大 $200\sim300$ 倍，而碳氧血红蛋白较氧合血红蛋白的解离速度慢 3600 倍，当一氧化碳浓度在空气中达到 35×10^{-6}，就会对人体产生损害，会造成一氧化碳中毒。浓度低至 667×10^{-6} 可能会导致高达 50% 的人体血红蛋白转换为羰合血红蛋白，可能会导致昏迷

和死亡。香烟中亦含有一氧化碳。最常见的一氧化碳中毒症状为头痛、恶心、呕吐、头晕、疲劳和虚弱的感觉。一氧化碳中毒症状包括视网膜出血以及异常樱桃红色的血。暴露在一氧化碳中可能严重损害心脏和中枢神经系统，会有后遗症。一氧化碳可能令孕妇胎儿产生严重的不良影响。在封闭的环境中，一氧化碳的浓度可以很容易达到造成致命的水平。

4. 颗粒物

颗粒物（particulate matter，PM）在环境科学中，特指悬浮在空气中的固体颗粒或液滴，是空气污染的主要来源之一。其中，空气动力学直径小于或等于 $10\mu m$ 的颗粒物称为可吸入颗粒物（PM_{10}），空气动力学直径小于或等于 $2.5\mu m$ 的颗粒物称为细颗粒物（$PM_{2.5}$）。颗粒物能够在大气中停留很长时间，并可随呼吸进入体内，积聚在气管或肺中，影响身体健康。

颗粒物的成分很复杂，主要取决于其来源。主要的来源是从地表扬起的尘土，含有氧化物矿物和其他成分。海盐是颗粒物的第二大来源，其组成与海水的成分类似。一部分颗粒物是自然过程产生的，源自火山爆发、沙尘暴、森林火灾、浪花等。$PM_{2.5}$ 还可以由硫和氮的氧化物转化而成。而这些气体污染物往往是人类对化石燃料（煤、石油等）和垃圾的燃烧造成的。在室内，二手烟是颗粒物最主要的来源。

在20世纪70年代，人们开始注意到颗粒物污染与健康问题之间的联系。现在，许多研究已证实颗粒物会对呼吸系统和心血管系统造成伤害，导致哮喘、肺癌、心血管疾病、出生缺陷和过早死亡。颗粒物会造成呼吸系统发病率增高，特别是慢性阻塞性呼吸道疾病（气管炎、哮喘、肺气肿等），也可能阻塞皮肤的毛囊和汗腺，引起皮肤炎和眼结膜炎或造成角膜损伤。颗粒物的大小决定了它们最终在呼吸道中的位置。较大的颗粒物往往会被纤毛和黏液过滤，无法通过鼻子和咽喉。然而，PM_{10} 可以经过呼吸道沉积于肺泡，溶解后直接侵入血液，可能造成血液中毒。而 $PM_{2.5}$ 比表面积大于 PM_{10}，更易吸附有毒害的物质，如重金属（在城市中以重金属元素最为严重，较突出的有 Zn、Pb、As、Cd 等，而不同地区也有着各自的特点）、有毒微生物等。由于体积更小，$PM_{2.5}$ 具有更强的穿透力，可能抵达细支气管壁，并干扰肺内的气体交换。更小的微粒（直径小于等于 100nm）会通过肺部传递影响其他器官。

5. 铅

自然界中纯的铅很少见。铅主要与锌、银和铜等金属一起提炼，可用于建筑、铅酸充电池、弹头、炮弹、焊接物料、钓鱼用具、渔业用具、防辐射物料、奖杯和部分合金，如电子焊接用的铅锡合金等。

铅有毒，体内铅含量过多可能产生慢性肌肉或关节疼痛、听觉视觉功能变差、易有过敏性疾病、注意力不集中或过动、精神障碍或退化等症状。铅尤其破坏儿童的神经系统，儿童体内铅过多会降低学习能力、记忆力，对神经传导以及维生素的代谢产生负面影响。

6. 挥发性有机物

挥发性有机物（Volatile Organic Compounds，VOCs），按照世界卫生组织的定义，如果在气压 101.32Pa 下，该化合物的沸点在 $50\sim250°C$ 之间，就是挥发性有机物。它们会在常温下以气体形式存在。按其化学结构的不同，可以进一步分为八类：烷类、芳烃类、烯类、卤烃类、酯类、醛类、酮类和其他。在大气环境中，挥发性有机物主要来自燃料燃烧和交通运输产生的工业废气、汽车尾气、光化学污染等。在室内空气中，则主要来自燃煤和天然气等燃烧产物、吸烟、采暖和烹调等的烟雾，建筑和装饰材料、家具、家用电器、清洁剂和人体本身的排放等。在室内装饰过程中,挥发性有机物主要来自油漆、涂料和胶黏剂。

挥发性有机物的危害很明显,当居室中挥发性有机物超过一定浓度时,在短时间内人们感到头痛、恶心、呕吐、四肢无力;严重时会抽搐、昏迷、记忆力减退。挥发性有机物伤害人的肝脏、肾脏、大脑和神经系统,其中还包含了很多致癌物质。室内空气挥发性有机物污染已引起各国重视。

7. 酸沉降

酸沉降是指大气中的酸性物质以降水的形式或者在气流作用下迁移到地面的过程。酸沉降包括"湿沉降"和"干沉降"。湿沉降通常指pH值低于5.6的降水,包括雨、雪、雾、冰雹等各种降水形式,最常见的就是酸雨。干沉降是指大气中的酸性物质在气流的作用下直接迁移到地面的过程。人为源和天然源排放的硫化合物和氮化合物进入大气后,要经历扩散、转化、输运以及被雨水吸收、冲刷、清除等过程。气态的NO_x、SO_2在大气中可以催化氧化或光化学氧化成不易挥发的硝酸和硫酸,并溶于云滴或雨滴而成为降水成分。它们的转化速率受气温、辐射、相对湿度以及大气成分等因素的影响。

8. 霾

霾本来是一种自然现象,空气中的矿物粉尘(土壤尘、火山灰、沙尘)、海盐(氯化钠)、硫酸与硝酸微滴、硫酸盐与硝酸盐、有机碳氢化合物、黑炭等粒子可以使大气浑浊、视野模糊并导致能见度恶化,如果水平能见度小于10km时,将这种非水成物组成的气溶胶系统造成的视程障碍称为霾。霾的厚度比较厚,可达1~3km,霾的日变化一般不明显。霾与晴空区之间没有明显的边界,霾粒子的尺度比较小,从0.001~$10\mu m$,平均粒径在0.3~$0.6\mu m$。肉眼看不到空中漂浮的颗粒物,因为尘、海盐、硫酸与硝酸微滴、硫酸盐与硝酸盐、黑炭等粒子组成的霾,其散射波长较长的可见光比较多,所以霾看起来呈黄色或橙灰色。霾已经成为我国一种严重的灾害性天气现象。

二、大气污染防治立法

我国在20世纪50年代开始注意到防治空气污染问题,当时主要是从保护工人的健康出发,着眼于防治局部生产劳动环境的空气污染。20世纪70年代,我国制定了《工业"三废"排放试行标准》和《工业企业设计卫生标准》,以标准的形式对大气污染物的排放做出了定量的规定。1979年《中华人民共和国环境保护法(试行)》中,首次以法律的形式对大气污染防治做出了原则性的规定。1987年《大气污染防治法》颁布,该法对防治大气污染的一般原则,监督管理,防治烟尘污染,防治废气、粉尘和恶臭污染,法律责任等方面做出了规定。1991年《中华人民共和国大气污染防治法实施细则》颁布。

针对中国的煤烟型污染,自20世纪80年代中叶以来,国务院有关部门还相继发布了《关于防治煤烟型污染技术政策的规定》(1984年)、《城市烟尘控制区管理办法》(1987年)、《关于发展民用型煤的暂行办法》([87]国环字第018号文)以及《汽车排气污染监督管理办法》([90]环管字第359号)等大气污染防治的行政规章,在其他综合性环境污染防治的行政法规或部门规章中,还针对乡镇企业大气污染物的排放、尾矿污染以及饮食娱乐服务业的油烟污染等做出了规定。除此之外,我国还颁布了《环境空气质量标准》,有关工业锅炉、火电厂、恶臭、炼焦炉以及保护农作物等方面的单项大气污染物排放标准以及《大气污染物综合排放标准》等各类大气环境标准,作为大气污染监测与行政监督管理的技术指针和要求。

20 世纪 90 年代，为了适应我国社会主义市场经济体制发展的要求，我国对《大气污染防治法》作了修改，将法律条文由原来的 41 条增至 50 条。修改后的《大气污染防治法》于 1995 年 8 月由全国人大常委会通过并开始施行。其修改的主要内容是增加了对企业实行清洁生产工艺、国家对落后工艺和设备实行淘汰制度和防治燃煤污染大气的控制对策和措施的规定。2000 年立法机关又对《大气污染防治法》进行了修订，法律条文增至 66 条，增加了"防治机动车船排放污染"一章，并增加了关于植树绿化、防治沙尘污染的规定。此外还规定实行大气主要污染物排放总量控制制度，禁止超标排放；划定大气污染防治重点城市和区域，限期达到环境质量标准；进一步强化防治煤污染的力度；加强机动车排气污染防治；控制建筑施工扬尘污染；强化法律责任等。

自 2010 年以来我国大气污染呈现区域性、复合型等新特征，美国、欧洲等发达国家和地区在几百年的工业化时期中分阶段呈现的环境问题，在我国近二三十年内集中出现，大气污染已成为制约社会经济可持续发展的瓶颈之一。2000 年版《大气污染防治法》已经难以适应大气环境管理的需要，2015 年我国对《大气污染防治法》再次进行修订。其修订的主要内容包括构建了环境空气质量目标责任制、强化大气环境监管；设立重点区域大气污染联合防治制度；加强燃煤和能源大气污染防治；进一步强化工业污染防治；加强扬尘污染防治；加大违法的处罚力度。

三、环境空气质量标准

制定并实施《环境空气质量标准》是《大气污染防治法》的核心。《环境空气质量标准》规定了环境空气功能区分类、标准分级、污染物项目、平均时间及浓度限值、监测方法、数据统计的有效性规定及实施与监督等内容。

《环境空气质量标准》首次发布于 1982 年。1996 年第一次修订，将环境空气质量功能区分为三类：一类区为自然保护区、风景名胜区和其他需要特殊保护的地区；二类区为城镇规划中确定的居民区、商业交通居民混合区、文化区、一般工业区和农村地区；三类区为特定工业区。空气环境质量分为三级：一类区执行一级标准，二类区执行二级标准，三类区执行三级标准。共限定了十种污染物的浓度值：SO_2、TSP、PM_{10}、NO_x、NO_2、CO、O_3、Pb、B[a]P、F。标准同时配有各项污染物分析方法。

2000 年《环境空气质量标准》进行第二次修订，取消氮氧化物（NO_x）指标，修改了二氧化氮（NO_2）二级标准的年平均浓度限值和小时平均浓度限值，修改了臭氧（O_3）的小时平均浓度限值。

2012 年《环境空气质量标准》进行了第三次修订，调整了环境空气功能区分类，将三类区并入二类区；增设了颗粒物（粒径小于等于 $2.5\mu m$）浓度限值和臭氧 8 小时平均浓度限值；调整了颗粒物（粒径小于等于 $10\mu m$）、二氧化氮、铅和苯并[a]芘等的浓度限值；调整了数据统计的有效性规定。

四、大气污染防治行动计划

2010 年以来，我国大气污染形势严峻，以可吸入颗粒物（PM_{10}）、细颗粒物（$PM_{2.5}$）为特征污染物的区域性大气环境问题日益突出，损害人民群众身体健康，影响社会和谐稳定。随着我国工业化、城镇化的深入推进，能源资源消耗持续增加，大气污染防治压力继续加大。在这种背景下，国务院制定了《大气污染防治行动计划》。其目标是到 2017 年，全国地级及以上城市可吸入颗粒物浓度比2012年下降10%以上，空气质量优良天数逐年提高；京津冀、长三角、珠三角等区域细颗粒物浓度分别下降25％、20％、15％左右，其中北京市细颗粒物年均浓度控制在 $60\mu g/m^3$ 左右。

为实现上述空气质量改善目标，《大气污染防治行动计划》共提出了10条35项具体措施。除了针对各类污染源，进一步加强管理、减少多污染物排放外，《大气污染防治行动计划》关注了大气污染产生的重要驱动因素，提出了"治本"的针对性措施。一是针对我国第二产业比例偏高、重工业份额偏重的实际情况，强调加快产业结构调整，通过提高重工业行业的环境准入门槛和加快"两高"行业过剩产能退出，减少重污染行业的排放。二是针对我国能源结构中燃煤比重偏高的实际情况，进一步加强了能源清洁利用的要求，尤其是对京津冀、长三角和珠三角等大气污染严重的区域，提出了煤炭消费量负增长的目标，并强调通过跨区输电和增加引进天然气来满足能源增长的需求。三是强化机动车污染防治，不仅在特大城市机动车保有量控制、燃油品质提升等方面提出要求，还对新车用车管理提出具体工作目标，包括到2017年基本淘汰黄标车，加快推进低速汽车升级换代、推广新能源汽车等。

五、大气污染防治措施

1. 燃煤和其他能源污染防治

国务院有关部门和地方各级人民政府应当采取措施，调整能源结构，推广清洁能源的生产和使用；优化煤炭使用方式，推广煤炭清洁高效利用，逐步降低煤炭在一次能源消费中的比重，减少煤炭生产、使用、转化过程中的大气污染物排放。国家推行煤炭洗选加工，降低煤炭的硫分和灰分，限制高硫分、高灰分煤炭的开采。禁止开采含放射性和砷等有毒有害物质超过规定标准的煤炭。国家采取有利于煤炭清洁高效利用的经济、技术政策和措施，鼓励和支持洁净煤技术的开发和推广。国家鼓励煤矿企业等采用合理、可行的技术措施，对煤层气进行开采利用，对煤矸石进行综合利用。国家禁止进口、销售和燃用不符合质量标准的煤炭，鼓励燃用优质煤炭。地方各级人民政府应当采取措施，加强民用散煤的管理，禁止销售不符合民用散煤质量标准的煤炭，鼓励居民燃用优质煤炭和洁净型煤，推广节能环保型炉灶。

石油炼制企业应当按照燃油质量标准生产燃油。禁止进口、销售和燃用不符合质量标准的石油焦。

城市人民政府可以划定并公布高污染燃料禁燃区，并根据大气环境质量改善要求，逐步扩大高污染燃料禁燃区范围。在禁燃区内，禁止销售、燃用高污染燃料；禁止新建、扩建燃用高污染燃料的设施，已建成的，应当在城市人民政府规定的期限内改用天然气、页岩气、液化石油气、电或者其他清洁能源。

城市建设应当统筹规划，在燃煤供热地区，推进热电联产和集中供热。在集中供热管网覆盖地区，禁止新建、扩建分散燃煤供热锅炉；已建成的不能达标排放的燃煤供热锅炉，应当在城市人民政府规定的期限内拆除。县级以上人民政府质量监督部门应当会同环境保护主管部门对锅炉生产、进口、销售和使用环节执行环境保护标准或者要求的情况进行监督检查；不符合环境保护标准或者要求的，不得生产、进口、销售和使用。

燃煤电厂和其他燃煤单位应当采用清洁生产工艺，配套建设除尘、脱硫、脱硝等装置，或者采取技术改造等其他控制大气污染物排放的措施。国家鼓励燃煤单位采用先进的除尘、脱硫、脱硝、脱汞等大气污染物协同控制的技术和装置，减少大气污染物的排放。电力调度应当优先安排清洁能源发电上网。

2.工业污染防治

钢铁、建材、有色金属、石油、化工等企业生产过程中排放粉尘、硫化物和氮氧化物的，应当采用清洁生产工艺，配套建设除尘、脱硫、脱硝等装置，或者采取技术改造等其他控制大气污染物排放的措施。

生产、进口、销售和使用含挥发性有机物的原材料和产品的，其挥发性有机物含量应当符合质量标准或者要求。国家鼓励生产、进口、销售和使用低毒、低挥发性有机溶剂。产生含挥发性有机物废气的生产和服务活动，应当在密闭空间或者设备中进行，并按照规定安装、使用污染防治设施；无法密闭的，应当采取措施减少废气排放。工业涂装企业应当使用低挥发性有机物含量的涂料，并建立台账，记录生产原料、辅料的使用量、废弃量、去向以及挥发性有机物含量。台账保存期限不得少于 3 年。石油、化工以及其他生产和使用有机溶剂的企业，应当采取措施对管道、设备进行日常维护、维修，减少物料泄漏，对泄漏的物料应当及时收集处理。储油储气库、加油加气站、原油成品油码头、原油成品油运输船舶和油罐车、气罐车等，应当按照国家有关规定安装油气回收装置并保持正常使用。

钢铁、建材、有色金属、石油、化工、制药、矿产开采等企业，应当加强精细化管理，采取集中收集处理等措施，严格控制粉尘和气态污染物的排放。工业生产企业应当采取密闭、围挡、遮盖、清扫、洒水等措施，减少内部物料的堆存、传输、装卸等环节产生的粉尘和气态污染物的排放。

工业生产、垃圾填埋或者其他活动产生的可燃性气体应当回收利用，不具备回收利用条件的，应当进行污染防治处理。

3.机动车船等污染防治

国家倡导低碳、环保出行，根据城市规划合理控制燃油机动车保有量，大力发展城市公共交通，提高公共交通出行比例。国家采取财政、税收、政府采购等措施推广应用节能环保型和新能源机动车船、非道路移动机械，限制高油耗、高排放机动车船、非道路移动机械的发展，减少化石能源的消耗。城市人民政府应当加强并改善城市交通管理，优化道路设置，保障人行道和非机动车道的连续、畅通。机动车船、非道路移动机械不得超过标准排放大气污染物。禁止生产、进口或者销售大气污染物排放超过标准的机动车船、非道路移动机械。

机动车、非道路移动机械生产企业应当对新生产的机动车和非道路移动机械进行排放检验。经检验合格的，方可出厂销售。检验信息应当向社会公开。

在用机动车应当按照国家或者地方的有关规定，由机动车排放检验机构定期对其进行排放检验。经检验合格的，方可上道路行驶。未经检验合格的，公安机关交通管理部门不得核发安全技术检验合格标志。

机动车生产、进口企业应当向社会公布其生产、进口机动车车型的排放检验信息、污染控制技术信息和有关维修技术信息。机动车维修单位应当按照防治大气污染的要求和国家有关技术规范对在用机动车进行维修，使其达到规定的排放标准。交通运输、环境保护主管部门应当依法加强监督管理。禁止机动车所有人以临时更换机动车污染控制装置等弄虚作假的方式通过机动车排放检验。禁止机动车维修单位提供该类维修服务。禁止破坏机动车车载排放诊断系统。

环境保护主管部门应当会同交通运输、住房城乡建设、农业行政、水行政等有关部门对非道路移动机械的大气污染物排放状况进行监督检查，排放不合格的，不得使用。

国家倡导环保驾驶，鼓励燃油机动车驾驶人在不影响道路通行且需停车3分钟以上的情况下熄灭发动机，减少大气污染物的排放。国家建立机动车和非道路移动机械环境保护召回制度。生产、进口企业获知机动车、非道路移动机械排放大气污染物超过标准，属于设计、生产缺陷或者不符合规定的环境保护耐久性要求的，应当召回；未召回的，由国务院质量监督部门会同国务院环境保护主管部门责令其召回。

在用重型柴油车、非道路移动机械未安装污染控制装置或者污染控制装置不符合要求，不能达标排放的，应当加装或者更换符合要求的污染控制装置。

在用机动车排放大气污染物超过标准的，应当进行维修；经维修或者采用污染控制技术后，大气污染物排放仍不符合国家在用机动车排放标准的，应当强制报废。其所有人应当将机动车交售给报废机动车回收拆解企业，由报废机动车回收拆解企业按照国家有关规定进行登记、拆解、销毁等处理。国家鼓励和支持高排放机动车船、非道路移动机械提前报废。

船舶检验机构对船舶发动机及有关设备进行排放检验。经检验符合国家排放标准的，船舶方可运营。内河和江海直达船舶应当使用符合标准的普通柴油。远洋船舶靠港后应当使用符合大气污染物控制要求的船舶用燃油。新建码头应当规划、设计和建设岸基供电设施；已建成的码头应当逐步实施岸基供电设施改造。船舶靠港后应当优先使用岸电。国务院交通运输主管部门可以在沿海海域划定船舶大气污染物排放控制区，进入排放控制区的船舶应当符合船舶相关排放要求。

禁止生产、进口、销售不符合标准的机动车船、非道路移动机械用燃料；禁止向汽车和摩托车销售普通柴油以及其他非机动车用燃料；禁止向非道路移动机械、内河和江海直达船舶销售渣油和重油。发动机油、氮氧化物还原剂、燃料和润滑油添加剂以及其他添加剂的有害物质含量和其他大气环境保护指标，应当符合有关标准的要求，不得损害机动车船污染控制装置效果和耐久性，不得增加新的大气污染物排放。

国家积极推进民用航空器的大气污染防治，鼓励在设计、生产、使用过程中采取有效措施减少大气污染物排放。民用航空器应当符合国家规定的适航标准中的有关发动机排出物要求。

4. 扬尘污染防治

地方各级人民政府应当加强对建设施工和运输的管理，保持道路清洁，控制料堆和渣土堆放，扩大绿地、水面、湿地和地面铺装面积，防治扬尘污染。住房城乡建设、市容环境卫生、交通运输、国土资源等有关部门，应当根据本级人民政府确定的职责，做好扬尘污染防治工作。

建设单位应当将防治扬尘污染的费用列入工程造价，并在施工承包合同中明确施工单位扬尘污染防治责任。施工单位应当制定具体的施工扬尘污染防治实施方案。从事房屋建筑、市政基础设施建设、河道整治以及建筑物拆除等施工单位，应当向负责监督管理扬尘污染防治的主管部门备案。施工单位应当在施工工地设置硬质围挡，并采取覆盖、分段作业、择时施工、洒水抑尘、冲洗地面和车辆等有效防尘降尘措施。建筑土方、工程渣土、建筑垃圾应当及时清运；在场地内堆存的，应当采用密闭式防尘网遮盖。工程渣土、建筑垃圾应当进行资源化处理。施工单位应当在施工工地公示扬尘污染防治措施、负责人、扬尘监督管理主管部门等信息。暂时不能开工的建设用地，建设单位应当对裸露地面进行覆盖；超过3个月的，应当进行绿化、铺装或者遮盖。

运输煤炭、垃圾、渣土、砂石、土方、灰浆等散装、流体物料的车辆应当采取密闭或者其他措施防止物料遗撒造成扬尘污染，并按照规定路线行驶。装卸物料应当采取密闭或者喷淋等方式防治扬尘污染。城市人民政府应当加强道路、广场、停车场和其他公共场所的清扫保洁管理，推行清洁动力机械化清扫等低尘作业方式，防治扬尘污染。

市政河道以及河道沿线、公共用地的裸露地面以及其他城镇裸露地面，有关部门应当按照规划组织实施绿化或者透水铺装。

储存煤炭、煤矸石、煤渣、煤灰、水泥、石灰、石膏、砂土等易产生扬尘的物料应当密闭；不能密闭的，应当设置不低于堆放物高度的严密围挡，并采取有效覆盖措施防治扬尘污染。码头、矿山、填埋场和消纳场应当实施分区作业，并采取有效措施防治扬尘污染。

5.农业和其他污染防治

地方各级人民政府应当推动转变农业生产方式，发展农业循环经济，加大对废弃物综合处理的支持力度，加强对农业生产经营活动排放大气污染物的控制。

农业生产经营者应当改进施肥方式，科学合理施用化肥并按照国家有关规定使用农药，减少氨、挥发性有机物等大气污染物的排放。禁止在人口集中地区对树木、花草喷洒剧毒、高毒农药。

畜禽养殖场、养殖小区应当及时对污水、畜禽粪便和尸体等进行收集、储存、清运和无害化处理，防止排放恶臭气体。

各级人民政府及其农业行政等有关部门应当鼓励和支持采用先进适用技术，对秸秆、落叶等进行肥料化、饲料化、能源化、工业原料化、食用菌基料化等综合利用，加大对秸秆还田、收集一体化农业机械的财政补贴力度。

省、自治区、直辖市人民政府应当划定区域，禁止露天焚烧秸秆、落叶等产生烟尘污染的物质。

国务院环境保护主管部门应当会同国务院卫生行政部门，根据大气污染物对公众健康和生态环境的危害和影响程度，公布有毒有害大气污染物名录，实行风险管理。排放名录中所列有毒有害大气污染物的企业事业单位，应当按照国家有关规定建设环境风险预警体系，对排放口和周边环境进行定期监测，评估环境风险，排查环境安全隐患，并采取有效措施防范环境风险。

向大气排放持久性有机污染物的企业事业单位和其他生产经营者以及废弃物焚烧设施的运营单位，应当按照国家有关规定，采取有利于减少持久性有机污染物排放的技术方法和工艺，配备有效的净化装置，实现达标排放。

企业事业单位和其他生产经营者在生产经营活动中产生恶臭气体的，应当科学选址，设置合理的防护距离，并安装净化装置或者采取其他措施，防止排放恶臭气体。

排放油烟的餐饮服务业经营者应当安装油烟净化设施并保持正常使用，或者采取其他油烟净化措施，使油烟达标排放，并防止对附近居民的正常生活环境造成污染。禁止在居民住宅楼、未配套设立专用烟道的商住综合楼以及商住综合楼内与居住层相邻的商业楼层内新建、改建、扩建产生油烟、异味、废气的餐饮服务项目。任何单位和个人不得在当地人民政府禁止的区域内露天烧烤食品或者为露天烧烤食品提供场地。

禁止在人口集中地区和其他依法需要特殊保护的区域内焚烧沥青、油毡、橡胶、塑料、皮革、垃圾以及其他产生有毒有害烟尘和恶臭气体的物质。禁止生产、销售和燃放不符合质量标准的烟花爆竹。任何单位和个人不得在城市人民政府禁止的时段和区域内燃放烟花爆竹。

国家鼓励和倡导文明、绿色祭祀。火葬场应当设置除尘等污染防治设施并保持正常使用，防止影响周边环境。

从事服装干洗和机动车维修等服务活动的经营者，应当按照国家有关标准或者要求设置异味和废气处理装置等污染防治设施并保持正常使用，防止影响周边环境。

国家鼓励、支持消耗臭氧层物质替代品的生产和使用，逐步减少直至停止消耗臭氧层物质的生产和使用。国家对消耗臭氧层物质的生产、使用、进出口实行总量控制和配额管理。

6.重污染天气应对

国家建立重污染天气监测预警体系。国务院环境保护主管部门会同国务院气象主管机构等有关部门以及国家大气污染防治重点区域内有关省、自治区、直辖市人民政府，建立重点区域重污染天气监测预警机制，统一预警分级标准。可能发生区域重污染天气的，应当及时向重点区域内有关省、自治区、直辖市人民政府通报。省、自治区、直辖市、设区的市人民政府环境保护主管部门会同气象主管机构等有关部门建立本行政区域重污染天气监测预警机制。县级以上地方人民政府应当将重污染天气应对纳入突发事件应急管理体系。省、自治区、直辖市、设区的市人民政府以及可能发生重污染天气的县级人民政府，应当制定重污染天气应急预案，向上一级人民政府环境保护主管部门备案，并向社会公布。

省、自治区、直辖市、设区的市人民政府环境保护主管部门应当会同气象主管机构建立会商机制，进行大气环境质量预报。可能发生重污染天气的，应当及时向本级人民政府报告。省、自治区、直辖市、设区的市人民政府依据重污染天气预报信息，进行综合评判，确定预警等级并及时发出预警。预警等级根据情况变化及时调整。任何单位和个人不得擅自向社会发布重污染天气预报预警信息。预警信息发布后，人民政府及其有关部门应当通过电视、广播、网络、短信等途径告知公众采取健康防护措施，指导公众出行和调整其他相关社会活动。

县级以上地方人民政府应当依据重污染天气的预警等级，及时启动应急预案，根据应急需要可以采取责令有关企业停产或者限产、限制部分机动车行驶、禁止燃放烟花爆竹、停止工地土石方作业和建筑物拆除施工、停止露天烧烤、停止幼儿园和学校组织的户外活动、组织开展人工影响天气作业等应急措施。应急响应结束后，人民政府应当及时开展应急预案实施情况的评估，适时修改完善应急预案。

发生造成大气污染的突发环境事件，人民政府及其有关部门和相关企业事业单位，应当依照《中华人民共和国突发事件应对法》《中华人民共和国环境保护法》的规定，做好应急处置工作。环境保护主管部门应当及时对突发环境事件产生的大气污染物进行监测，并向社会公布监测信息。

第二节　水污染防治

一、我国水环境问题

自20世纪70年代我国环保工作起步，水污染防治一直是环境保护的中心工作，并随着经济社会的发展和认识水平的提高而不断深化。淮河流域污染防治，是我国全面推进水污染防治的开端。1993年全国第二次工业污染防治工作会议，提出浓度与总量控制相结合、分散与集中控制相结合。"九五"期间，《水污染防治法》第一次修订，国务院作出《国务院关于环境保护若干问题的决定》,编制实施了"三河三湖"重点流域水污染防治规划,开展了"一控双达标"。"十一五"以来,大力推进污染减排,水环境保护取得积极成效。但是,我国水污染严重的状况仍未得到根本性遏制,区域性、复合型、压缩型水污染日益凸显,已经成为影响我国水安全的最突出因素,防治形势十分严峻。

1. 水环境质量差

目前,我国工业、农业和生活污染排放负荷大,全国化学需氧量排放总量为2294.6万吨,氨氮排放总量为238.5万吨,远超环境容量。全国地表水国控断面中,仍有近十分之一(9.2%)丧失水体使用功能(劣于Ⅴ类),24.6%的重点湖泊(水库)呈富营养状态;不少流经城镇的河流沟渠黑臭。饮用水污染事件时有发生。全国4778个地下水水质监测点中,较差的监测点比例为43.9%,极差的比例为15.7%。全国9个重要海湾中,6个水质为差或极差。

根据2015年《中国环境状况公报》,全国地表水环境质量状况如图6-1所示。江河水体污染严重,湖泊富营养化问题突出,近岸海域水质持续恶化,水污染物排放总量超过环境容量,主要污染物减排压力巨大。地表水主要污染指标包括化学需氧量、五日生化需氧量、总磷、氨氮、石油类、高锰酸盐指数。2015年,以流域为单元,水利部门对北方平原区17个省(自治区、直辖市)的重点地区开展了地下水水质监测,监测井主要分布在地下水开发利用程度较大、污染较严重的地区。监测对象以浅层地下水为主,易受地表或土壤水污染下渗影响,水质评价结果总体较差。2103个监测站数据评价结果显示:水质优良、良好、较差和极差的监测站比例分别为0.6%、19.8%、48.4%和31.2%,无水质较好的监测站。氨

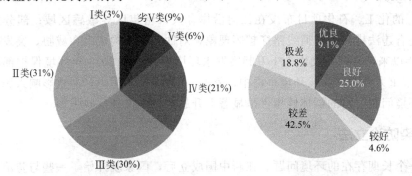
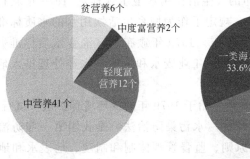

图6-1 2015年我国地表水环境质量状况

数据来源:2015中国环境状况公报。

氮、亚硝酸盐氮和硝酸盐氮污染较重,部分地区存在一定程度的重金属和有毒有机物污染。

全国338个地级以上城市的集中式饮用水水源地取水总量为355.43亿吨,服务人口3.32亿人。其中,达标取水量为345.06亿吨,占取水总量的97.1%。地表饮用水水源地557个,达标水源地占92.6%,主要超标指标为总磷、溶解氧和五日生化需氧量;地下饮用水水源地358个,达标水源地占86.6%,主要超标指标为锰、铁和氨氮。

2. 水资源保障能力脆弱

我国人均水资源量少,时空分布严重不均。用水效率低下,水资源浪费严重。万元工业增加值用水量为世界先进水平的2~3倍;农田灌溉水有效利用系数0.52,远低于0.7~0.8的世界先进水平。局部水资源过度开发,超过水资源可再生能力。海河、黄河、辽河流域水资源开发利用率分别高达106%、82%、76%,远远超过国际公认的40%的水资源开发生态警戒线,严重挤占生态流量,水环境自净能力锐减。全国地下水超采区面积达23万平方千米,引发地面沉降、海水入侵等严重生态环境问题。

3. 水生态受损重

湿地、海岸带、湖滨、河滨等自然生态空间不断减少,导致水源涵养能力下降。三江平原湿地面积已由新中国成立初期的5万平方千米减少至0.91万平方千米,海河流域主要湿地面积减少了83%。长江中下游的通江湖泊由100多个减少至仅剩洞庭湖和鄱阳湖,且持续萎缩。沿海湿地面积大幅度减少,近岸海域生物多样性降低,渔业资源衰退严重,自然岸线保有率不足35%。

4. 水环境隐患多

全国近80%的化工、石化项目布设在江河沿岸、人口密集区等敏感区域;部分饮用水水源保护区内仍有违法排污、交通线路穿越等现象,对饮水安全构成潜在威胁。突发环境事件频发,1995年以来,全国共发生1.1万起突发水环境事件,仅2014年环境保护部调度处理并上报的98起重大及敏感突发环境事件中,就有60起涉及水污染,严重影响人民群众生产生活,因水环境问题引发的群体性事件呈显著上升趋势,国内外反映强烈。

二、水污染防治立法

水污染是一个长期存在的环境问题,在新中国成立后,国家就开始了一些与防治水污染有关的工作,陆续制定了一些具有规范性的文件。如1956年卫生部和国家建设委员会颁布的《饮用水水质标准》,1959年颁布的《生活饮用水卫生规程》,1976年颁布的《生活饮用水卫生标准(试行)》(TJ 20—76),规定了作为城乡生活饮用水的水质标准,并对水源选择、水源卫生防护、水质检验等作了规定。1979年颁布的《渔业水质标准(试行)》(TJ 35—1979),规定了渔业水域的水质标准,工业废水和生活污水经处理排入地面水后,必须保证渔业水域的水质符合该标准。

但我国水污染防治立法的正式开端,始于1979年的《环境保护法(试行)》,该法就水污染的防治作了原则性规定。1984年的《水污染防治法》是我国第一部防治水污染的综合性专门法律,该法就水污染防治的原则、监督管理体制和制度、地表水和地下水污染的防治、法律责任等作了全面的规定。为了《水污染防治法》的具体实施,国务院在1989年批准国家环境保护局发布了《中华人民共和国水污染防治法实施细则》。在《水污染防治法》出台前后,国务院有关部门还制定了一系列的水污染物排放标准,这些标准后来大多被编入了《污水综合排放标准》。

1995年,针对淮河流域水污染极为严重的情况,国务院发布了《淮河流域水污染防治暂行条例》。这是国家就主要水系的水污染防治所制定的第一个专门行政法规,对全国各大水系的污染防治工作具有重要的示范意义。

1996年,《水污染防治法》经修改后重新公布施行。根据水污染防治的要求和国家经济技术条件的变化,新法增加了一些非常重要的内容。如按流域或者区域制定水污染防治规划、环境影响报告书中要有公众意见、重点污染物排放的总量控制制度、城市污水集中处理、地表水源保护区、严重污染工艺和设备的淘汰制度等。2000年3月,国务院发布了新的《水污染防治法实施细则》。

尽管1996年修订的《水污染防治法》对我国水污染防治工作起到了一定作用,但并未缓解水环境整体恶化的趋势。2008年《水污染防治法》再次修订,这次修订的主要内容包括将水环境保护目标完成情况纳入地方人民政府政绩考核指标;建立水流的生态补偿机制;建立排污许可证制度,重点水污染物排放总量控制制度适用于一切水体;强化饮用水水源保护和水污染事故处理的规定;加大对违法行为的处罚力度;加强环境民事责任的规定。

三、水污染防治措施

1. 禁排限排的一般规定

禁止向水体排放油类、酸液、碱液或者剧毒废液。禁止在水体清洗装储过油类或者有毒污染物的车辆和容器。

禁止向水体排放、倾倒放射性固体废物或者含有高放射性和中放射性物质的废水。向水体排放含低放射性物质的废水,应当符合国家有关放射性污染防治的规定和标准。

向水体排放含热废水,应当采取措施,保证水体的水温符合水环境质量标准。含病原体的污水应当经过消毒处理,符合国家有关标准后,方可排放。

禁止向水体排放、倾倒工业废渣、城镇垃圾和其他废弃物。禁止将含有汞、镉、砷、铬、铅、氰化物、黄磷等的可溶性剧毒废渣向水体排放、倾倒或者直接埋入地下。存放可溶性剧毒废渣的场所,应当采取防水、防渗漏、防流失的措施。

禁止在江河、湖泊、运河、渠道、水库最高水位线以下的滩地和岸坡堆放、存储固体废物和其他污染物。

禁止利用渗井、渗坑、裂隙和溶洞排放、倾倒含有毒污染物的废水、含病原体的污水和其他废弃物。禁止利用无防渗漏措施的沟渠、坑塘等输送或者存储含有毒污染物的废水、含病原体的污水和其他废弃物。

多层地下水的含水层水质差异大的,应当分层开采;对已受污染的潜水和承压水,不得混合开采。兴建地下工程设施或者进行地下勘探、采矿等活动,应当采取防护性措施,防止地下水污染。人工回灌补给地下水,不得恶化地下水质。

2. 工业水污染防治

国家对严重污染水环境的落后工艺和设备实行淘汰制度。国务院经济综合宏观调控部门会同国务院有关部门,公布限期禁止采用的严重污染水环境的工艺名录和限期禁止生产、销售、进口、使用的严重污染水环境的设备名录。生产者、销售者、进口者或者使用者应当在规定的期限内停止生产、销售、进口或者使用列入前款规定的设备名录中的设备。工艺的采用者应当在规定的期限内停止采用列入前款规定的工艺名录中的工艺。被淘汰的设备,不得转让给他人使用。

国家禁止新建不符合国家产业政策的小型造纸、制革、印染、染料、炼焦、炼硫、炼砷、炼汞、炼油、电镀、农药、石棉、水泥、玻璃、钢铁、火电以及其他严重污染水环境的生产项目。

企业应当采用原材料利用效率高、污染物排放量少的清洁工艺，并加强管理，减少水污染物的产生。

3. 城镇水污染防治

城镇污水应当集中处理。县级以上地方人民政府应当通过财政预算和其他渠道筹集资金，统筹安排建设城镇污水集中处理设施及配套管网，提高本行政区域城镇污水的收集率和处理率。国务院建设主管部门应当会同国务院经济综合宏观调控、环境保护主管部门，根据城乡规划和水污染防治规划，组织编制全国城镇污水处理设施建设规划。县级以上地方人民政府组织建设、经济综合宏观调控、环境保护、水行政等部门编制本行政区域的城镇污水处理设施建设规划。县级以上地方人民政府建设主管部门应当按照城镇污水处理设施建设规划，组织建设城镇污水集中处理设施及配套管网，并加强对城镇污水集中处理设施运营的监督管理。城镇污水集中处理设施的运营单位按照国家规定向排污者提供污水处理的有偿服务，收取污水处理费用，保证污水集中处理设施的正常运行。向城镇污水集中处理设施排放污水、缴纳污水处理费用的，不再缴纳排污费。收取的污水处理费用应当用于城镇污水集中处理设施的建设和运行，不得挪作他用。

向城镇污水集中处理设施排放水污染物，应当符合国家或者地方规定的水污染物排放标准。城镇污水集中处理设施的出水水质达到国家或者地方规定的水污染物排放标准的，可以按照国家有关规定免缴排污费。城镇污水集中处理设施的运营单位，应当对城镇污水集中处理设施的出水水质负责。

建设生活垃圾填埋场，应当采取防渗漏等措施，防止造成水污染。

4. 农业和农村水污染防治

使用农药，应当符合国家有关农药安全使用的规定和标准。运输、存储农药和处置过期失效农药，应当加强管理，防止造成水污染。县级以上地方人民政府农业主管部门和其他有关部门，应当采取措施，指导农业生产者科学、合理地施用化肥和农药，控制化肥和农药的过量使用，防止造成水污染。

国家支持畜禽养殖场、养殖小区建设畜禽粪便、废水的综合利用或者无害化处理设施。畜禽养殖场、养殖小区应当保证其畜禽粪便、废水的综合利用或者无害化处理设施正常运转，保证污水达标排放，防止污染水环境。从事水产养殖应当保护水域生态环境，科学确定养殖密度，合理投饵和使用药物，防止污染水环境。

向农田灌溉渠道排放工业废水和城镇污水，应当保证其下游最近的灌溉取水点的水质符合农田灌溉水质标准。利用工业废水和城镇污水进行灌溉，应当防止污染土壤、地下水和农产品。

5. 船舶水污染防治

船舶排放含油污水、生活污水，应当符合船舶污染物排放标准。从事海洋航运的船舶进入内河和港口的，应当遵守内河的船舶污染物排放标准。船舶的残油、废油应当回收，禁止排入水体。禁止向水体倾倒船舶垃圾。船舶装载运输油类或者有毒货物，应当采取防止溢流和渗漏的措施，防止货物落水造成水污染。

船舶应当按照国家有关规定配置相应的防污设备和器材，并持有合法有效的防止水域环境污染的证书与文书。船舶进行涉及污染物排放的作业，应当严格遵守操作规程，并在相应的记录簿上如实记载。

港口、码头、装卸站和船舶修造厂应当备有足够的船舶污染物、废弃物的接收设施。从事船舶污染物、废弃物接收作业，或者从事装载油类、污染危害性货物船舱清洗作业的单位，应当具备与其运营规模相适应的接收处理能力。

6. 饮用水水源和其他特殊水体保护

国家建立饮用水水源保护区制度。饮用水水源保护区分为一级保护区和二级保护区；必要时，可以在饮用水水源保护区外围划定一定的区域作为准保护区。在饮用水水源保护区内，禁止设置排污口。

禁止在饮用水水源一级保护区内新建、改建、扩建与供水设施和保护水源无关的建设项目；已建成的与供水设施和保护水源无关的建设项目，由县级以上人民政府责令拆除或者关闭。禁止在饮用水水源一级保护区内从事网箱养殖、旅游、游泳、垂钓或者其他可能污染饮用水水体的活动。

禁止在饮用水水源二级保护区内新建、改建、扩建排放污染物的建设项目；已建成的排放污染物的建设项目，由县级以上人民政府责令拆除或者关闭。在饮用水水源二级保护区内从事网箱养殖、旅游等活动的，应当按照规定采取措施，防止污染饮用水水体。

禁止在饮用水水源准保护区内新建、扩建对水体污染严重的建设项目；改建建设项目，不得增加排污量。

县级以上地方人民政府应当根据保护饮用水水源的实际需要，在准保护区内采取工程措施或者建造湿地、水源涵养林等生态保护措施，防止水污染物直接排入饮用水水体，确保饮用水安全。饮用水水源受到污染可能威胁供水安全的，环境保护主管部门应当责令有关企业事业单位采取停止或者减少排放水污染物等措施。

县级以上人民政府可以对风景名胜区水体、重要渔业水体和其他具有特殊经济文化价值的水体划定保护区，并采取措施，保证保护区的水质符合规定用途的水环境质量标准。在风景名胜区水体、重要渔业水体和其他具有特殊经济文化价值的水体的保护区内，不得新建排污口。在保护区附近新建排污口，应当保证保护区水体不受污染。

7. 水污染事故处置

各级人民政府及其有关部门，可能发生水污染事故的企业事业单位，应当依照《中华人民共和国突发事件应对法》的规定，做好突发水污染事故的应急准备、应急处置和事后恢复等工作。可能发生水污染事故的企业事业单位，应当制定有关水污染事故的应急方案，做好应急准备，并定期进行演练。生产、储存危险化学品的企业事业单位，应当采取措施，防止在处理安全生产事故过程中产生的可能严重污染水体的消防废水、废液直接排入水体。

企业事业单位发生事故或者其他突发性事件，造成或者可能造成水污染事故的，应当立即启动本单位的应急方案，采取应急措施，并向事故发生地的县级以上地方人民政府或者环境保护主管部门报告。环境保护主管部门接到报告后，应当及时向本级人民政府报告，并抄送有关部门。造成渔业污染事故或者渔业船舶造成水污染事故的，应当向事故发生地的渔业主管部门报告，接受调查处理。其他船舶造成水污染事故的，应当向事故发生地的海事管理机构报告，接受调查处理；给渔业造成损害的，海事管理机构应当通知渔业主管部门参与调查处理。

四、水污染防治行动计划

国家将水环境保护作为生态文明建设的重要内容。党的十八大和十八届二中、三中、四中全会对生态文明建设作出战略部署。国家领导人关于生态文明建设和生态环境保护作出一系列重要指示,强调要大力增强水忧患意识、水危机意识,从全面建成小康社会、实现中华民族永续发展的战略高度,重视解决好水安全问题。2015年《政府工作报告》提出实施水污染防治行动计划,加强江河湖海水污染、水污染源和农业面源污染治理,实行从水源地到水龙头全过程监管的工作任务。

按照党中央、国务院的统一部署,环境保护部、发展和改革委员会、科技部、工业和信息化部、财政部、国土资源部、住房和城乡建设部、交通运输部、水利部、农业部、卫生和计划生育委员会、海洋局等部门,共同编制了《水污染防治行动计划》。

《水污染防治行动计划》的目标是,到2020年,长江、黄河、珠江、松花江、淮河、海河、辽河七大重点流域水质优良(达到或优于Ⅲ类)比例总体达到70%以上,地级及以上城市建成区黑臭水体均控制在10%以内,地级及以上城市集中式饮用水水源水质达到或优于Ⅲ类的比例总体高于93%,全国地下水质量极差的比例控制在15%左右,近岸海域水质优良(一类、二类)的比例达到70%左右。京津冀区域丧失使用功能(劣于Ⅴ类)的水体断面比例下降15个百分点左右,长三角、珠三角区域力争消除丧失使用功能的水体。到2030年,全国七大重点流域水质优良比例总体达到75%以上,城市建成区黑臭水体总体得到消除,城市集中式饮用水水源水质达到或优于Ⅲ类的比例总体为95%左右。

1. 全面控制污染物排放

狠抓工业污染防治,取缔"十小"企业。2016年年底前,按照水污染防治法律法规要求,全部取缔不符合国家产业政策的小型造纸、制革、印染、染料、炼焦、炼硫、炼砷、炼油、电镀、农药等严重污染水环境的生产项目。专项整治十大重点行业。制定造纸、焦化、氮肥、有色金属、印染、农副食品加工、原料药制造、制革、农药、电镀等行业专项治理方案,实施清洁化改造。集中治理工业集聚区水污染。强化经济技术开发区、高新技术产业开发区、出口加工区等工业集聚区污染治理。集聚区内工业废水必须经预处理达到集中处理要求,方可进入污水集中处理设施。新建、升级工业集聚区应同步规划、建设污水、垃圾集中处理等污染治理设施。

强化城镇生活污染治理。加快城镇污水处理设施建设与改造。现有城镇污水处理设施,要因地制宜进行改造,2020年年底前达到相应排放标准或再生利用要求。敏感区域(重点湖泊、重点水库、近岸海域汇水区域)城镇污水处理设施应于2017年年底前全面达到一级A排放标准。建成区水体水质达不到地表水Ⅳ类标准的城市,新建城镇污水处理设施要执行一级A排放标准。按照国家新型城镇化规划要求,到2020年,全国所有县城和重点镇具备污水收集处理能力,县城、城市污水处理率分别达到85%、95%左右。全面加强配套管网建设。强化城中村、老旧城区和城乡结合部污水截流、收集。现有合流制排水系统应加快实施雨污分流改造,难以改造的,应采取截流、调蓄和治理等措施。新建污水处理设施的配套管网应同步设计、同步建设、同步投运。除干旱地区外,城镇新区建设均实行雨污分流,有条件的地区要推进初期雨水收集、处理和资源化利用。到2017年,直辖市、省会城市、计划单列市建成区污水基本实现全收集、全处理,其他地级城市建成区于2020年年底前基本实现。推进污泥处理处置。污水处理设施产生的污泥应进行稳定化、无害化和资源化处理处置，禁止处理处置不达标的污泥进入耕地。非法污泥堆放点一律予以取缔。现有污泥处理处置设施应于 2017 年年底前基本完成达标改造，地级及以上城市污泥无害化处理处置率应于 2020 年年底前达到 90% 以上。

推进农业农村污染防治。防治畜禽养殖污染。科学划定畜禽养殖禁养区，2017 年年底前，依法关闭或搬迁禁养区内的畜禽养殖场（小区）和养殖专业户。现有规模化畜禽养殖场（小区）要根据污染防治需要，配套建设粪便污水储存、处理、利用设施。散养密集区要实行畜禽粪便污水分户收集、集中处理利用。自 2016 年起，新建、改建、扩建规模化畜禽养殖场（小区）要实施雨污分流、粪便污水资源化利用。控制农业面源污染。制定实施全国农业面源污染综合防治方案。推广低毒、低残留农药使用补助试点经验，开展农作物病虫害绿色防控和统防统治。实行测土配方施肥，推广精准施肥技术和机具。完善高标准农田建设、土地开发整理等标准规范，明确环保要求，新建高标准农田要达到相关环保要求。敏感区域和大中型灌区，要利用现有沟、塘、窖等，配置水生植物群落、格栅和透水坝，建设生态沟渠、污水净化塘、地表径流集蓄池等设施，净化农田排水及地表径流。到 2020 年，测土配方施肥技术推广覆盖率达到 90% 以上，化肥利用率提高到 40% 以上，农作物病虫害统防统治覆盖率达到 40% 以上。调整种植业结构与布局。在缺水地区试行退地减水。地下水易受污染地区要优先种植需肥需药量低、环境效益突出的农作物。地表水过度开发和地下水超采问题较严重，且农业用水比重较大的甘肃、新疆（含新疆生产建设兵团）、河北、山东、河南五省（自治区），要适当减少用水量较大的农作物种植面积，改种耐旱作物和经济林；2018 年年底前，对 3300 万亩灌溉面积实施综合治理，退减水量 37 亿立方米以上。加快农村环境综合整治。以县级行政区域为单元，实行农村污水处理统一规划、统一建设、统一管理，有条件的地区积极推进城镇污水处理设施和服务向农村延伸。深化"以奖促治"政策，实施农村清洁工程，开展河道清淤疏浚，推进农村环境连片整治。

加强船舶港口污染控制。积极治理船舶污染。依法强制报废超过使用年限的船舶。分类分级修订船舶及其设施、设备的相关环保标准。2018 年起投入使用的沿海船舶、2021 年起投入使用的内河船舶执行新的标准；其他船舶于 2020 年年底前完成改造，经改造仍不能达到要求的，限期予以淘汰。航行于我国水域的国际航线船舶，要实施压载水交换或安装压载水灭活处理系统。规范拆船行为，禁止冲滩拆解。增强港口码头污染防治能力。编制实施全国港口、码头、装卸站污染防治方案。加快垃圾接收、转运及处理处置设施建设，提高含油污水、化学品洗舱水等接收处置能力及污染事故应急能力。位于沿海和内河的港口、码头、装卸站及船舶修造厂，分别于 2017 年年底前和 2020 年年底前达到建设要求。港口、码头、装卸站的经营人应制定防治船舶及其有关活动污染水环境的应急计划。

2. 推动经济结构转型升级

调整产业结构。依法淘汰落后产能。自 2015 年起，各地要依据部分工业行业淘汰落后生产工艺装备和产品指导目录、产业结构调整指导目录及相关行业污染物排放标准，结合水质改善要求及产业发展情况，制定并实施分年度的落后产能淘汰方案。

严格环境准入。根据流域水质目标和主体功能区规划要求，明确区域环境准入条件，细化功能分区，实施差别化环境准入政策。建立水资源、水环境承载能力监测评价体系，实行承载能力监测预警，已超过承载能力的地区要实施水污染物削减方案，加快调整发展规划和产业结构。到 2020 年，组织完成市、县域水资源、水环境承载能力现状评价。

优化空间布局。合理确定发展布局、结构和规模。充分考虑水资源、水环境承载能力，以水定城、以水定地、以水定人、以水定产。重大项目原则上布局在优化开发区和重点开发区，并符合城乡规划和土地利用总体规划。鼓励发展节水高效现代农业、低耗水高新技术产业以及生态保护型旅游业，严格控制缺水地区、水污染严重地区和敏感区域高耗水、高污染行业发展，新建、改建、扩建重点行业建设项目实行主要污染物排放减量置换。七大重点流域干流沿岸，要严格控制石油加工、化学原料和化学制品制造、医药制造、化学纤维制造、有色金属冶炼、纺织印染等项目环境风险，合理布局生产装置及危险化学品仓储等设施。

推动污染企业退出。城市建成区内现有钢铁、有色金属、造纸、印染、原料药制造、化工等污染较重的企业应有序搬迁改造或依法关闭。

积极保护生态空间。严格城市规划蓝线管理，城市规划区范围内应保留一定比例的水域面积。新建项目一律不得违规占用水域。严格水域岸线用途管制，土地开发利用应按照有关法律法规和技术标准要求，留足河道、湖泊和滨海地带的管理和保护范围，非法挤占的应限期退出。

推进循环发展。加强工业水循环利用。推进矿井水综合利用，煤炭矿区的补充用水、周边地区生产和生态用水应优先使用矿井水，加强洗煤废水循环利用。鼓励钢铁、纺织印染、造纸、石油石化、化工、制革等高耗水企业废水深度处理回用。

促进再生水利用。以缺水及水污染严重地区城市为重点，完善再生水利用设施，工业生产、城市绿化、道路清扫、车辆冲洗、建筑施工以及生态景观等用水，要优先使用再生水。推进高速公路服务区污水处理和利用。具备使用再生水条件但未充分利用的钢铁、火电、化工、制浆造纸、印染等项目，不得批准其新增取水许可。自2018年起，单体建筑面积超过2万平方米的新建公共建筑，北京市2万平方米、天津市5万平方米、河北省10万平方米以上集中新建的保障性住房，应安装建筑中水设施。积极推动其他新建住房安装建筑中水设施。到2020年，缺水城市再生水利用率达到20%以上，京津冀区域达到30%以上。

推动海水利用。在沿海地区电力、化工、石化等行业，推行直接利用海水作为循环冷却等工业用水。在有条件的城市，加快推进淡化海水作为生活用水补充水源。

3. 着力节约保护水资源

控制用水总量。实施最严格的水资源管理。健全取用水总量控制指标体系。加强相关规划和项目建设布局水资源论证工作，国民经济和社会发展规划以及城市总体规划的编制、重大建设项目的布局，应充分考虑当地水资源条件和防洪要求。对取用水总量已达到或超过控制指标的地区，暂停审批其建设项目新增取水许可。对纳入取水许可管理的单位和其他用水大户实行计划用水管理。新建、改建、扩建项目用水要达到行业先进水平，节水设施应与主体工程同时设计、同时施工、同时投运。建立重点监控用水单位名录。到2020年，全国用水总量控制在6700亿立方米以内。

严控地下水超采。在地面沉降、地裂缝、岩溶塌陷等地质灾害易发区开发利用地下水，应进行地质灾害危险性评估。严格控制开采深层承压水，地热水、矿泉水开发应严格实行取水许可和采矿许可。依法规范机井建设管理，排查登记已建机井，未经批准的和公共供水管网覆盖范围内的自备水井，一律予以关闭。编制地面沉降区、海水入侵区等区域地下水压采方案。开展华北地下水超采区综合治理，超采区内禁止工农业生产及服务业新增取用地下水。京津冀区域实施土地整治、农业开发、扶贫等农业基础设施项目，不得以配套打井为条件。2017年年底前，完成地下水禁采区、限采区和地面沉降控制区范围划定工作，京津冀、长三角、珠三角等区域提前1年完成。

提高用水效率。建立万元国内生产总值水耗指标等用水效率评估体系，把节水目标任务完成情况纳入地方政府政绩考核。将再生水、雨水和微咸水等非常规水源纳入水资源统一配置。到2020年，全国万元国内生产总值用水量、万元工业增加值用水量比2013年分别下降35％、30％以上。

抓好工业节水。制定国家鼓励和淘汰的用水技术、工艺、产品和设备目录，完善高耗水行业取用水定额标准。开展节水诊断、水平衡测试、用水效率评估，严格用水定额管理。到2020年，电力、钢铁、纺织、造纸、石油石化、化工、食品发酵等高耗水行业达到先进定额标准。

加强城镇节水。禁止生产、销售不符合节水标准的产品、设备。公共建筑必须采用节水器具，限期淘汰公共建筑中不符合节水标准的水嘴、便器水箱等生活用水器具。鼓励居民家庭选用节水器具。对使用超过50年和材质落后的供水管网进行更新改造，到2017年，全国公共供水管网漏损率控制在12％以内；到2020年，控制在10％以内。积极推行低影响开发建设模式，建设滞、渗、蓄、用、排相结合的雨水收集利用设施。新建城区硬化地面，可渗透面积要达到40％以上。到2020年，地级及以上缺水城市全部达到国家节水型城市标准要求，京津冀、长三角、珠三角等区域提前1年完成。

发展农业节水。推广渠道防渗、管道输水、喷灌、微灌等节水灌溉技术，完善灌溉用水计量设施。在东北、西北、黄淮海等区域，推进规模化高效节水灌溉，推广农作物节水抗旱技术。到2020年，大型灌区、重点中型灌区续建配套和节水改造任务基本完成，全国节水灌溉工程面积达到7亿亩左右，农田灌溉水有效利用系数达到0.55以上。

科学保护水资源。完善水资源保护考核评价体系。加强水功能区监督管理，从严核定水域纳污能力。

加强江河湖库水量调度管理。完善水量调度方案。采取闸坝联合调度、生态补水等措施，合理安排闸坝下泄水量和泄流时段，维持河湖基本生态用水需求，重点保障枯水期生态基流。加大水利工程建设力度，发挥好控制性水利工程在改善水质中的作用。

科学确定生态流量。在黄河、淮河等流域进行试点，分期分批确定生态流量（水位），作为流域水量调度的重要参考。

4. 强化科技支撑

推广示范适用技术。加快技术成果推广应用，重点推广饮用水净化、节水、水污染治理及循环利用、城市雨水收集利用、再生水安全回用、水生态修复、畜禽养殖污染防治等适用技术。完善环保技术评价体系，加强国家环保科技成果共享平台建设，推动技术成果共享与转化。发挥企业的技术创新主体作用，推动水处理重点企业与科研院所、高等学校组建产学研技术创新战略联盟，示范推广控源减排和清洁生产先进技术。

攻关研发前瞻技术。整合科技资源，通过相关国家科技计划（专项、基金）等，加快研发重点行业废水深度处理、生活污水低成本高标准处理、海水淡化和工业高盐废水脱盐、饮用水微量有毒污染物处理、地下水污染修复、危险化学品事故和水上溢油应急处置等技术。开展有机物和重金属等水环境基准、水污染对人体健康影响、新型污染物风险评价、水环境损害评估、高品质再生水补充饮用水水源等研究。加强水生态保护、农业面源污染防治、水环境监控预警、水处理工艺技术装备等领域的国际交流合作。

大力发展环保产业。规范环保产业市场。对涉及环保市场准入、经营行为规范的法规、规章和规定进行全面梳理，废止妨碍形成全国统一环保市场和公平竞争的规定和做法。健全环保工程设计、建设、运营等领域招投标管理办法和技术标准。推进先进适用的节水、治污、修复技术和装备产业化发展。

加快发展环保服务业。明确监管部门、排污企业和环保服务公司的责任和义务，完善风险分担、履约保障等机制。鼓励发展包括系统设计、设备成套、工程施工、调试运行、维护管理的环保服务总承包模式、政府和社会资本合作模式等。以污水、垃圾处理和工业园区为重点，推行环境污染第三方治理。

5. 充分发挥市场机制作用

理顺价格税费。加快水价改革。县级及以上城市于2015年年底前全面实行居民阶梯水价制度，具备条件的建制镇也要积极推进。2020年年底前，全面实行非居民用水超定额、超计划累进加价制度。深入推进农业水价综合改革。

完善收费政策。修订城镇污水处理费、排污费、水资源费征收管理办法，合理提高征收标准，做到应收尽收。城镇污水处理收费标准不应低于污水处理和污泥处理处置成本。地下水水资源费征收标准应高于地表水，超采地区地下水水资源费征收标准应高于非超采地区。

健全税收政策。依法落实环境保护、节能节水、资源综合利用等方面的税收优惠政策。对国内企业为生产国家支持发展的大型环保设备必须进口的关键零部件及原材料，免征关税。加快推进环境保护税立法、资源税税费改革等工作。研究将部分高耗能、高污染产品纳入消费税征收范围。

促进多元融资。引导社会资本投入。积极推动设立融资担保基金，推进环保设备融资租赁业务发展。推广股权、项目收益权、特许经营权、排污权等质押融资担保。采取环境绩效合同服务、授予开发经营权益等方式，鼓励社会资本加大水环境保护投入。

增加政府资金投入。中央财政加大对属于中央事权的水环境保护项目支持力度，合理承担部分属于中央和地方共同事权的水环境保护项目，向欠发达地区和重点地区倾斜；研究采取专项转移支付等方式，实施"以奖代补"。地方各级人民政府要重点支持污水处理、污泥处理处置、河道整治、饮用水水源保护、畜禽养殖污染防治、水生态修复、应急清污等项目和工作。对环境监管能力建设及运行费用分级予以必要保障。

建立激励机制。健全节水环保"领跑者"制度。鼓励节能减排先进企业、工业集聚区用水效率、排污强度等达到更高标准，支持开展清洁生产、节约用水和污染治理等示范。

推行绿色信贷。积极发挥政策性银行等金融机构在水环境保护中的作用，重点支持循环经济、污水处理、水资源节约、水生态环境保护、清洁及可再生能源利用等领域。严格限制环境违法企业贷款。加强环境信用体系建设，构建守信激励与失信惩戒机制，在环保、银行、证券、保险等方面要加强协作联动，于2017年年底前分级建立企业环境信用评价体系。鼓励涉重金属、石油化工、危险化学品运输等高环境风险行业投保环境污染责任保险。

实施跨界水环境补偿。探索采取横向资金补助、对口援助、产业转移等方式，建立跨界水环境补偿机制，开展补偿试点。深化排污权有偿使用和交易试点。

6. 严格环境执法监管

完善法规标准。健全法律法规。加快水污染防治、海洋环境保护、排污许可、化学品环境管理等法律法规制定修订步伐，研究制定环境质量目标管理、环境功能区划、节水及循环利用、饮用水水源保护、污染责任保险、水功能区监督管理、地下水管理、环境监测、生态流量保障、船舶和陆源污染防治等法律法规。各地可结合实际，研究起草地方性水污染防治法规。

完善标准体系。制定修订地下水、地表水和海洋等环境质量标准，城镇污水处理、污泥处理处置、农田退水等污染物排放标准。健全重点行业水污染物特别排放限值、污染防治技术政策和清洁生产评价指标体系。各地可制定严于国家标准的地方水污染物排放标准。

加大执法力度。所有排污单位必须依法实现全面达标排放。逐一排查工业企业排污情况，达标企业应采取措施确保稳定达标；对超标和超总量的企业予以"黄牌"警示，一律限制生产或停产整治；对整治仍不能达到要求且情节严重的企业予以"红牌"处罚，一律停业、关闭。自2016年起，定期公布环保"黄牌""红牌"企业名单。定期抽查排污单位达标排放情况，结果向社会公布。

完善国家督查、省级巡查、地市检查的环境监督执法机制，强化环保、公安、监察等部门和单位协作，健全行政执法与刑事司法衔接配合机制，完善案件移送、受理、立案、通报等规定。加强对地方人民政府和有关部门环保工作的监督，研究建立国家环境监察专员制度。

严厉打击环境违法行为。重点打击私设暗管或利用渗井、渗坑、溶洞排放、倾倒含有毒有害污染物废水、含病原体污水，监测数据弄虚作假，不正常使用水污染物处理设施，或者未经批准拆除、闲置水污染物处理设施等环境违法行为。对造成生态损害的责任者严格落实赔偿制度。严肃查处建设项目环境影响评价领域越权审批、未批先建、边批边建、久试不验等违法违规行为。对构成犯罪的，要依法追究刑事责任。

提升监管水平。完善流域协作机制。健全跨部门、区域、流域、海域水环境保护议事协调机制，发挥环境保护区域督查派出机构和流域水资源保护机构的作用，探索建立陆海统筹的生态系统保护修复机制。流域上下游各级政府、各部门之间要加强协调配合、定期会商，实施联合监测、联合执法、应急联动、信息共享。京津冀、长三角、珠三角等区域于2015年年底前建立水污染防治联动协作机制。建立严格监管所有污染物排放的水环境保护管理制度。

完善水环境监测网络。统一规划设置监测断面（点位）。提升饮用水水源水质全指标监测、水生生物监测、地下水环境监测、化学物质监测及环境风险防控技术支撑能力。2017年年底前，在京津冀、长三角、珠三角等区域、海域建成统一的水环境监测网。

提高环境监管能力。加强环境监测、环境监察、环境应急等专业技术培训，严格落实执法、监测等人员持证上岗制度，加强基层环保执法力量，具备条件的乡镇（街道）及工业园区要配备必要的环境监管力量。各市、县自2016年起实行环境监管网格化管理。

7.切实加强水环境管理

强化环境质量目标管理。明确各类水体水质保护目标，逐一排查达标状况。未达到水质目标要求的地区要制定达标方案，将治污任务逐一落实到汇水范围内的排污单位，明确防治措施及达标时限，方案报上一级人民政府备案，自2016年起，定期向社会公布。对水质不达标的区域实施挂牌督办，必要时采取区域限批等措施。

深化污染物排放总量控制。完善污染物统计监测体系，将工业、城镇生活、农业、移动源等各类污染源纳入调查范围。选择对水环境质量有突出影响的总氮、总磷、重金属等污染物，研究纳入流域、区域污染物排放总量控制约束性指标体系。

严格环境风险控制。防范环境风险。定期评估沿江河湖库工业企业、工业集聚区环境和健康风险，落实防控措施。评估现有化学物质环境和健康风险，2017年年底前公布优先控制化学品名录，对高风险化学品生产、使用进行严格限制，并逐步淘汰替代。

稳妥处置突发水环境污染事件。地方各级人民政府要制定和完善水污染事故处置应急预案，落实责任主体，明确预警预报与响应程序、应急处置及保障措施等内容，依法及时公布预警信息。

全面推行排污许可。依法核发排污许可证。2015年年底前，完成国控重点污染源及排污权有偿使用和交易试点地区污染源排污许可证的核发工作，其他污染源于2017年年底前完成。

加强许可证管理。以改善水质、防范环境风险为目标，将污染物排放种类、浓度、总量、排放去向等纳入许可证管理范围。禁止无证排污或不按许可证规定排污。强化海上排污监管，研究建立海上污染排放许可证制度。2017年年底前，完成全国排污许可证管理信息平台建设。

8. 全力保障水生态环境安全

保障饮用水水源安全。从水源到水龙头全过程监管饮用水安全。地方各级人民政府及供水单位应定期监测、检测和评估本行政区域内饮用水水源、供水厂出水和用户水龙头水质等饮水安全状况，地级及以上城市自2016年起每季度向社会公开。自2018年起，所有县级及以上城市饮水安全状况信息都要向社会公开。

强化饮用水水源环境保护。开展饮用水水源规范化建设，依法清理饮用水水源保护区内违法建筑和排污口。单一水源供水的地级及以上城市应于2020年年底前基本完成备用水源或应急水源建设，有条件的地方可以适当提前。加强农村饮用水水源保护和水质检测。

防治地下水污染。定期调查评估集中式地下水型饮用水水源补给区等区域环境状况。石化生产存储销售企业和工业园区、矿山开采区、垃圾填埋场等区域应进行必要的防渗处理。加油站地下油罐应于2017年年底前全部更新为双层罐或完成防渗池设置。报废矿井、钻井、取水井应实施封井回填。公布京津冀等区域内环境风险大、严重影响公众健康的地下水污染场地清单，开展修复试点。

深化重点流域污染防治。编制实施七大重点流域水污染防治规划。研究建立流域水生态环境功能分区管理体系。对化学需氧量、氨氮、总磷、重金属及其他影响人体健康的污染物采取针对性措施，加大整治力度。汇入富营养化湖库的河流应实施总氮排放控制。到2020年，长江、珠江总体水质达到优良，松花江、黄河、淮河、辽河在轻度污染基础上进一步改善，海河污染程度得到缓解。三峡库区水质保持良好，南水北调、引滦入津等调水工程确保水质安全。太湖、巢湖、滇池富营养化水平有所好转。白洋淀、乌梁素海、呼伦湖、艾比湖等湖泊污染程度减轻。环境容量较小、生态环境脆弱，环境风险高的地区，应执行水污染物特别排放限值。各地可根据水环境质量改善需要，扩大特别排放限值实施范围。

加强良好水体保护。对江河源头及现状水质达到或优于Ⅲ类的江河湖库开展生态环境安全评估，制定实施生态环境保护方案。东江、滦河、千岛湖、南四湖等流域于2017年年底前完成。浙闽片河流、西南诸河、西北诸河及跨界水体水质保持稳定。

加强近岸海域环境保护。实施近岸海域污染防治方案。重点整治黄河口、长江口、闽江口、珠江口、辽东湾、渤海湾、胶州湾、杭州湾、北部湾等河口海湾污染。沿海地级及以上城市实施总氮排放总量控制。研究建立重点海域排污总量控制制度。规范入海排污口设置，2017年年底前全面清理非法或设置不合理的入海排污口。到2020年，沿海省（自治区、直辖市）入海河流基本消除劣于Ⅴ类的水体。提高涉海项目准入门槛。

推进生态健康养殖。在重点河湖及近岸海域划定限制养殖区。实施水产养殖池塘、近海养殖网箱标准化改造，鼓励有条件的渔业企业开展海洋离岸养殖和集约化养殖。积极推广人工配合饲料，逐步减少冰鲜杂鱼饲料使用。加强养殖投入品管理，依法规范、限制使用抗生素等化学药品，开展专项整治。2015年，海水养殖面积控制在220万公顷左右。

严格控制环境激素类化学品污染。2017年年底前完成环境激素类化学品生产使用情况调查，监控评估水源地、农产品种植区及水产品集中养殖区风险，实施环境激素类化学品淘汰、限制、替代等措施。

整治城市黑臭水体。采取控源截污、垃圾清理、清淤疏浚、生态修复等措施，加大黑臭水体治理力度，每半年向社会公布治理情况。地级及以上城市建成区于2015年年底前完成水体排查，公布黑臭水体名称、责任人及达标期限；于2017年年底前实现河面无大面积漂浮物，河岸无垃圾，无违法排污口；于2020年年底前完成黑臭水体治理目标。直辖市、省会城市、计划单列市建成区要于2017年年底前基本消除黑臭水体。

保护水和湿地生态系统。加强河湖水生态保护，科学划定生态保护红线。禁止侵占自然湿地等水源涵养空间，已侵占的要限期予以恢复。强化水源涵养林建设与保护，开展湿地保护与修复，加大退耕还林、还草、还湿力度。加强滨河（湖）带生态建设，在河道两侧建设植被缓冲带和隔离带。加大水生野生动植物类自然保护区和水产种质资源保护区保护力度，开展珍稀濒危水生生物和重要水产种质资源的就地和迁地保护，提高水生生物多样性。2017年年底前，制定实施七大重点流域水生生物多样性保护方案。

保护海洋生态。加大红树林、珊瑚礁、海草床等滨海湿地、河口和海湾典型生态系统，以及产卵场、索饵场、越冬场、洄游通道等重要渔业水域的保护力度，实施增殖放流，建设人工鱼礁。开展海洋生态补偿及赔偿等研究，实施海洋生态修复。认真执行围填海管制计划，严格围填海管理和监督，重点海湾、海洋自然保护区的核心区及缓冲区、海洋特别保护区的重点保护区及预留区、重点河口区域、重要滨海湿地区域、重要沙质岸线及沙源保护海域、特殊保护海岛及重要渔业海域禁止实施围填海，生态脆弱敏感区、自净能力差的海域严格限制围填海。严肃查处违法围填海行为，追究相关人员责任。将自然海岸线保护纳入沿海地方政府政绩考核。到2020年，全国自然岸线保有率不低于35％（不包括海岛岸线）。

9. 明确和落实各方责任

强化地方政府水环境保护责任。各级地方人民政府是实施本行动计划的主体，于2015年年底前分别制定并公布水污染防治工作方案，逐年确定分流域、分区域、分行业的重点任务和年度目标。要不断完善政策措施，加大资金投入，统筹城乡水污染治理，强化监管，确保各项任务全面完成。各省（自治区、直辖市）工作方案报国务院备案。

加强部门协调联动。建立全国水污染防治工作协作机制，定期研究解决重大问题。各有关部门要认真按照职责分工，切实做好水污染防治相关工作。环境保护部要加强统一指导、协调和监督，工作进展及时向国务院报告。

落实排污单位主体责任。各类排污单位要严格执行环保法律法规和制度，加强污染治理设施建设和运行管理，开展自行监测，落实治污减排、环境风险防范等责任。中央企业和国有企业要带头落实，工业集聚区内的企业要探索建立环保自律机制。

严格目标任务考核。国务院与各省（自治区、直辖市）人民政府签订水污染防治目标责任书，分解落实目标任务，切实落实"一岗双责"。每年分流域、分区域、分海域对行动计划实施情况进行考核，考核结果向社会公布，并作为对领导班子和领导干部综合考核评价的重要依据。将考核结果作为水污染防治相关资金分配的参考依据。对未通过年度考核的，要约谈省级人民政府及其相关部门有关负责人，提出整改意见，予以督促，对有关地区和企业实施建设项目环评限批。对因工作不力、履职缺位等导致未能有效应对水环境污染事件的，以及干预、伪造数据和没有完成年度目标任务的，要依法依纪追究有关单位和人员责任。对不顾生态环境盲目决策，导致水环境质量恶化，造成严重后果的领导干部，要记录在案，视情节轻重，给予组织处理或党纪政纪处分，已经离任的也要终身追究责任。

10. 强化公众参与和社会监督

依法公开环境信息。综合考虑水环境质量及达标情况等因素，国家每年公布最差、最好的 10 个城市名单和各省（自治区、直辖市）水环境状况。对水环境状况差的城市，经整改后仍达不到要求的，取消其环境保护模范城市、生态文明建设示范区、节水型城市、园林城市、卫生城市等荣誉称号，并向社会公告。各省（自治区、直辖市）人民政府要定期公布本行政区域内各地级市（州、盟）水环境质量状况。国家确定的重点排污单位应依法向社会公开其产生的主要污染物名称、排放方式、排放浓度和总量、超标排放情况，以及污染防治设施的建设和运行情况，主动接受监督。研究发布工业集聚区环境友好指数、重点行业污染物排放强度、城市环境友好指数等信息。

加强社会监督。为公众、社会组织提供水污染防治法规培训和咨询，邀请其全程参与重要环保执法行动和重大水污染事件调查。公开曝光环境违法典型案件。健全举报制度，充分发挥"12369"环保举报热线和网络平台作用。限期办理群众举报投诉的环境问题，一经查实，可给予举报人奖励。通过公开听证、网络征集等形式，充分听取公众对重大决策和建设项目的意见。积极推行环境公益诉讼。

构建全民行动格局。树立"节水洁水，人人有责"的行为准则。加强宣传教育，把水资源、水环境保护和水情知识纳入国民教育体系，提高公众对经济社会发展和环境保护客观规律的认识。依托全国中小学节水教育、水土保持教育、环境教育等社会实践基地，开展环保社会实践活动。支持民间环保机构、志愿者开展工作。倡导绿色消费新风尚，开展环保社区、学校、家庭等群众性创建活动，推动节约用水，鼓励购买使用节水产品和环境标志产品。

第三节 噪声污染防治

一、环境噪声污染防治立法

早在 20 世纪 50 年代，《工厂安全卫生规程》中就对工厂内各种噪声源规定了防治措施。在 1957 年我国制定的《治安管理处罚条例》中，也对在城市任意发生高大声响、影响周围居民的工作和休息且不听制止者规定了处罚条款。

从 20 世纪 70 年代初期开始，我国就将环境噪声的控制纳入环境保护的议事日程。1973 年在国务院发布的《关于保护和改善环境的若干规定（试行草案）》中专门对工业和交通噪声的控制做出了规定。1979 年颁布了《机动车辆允许噪声标准》（GB 1495—1979）和《工业企业噪声卫生标准（试行）》，同年《环境保护法（试行）》第 22 条作出了"加强对城市和工业噪声、震动的管理。各种噪声大、震动大的机械设备、机动车辆、航空器等，都应当装置消声、防震设施"的规定。

1982 年，国务院环境保护领导小组发布了《城市区域环境噪声标准》，这是我国第一个环境噪声质量标准。1986 年国务院制定了《民用机场管理规定》，对防治民用飞机产生的噪声做出了控制性规定。1989年国务院公布了专门的《环境噪声污染防治条例》（现已失效），为全面开展防治环境噪声污染的行政管理提供了行政法规的依据。1996年，我国制定通过了《中华人民共和国环境噪声污染防治法》（以下简称《环境噪声污染防治法》），从而初步建立了我国环境噪声污染防治的法律法规体系。

现行有效噪声污染防治法律法规和主要标准见表6-1。

表6-1　现行有效噪声污染防治法律法规和主要标准

法律法规和标准	年份
《中华人民共和国环境噪声污染防治法》	1996
《建筑施工场界环境噪声排放标准》(GB 12523—2011)	2011
《社会生活环境噪声排放标准》(GB 22337—2008)	2008
《工业企业厂界环境噪声排放标准》(GB 12348—2008)	2008
《声环境质量标准》(GB 3096—2008)	2008
《机场周围飞机噪声环境标准》(GB 9669—88)	1988
《城市区域环境振动标准》(GB 10070—88)	1989

二、环境噪声污染防治的主要措施

1. 环境噪声污染防治的监督管理体制

国务院环境保护行政主管部门对全国环境噪声污染防治实施统一监督管理。县级以上地方人民政府环境保护行政主管部门对本行政区域内的环境噪声污染防治实施统一监督管理。各级公安、交通、铁路、民航等主管部门和港务监督机构，根据各自的职责，对交通运输和社会生活噪声污染防治实施监督管理。

2. 声环境标准及其制定权限

《环境噪声污染防治法》规定的与环境噪声污染防治相关的标准主要包括声环境质量标准和环境噪声排放标准两大类。

声环境质量标准主要包括《声环境质量标准》（GB 3096—2008）、《机场周围飞机噪声环境标准》（GB 9669—88）、《城市区域环境振动标准》（GB 10070—88）。在《声环境质量标准》（GB 3096—2008）中，按区域的使用功能特点和环境质量要求，声环境功能区分为五种类型：0类声环境功能区指康复疗养区等特别需要安静的区域；1类声环境功能区指以居民住宅、医疗卫生、文化教育、科研设计、行政办公为主要功能，需要保持安静的区域；2类声环境功能区指以商业金融、集市贸易为主要功能，或者居住、商业、工业混杂，需要维护住宅安静的区域；3类声环境功能区指以工业生产、仓储物流为主要功能，需要防止工业噪声对周围环境产生严重影响的区域；4类声环境功能区指交通干线两侧一定距离之内，需要防止交通噪声对周围环境产生严重影响的区域，包括4a类和4b类两种类型，4a类为高速公路、一级公路、二级公路、城市快速路、城市主干路、城市次干路、城市轨道交通（地面段）、内河航道两侧区域，4b类为铁路干线两侧区域。标准规定了各类声环境功能区适用的环境噪声等效声级限值。

主要的环境噪声排放标准有《建筑施工场界环境噪声排放标准》（GB 12523—2011）、《社会生活环境噪声排放标准》（GB 22337—2008）、《工业企业厂界环境噪声排放标准》（GB 12348—2008）。环境噪声排放标准是判断企事业单位的噪声排放是否超标的直接依据。

3. 工业噪声污染防治

在城市范围内向周围生活环境排放工业噪声的，应当符合国家规定的工业企业厂界环境噪声排放标准。在工业生产中因使用固定的设备造成环境噪声污染的工业企业，必须按照国务院环境保护行政主管部门的规定，向所在地的县级以上地方人民政府环境保护行政主管部门申报拥有的造成环境噪声污染的设备的种类、数量以及在正常作业条件下所发出的噪声值和防治环境噪声污染的设施情况，并提供防治噪声污染的技术资料。当造成环境噪声污染的设备的种类、数量、噪声值和防治设施有重大改变时，也必须及时申报，并采取应有的防治措施。产生环境噪声污染的工业企业，应当采取有效措施，减轻噪声对周围生活环境的影响。

4. 建筑施工噪声污染防治

对于在城市市区范围内向周围生活环境排放建筑施工噪声的，应当符合国家规定的建筑施工场界环境噪声排放标准。在城市市区范围内，当建筑施工过程中使用的机械设备可能产生环境噪声污染时，施工单位必须在工程开工以前15日之内，向工程所在地县级以上地方环境保护部门申报该工程的项目名称、施工场所和期限、可能产生的环境噪声值以及所采取的环境噪声污染防治措施的情况。非为抢修、抢险作业和因生产工艺要求或者特殊需要必须连续作业者，禁止夜间在城市市区噪声敏感建筑物集中区域内进行产生环境噪声污染的建筑施工作业。对于"因特殊需要"而必须连续作业的工程，施工单位必须向环境保护部门出具县级以上人民政府或者其有关主管部门的证明。并且，经批准进行夜间作业者，还必须履行向附近居民公告的义务。

5. 交通运输噪声污染防治

禁止制造、销售或者进口超过规定的噪声限值的汽车。在城市市区范围内行驶的机动车辆的消声器和喇叭必须符合国家规定的要求。

机动车辆在城市市区范围内行驶，机动船舶在城市市区的内河航道航行，铁路机车驶经或者进入城市市区、疗养区时，必须按照规定使用声响装置。警车、消防车、工程抢险车、救护车等机动车辆安装、使用警报器，必须符合国务院公安部门的规定；在执行非紧急任务时，禁止使用警报器。

城市人民政府公安机关可以根据本地城市市区区域声环境保护的需要，划定禁止机动车辆行驶和禁止其使用声响装置的路段和时间，并向社会公告。

建设途经已有噪声敏感建筑物集中区域的高速公路、城市高架或轻轨道路，有可能造成环境噪声污染的，应当设置声屏障或者采取其他有效的控制环境噪声污染的措施。在已有的城市交通干线的两侧建设噪声敏感建筑物的，建设单位应当按照国家规定间隔一定距离，并采取减轻、避免交通噪声影响的措施。

在车站、铁路编组站、港口、码头、航空港等地指挥作业时使用广播喇叭的，应当控制音量，减轻噪声对周围生活环境的影响。穿越城市居民区、文教区的铁路，因铁路机车运行造成环境噪声污染的，当地城市人民政府应当组织铁路部门和其他有关部门制定减轻环境噪声污染的规划，铁路部门应当遵守该规划的要求，采取减轻环境噪声污染的措施。

除起飞、降落或者依法规定的情形以外，民用航空器不得飞越城市市区上空。城市人民政府应当在航空器起飞、降落的净空周围划定限制建设噪声敏感建筑物的区域；在该区域内建设噪声敏感建筑物的，建设单位应当采取减轻、避免航空器运行时产生的噪声影响的措施。民航部门也应当采取有效措施，减轻环境噪声污染。

6. 社会生活噪声污染防治

对商业噪声的控制。在城市市区噪声敏感建筑物集中区域内，因商业经营活动中使用固定设备造成环境噪声污染的商业企业，必须按照国务院环境保护部门的规定，向所在地环境保护部门申报拥有的造成环境噪声污染的设备的状况和防治环境噪声污染的设施的情况。禁止在商业经营活动中使用高音广播喇叭或者采用其他发出高噪声的方法招揽顾客。在商业经营活动中使用空调器、冷却塔等可能产生环境噪声污染的设备、设施的，其经营管理者应当采取措施，使其边界噪声不超过国家规定的环境噪声排放标准。

对娱乐场所噪声的控制。新建营业性文化娱乐场所的边界噪声，必须符合国家规定的环境噪声排放标准；对于不符合国家规定的环境噪声排放标准的，文化部门不得核发文化经营许可证，工商部门不得核发营业执照。经营中的文化娱乐场所，其经营管理者必须采取有效措施，使其边界噪声不超过国家规定的环境噪声排放标准。

防治城市饮食服务业噪声污染。在城镇人口集中区内兴办娱乐场点和排放噪声的加工厂，必须采取相应的隔声措施，并限制夜间经营时间，达到规定的噪声标准。宾馆、饭店和商业等经营场所安装的空调器产生噪声和热污染的，经营单位应采取措施进行防治。对离居民点较近的空调装置，应采取降噪、隔声措施，达到当地环境噪声标准。不得在商业区步行街和主要街道旁直接朝向人行便道或在居民窗户附近设置空调散热装置。

对高音广播喇叭和音响器材的使用进行控制。禁止任何单位、个人在城市市区噪声敏感建筑物集中区域内使用高音广播喇叭。在城市市区街道、广场、公园等公共场所组织娱乐、集会等活动，使用音响器材可能产生干扰周围生活环境的过大音量的，必须遵守和服从当地公安机关的有关规定。使用家用电器、乐器或者进行其他家庭室内娱乐活动时，应当控制音量或者采取其他有效措施，避免对周围居民造成环境噪声污染。

对住宅室内装修噪声进行控制。在已竣工交付使用的住宅楼进行室内装修活动，应当限制作业时间，并采取其他有效措施，以减轻、避免对周围居民造成环境噪声污染。

第四节　固体废物管理

一、固体废物污染环境防治立法

我国最早对固体废物进行管理的方式，是开展对固体废物的综合利用。1956年12月在国务院批转的《矿产资源保护试行条例》中首次对矿产资源实行综合勘探、综合开发和综合利用的方针和措施做出了规定。

从20世纪70年代开始，我国开展了固体废物特别是工业固体废物的综合利用和管理工作。1974年，在国务院环境保护领导小组转发的《环境保护规划要点和主要措施》中，就要求企业积极开展综合利用、改革工艺以消除污染危害。在1979年的《环境保护法（试行）》中，除了对矿产资源的综合利用做出规定外，还规定要防治工矿企业和城市生活产生的废渣、粉尘、垃圾等对环境造成的污染和危害，特别是对废渣规定实行综合利用、化害为利，并对粉尘采取吸尘和净化、回收措施。此外，《中华人民共和国海洋环境保护法》《中华人民共和国水污染防治法》《中华人民共和国大气污染防治法》《中华人民共和国水法》《中华人民共和国矿产资源法》等法律，以及有关工业企业"三废"排放标准、排污收费标准、工业企业设计卫生标准中，也对固体废物的排放控制及其污染防治做出了规定。

1982年，环境保护部颁布了《城市市容环境卫生管理条例（试行）》，对市容环境卫生和城市生活垃圾的管理做出了规定。1984年颁布的《水污染防治法》，对防治固体废物引起的水污染作出了详细的规定。1985年，国务院制定了《海洋倾废管理条例》，对向海洋倾废行为及其方法做出了规定。1989年，制定了《中华人民共和国传染病防治法》，对传染病病原体污染的垃圾等的卫生处理做出了规定。此外，在有关治安管理、运输、税收、安全、放射性等管理规定中都涉及对有关固体废物的管理。

1995年10月，第八届全国人大常委会第十六次会议通过了《中华人民共和国固体废物污染环境防治法》（以下简称《固体废物污染环境防治法》）。该法对固体废物污染环境的防治作出了全面的规定。随后，国务院办公厅发出了《关于坚决控制境外废物向我国转移的紧急通知》（国办发〔1995〕54号），国家环境保护局会同海关总署等部门发布了《废物进口环境保护管理暂行规定》（环控〔1996〕629号），均对进口固体废物的污染防治作出了具体规定。另外，国家环境保护局还发布了一些固体废物的污染控制标准。这些立法，使我国固体废物污染防治的法律规定形成了相对完整的体系，为我国的固体废物污染防治提供了有力的法律依据。

2004年，我国对《固体废物污染环境防治法》作了修改，这是自1996年该法实施8年多来，立法机关首次对其作全面修订。修订后的《固体废物污染环境防治法》共91条，与原法律条文的77条相比，内容有大幅度增加。首次将限期治理决定权由人民政府赋予环保行政主管部门，还首次引入了生产者责任制，全面落实污染者责任，扩大了生产者的责任范围，建立了强制回收制度；"维护生态安全"也进入我国的环境资源立法，作为立法宗旨加以规定；明确提出国家促进循环经济发展的原则，倡导绿色生产、绿色生活；农村固体废物防治纳入法律规制范围，关注保护与改善农村环境；完善管理措施，严格防止危险废物污染环境；加强固体废物进口分类管理，体现了我国入世承诺和WTO规则要求。

二、固体废物主要管理措施

1. 固体废物管理原则

国家对固体废物污染环境的防治，实行减少固体废物的产生量和危害性、充分合理利用固体废物和无害化处置固体废物的原则，促进清洁生产和循环经济发展。国家采取有利于固体废物综合利用活动的经济、技术政策和措施，对固体废物实行充分回收和合理利用。国家鼓励、支持采取有利于保护环境的集中处置固体废物的措施，促进固体废物污染环境防治产业发展。

国家对固体废物污染环境防治实行污染者依法负责的原则。产品的生产者、销售者、进口者、使用者对其产生的固体废物依法承担污染防治责任。

国家鼓励单位和个人购买、使用再生产品和可重复利用产品。

2. 防治固体废物污染环境的一般规定

产生固体废物的单位和个人，应当采取措施，防止或者减少固体废物对环境的污染。

收集、储存、运输、利用、处置固体废物的单位和个人，必须采取防扬散、防流失、防渗漏或者其他防止污染环境的措施；不得擅自倾倒、堆放、丢弃、遗撒固体废物。禁止任何单位或者个人向江河、湖泊、运河、渠道、水库及其最高水位线以下的滩地和岸坡等法律、法规规定禁止倾倒、堆放废弃物的地点倾倒、堆放固体废物。

产品和包装物的设计、制造，应当遵守国家有关清洁生产的规定。国务院标准化行政主管部门应当根据国家经济和技术条件、固体废物污染环境防治状况以及产品的技术要求，组织制定有关标准，防止过度包装造成环境污染。生产、销售、进口依法被列入强制回收目录的产品和包装物的企业，必须按照国家有关规定对该产品和包装物进行回收。

国家鼓励科研、生产单位研究、生产易回收利用、易处置或者在环境中可降解的薄膜覆盖物和商品包装物。使用农用薄膜的单位和个人，应当采取回收利用等措施，防止或者减少农用薄膜对环境的污染。

从事畜禽规模养殖应当按照国家有关规定收集、储存、利用或者处置养殖过程中产生的畜禽粪便，防止污染环境。禁止在人口集中地区、机场周围、交通干线附近以及当地人民政府划定的区域露天焚烧秸秆。

对收集、储存、运输、处置固体废物的设施、设备和场所，应当加强管理和维护，保证其正常运行和使用。在国务院和国务院有关主管部门及省、自治区、直辖市人民政府划定的自然保护区、风景名胜区、饮用水水源保护区、基本农田保护区和其他需要特别保护的区域内，禁止建设工业固体废物集中储存、处置的设施、场所和生活垃圾填埋场。

转移固体废物出省、自治区、直辖市行政区域储存、处置的，应当向固体废物移出地的省、自治区、直辖市人民政府环境保护行政主管部门提出申请。移出地的省、自治区、直辖市人民政府环境保护行政主管部门应当商经接受地的省、自治区、直辖市人民政府环境保护行政主管部门同意后，方可批准转移该固体废物出省、自治区、直辖市行政区域。未经批准的，不得转移。

禁止中华人民共和国境外的固体废物进境倾倒、堆放、处置。禁止进口不能用作原料或者不能以无害化方式利用的固体废物；对可以用作原料的固体废物实行限制进口和非限制进口分类管理。国务院环境保护行政主管部门会同国务院对外贸易主管部门、国务院经济综合宏观调控部门、海关总署、国务院质量监督检验检疫部门制定、调整并公布禁止进口、限制进口和非限制进口的固体废物目录。禁止进口列入禁止进口目录的固体废物。进口列入限制进口目录的固体废物，应当经国务院环境保护行政主管部门会同国务院对外贸易主管部门审查许可。进口的固体废物必须符合国家环境保护标准，并经质量监督检验检疫部门检验合格。

3. 工业固体废物污染环境的防治

落后生产工艺、落后设备淘汰制度。国务院经济综合宏观调控部门应当会同国务院有关部门组织研究、开发和推广减少工业固体废物产生量和危害性的生产工艺和设备，公布限期淘汰产生严重污染环境的工业固体废物的落后生产工艺、落后设备的名录。生产者、销售者、进口者、使用者必须在国务院经济综合宏观调控部门会同国务院有关部门规定的期限内分别停止生产、销售、进口或者使用列入规定的名录中的设备。生产工艺的采用者必须在国务院经济综合宏观调控部门会同国务院有关部门规定的期限内停止采用列入规定的名录中的工艺。列入限期淘汰名录被淘汰的设备，不得转让给他人使用。

产生工业固体废物的单位应当建立、健全污染环境防治责任制度，采取防治工业固体废物污染环境的措施。企业事业单位应当合理选择和利用原材料、能源和其他资源，采用先进的生产工艺和设备，减少工业固体废物产生量，降低工业固体废物的危害性。

工业固体废物申报登记制度。产生工业固体废物的单位必须按照国务院环境保护行政主管部门的规定，向所在地县级以上地方人民政府环境保护行政主管部门提供工业固体废物的种类、产生量、流向、储存、处置等有关资料。

企业事业单位应当根据经济、技术条件对其产生的工业固体废物加以利用；对暂时不利用或者不能利用的，必须按照国务院环境保护行政主管部门的规定建设储存设施、场所，安全分类存放，或者采取无害化处置措施。建设工业固体废物储存、处置的设施、场所，必须符合国家环境保护标准。禁止擅自关闭、闲置或者拆除工业固体废物污染环境防治设施、场所；确有必要关闭、闲置或者拆除的，必须经所在地县级以上地方人民政府环境保护行政主管部门核准，并采取措施，防止污染环境。

产生工业固体废物的单位需要终止的，应当事先对工业固体废物的储存、处置的设施、场所采取污染防治措施，并对未处置的工业固体废物作出妥善处置，防止污染环境。产生工业固体废物的单位发生变更的，变更后的单位应当按照国家有关环境保护的规定对未处置的工业固体废物及其储存、处置的设施、场所进行安全处置或者采取措施保证该设施、场所安全运行。变更前当事人对工业固体废物及其储存、处置的设施、场所的污染防治责任另有约定的，从其约定；但是，不得免除当事人的污染防治义务。对本法施行前已经终止的单位未处置的工业固体废物及其储存、处置的设施、场所进行安全处置的费用，由有关人民政府承担；但是，该单位享有的土地使用权依法转让的，应当由土地使用权受让人承担处置费用。当事人另有约定的，从其约定；但是，不得免除当事人的污染防治义务。

矿山企业应当采取科学的开采方法和选矿工艺，减少尾矿、矸石、废石等矿业固体废物的产生量和储存量。尾矿、矸石、废石等矿业固体废物储存设施停止使用后，矿山企业应当按照国家有关环境保护规定进行封场，防止造成环境污染和生态破坏。

拆解、利用、处置废弃电器产品和废弃机动车船，应当遵守有关法律、法规的规定，采取措施，防止污染环境。

4. 生活垃圾污染环境的防治

县级以上人民政府应当统筹安排建设城乡生活垃圾收集、运输、处置设施，提高生活垃圾的利用率和无害化处置率，促进生活垃圾收集、处置的产业化发展，逐步建立和完善生活垃圾污染环境防治的社会服务体系。县级以上地方人民政府环境卫生行政主管部门应当组织对城市生活垃圾进行清扫、收集、运输和处置，可以通过招标等方式选择具备条件的单位从事生活垃圾的清扫、收集、运输和处置。对城市生活垃圾应当按照环境卫生行政主管部门的规定，在指定的地点放置，不得随意倾倒、抛撒或者堆放。清扫、收集、运输、处置城市生活垃圾，应当遵守国家有关环境保护和环境卫生管理的规定，防止污染环境。对城市生活垃圾应当及时清运，逐步做到分类收集和运输，并积极开展合理利用和实施无害化处置。

城市人民政府应当有计划地改进燃料结构，发展城市煤气、天然气、液化气和其他清洁能源。城市人民政府有关部门应当组织净菜进城，减少城市生活垃圾。城市人民政府有关部门应当统筹规划，合理安排收购网点，促进生活垃圾的回收利用工作。

建设生活垃圾处置的设施、场所，必须符合国务院环境保护行政主管部门和国务院建设行政主管部门规定的环境保护和环境卫生标准。禁止擅自关闭、闲置或者拆除生活垃圾处置的设施、场所；确有必要关闭、闲置或者拆除的，必须经所在地的市、县人民政府环境卫生行政主管部门和环境保护行政主管部门核准，并采取措施，防止污染环境。

从生活垃圾中回收的物质必须按照国家规定的用途或者标准使用，不得用于生产可能危害人体健康的产品。

工程施工单位应当及时清运工程施工过程中产生的固体废物，并按照环境卫生行政主管部门的规定进行利用或者处置。从事公共交通运输的经营单位，应当按照国家有关规定，清扫、收集运输过程中产生的生活垃圾。从事城市新区开发、旧区改建和住宅小区开发建设的单位，以及机场、码头、车站、公园、商店等公共设施、场所的经营管理单位，应当按照国家有关环境卫生的规定，配套建设生活垃圾收集设施。

5. 危险废物管理

危险废物名录和鉴别制度。国务院环境保护行政主管部门应当会同国务院有关部门制定国家危险废物名录，规定统一的危险废物鉴别标准、鉴别方法和识别标志。

危险废物标识制度。对危险废物的容器和包装物以及收集、储存、运输、处置危险废物的设施、场所，必须设置危险废物识别标志。

危险废物管理计划和申报登记。产生危险废物的单位，必须按照国家有关规定制定危险废物管理计划，并向所在地县级以上地方人民政府环境保护行政主管部门申报危险废物的种类、产生量、流向、储存、处置等有关资料。危险废物管理计划应当包括减少危险废物产生量和危害性的措施以及危险废物储存、利用、处置措施。危险废物管理计划应当报产生危险废物的单位所在地县级以上地方人民政府环境保护行政主管部门备案。

危险废物集中处置。国务院环境保护行政主管部门会同国务院经济综合宏观调控部门组织编制危险废物集中处置设施、场所的建设规划，报国务院批准后实施。县级以上地方人民政府应当依据危险废物集中处置设施、场所的建设规划组织建设危险废物集中处置设施、场所。

危险废物代处置。产生危险废物的单位，必须按照国家有关规定处置危险废物，不得擅自倾倒、堆放；不处置的，由所在地县级以上地方人民政府环境保护行政主管部门责令限期改正；逾期不处置或者处置不符合国家有关规定的，由所在地县级以上地方人民政府环境保护行政主管部门指定单位按照国家有关规定代为处置，处置费用由产生危险废物的单位承担。

危险废物排污收费。以填埋方式处置危险废物不符合国务院环境保护行政主管部门规定的，应当缴纳危险废物排污费。危险废物排污费征收的具体办法由国务院规定。

危险废物许可证制度。从事收集、储存、处置危险废物经营活动的单位，必须向县级以上人民政府环境保护行政主管部门申请领取经营许可证；从事利用危险废物经营活动的单位，必须向国务院环境保护行政主管部门或者省、自治区、直辖市人民政府环境保护行政主管部门申请领取经营许可证。具体管理办法由国务院规定。禁止无经营许可证或者不按照经营许可证规定从事危险废物收集、储存、利用、处置的经营活动。禁止将危险废物提供或者委托给无经营许可证的单位从事收集、储存、利用、处置的经营活动。

危险废物分类管理。收集、储存危险废物，必须按照危险废物特性分类进行。禁止混合收集、储存、运输、处置性质不相容而未经安全性处置的危险废物。储存危险废物必须采取符合国家环境保护标准的防护措施，并不得超过1年；确需延长期限的，必须报经原批准经营许可证的环境保护行政主管部门批准；法律、行政法规另有规定的除外。禁止将危险废物混入非危险废物中储存。

危险废物转移联单制度。转移危险废物的，必须按照国家有关规定填写危险废物转移联单，并向危险废物移出地设区的市级以上地方人民政府环境保护行政主管部门提出申请。移出地设区的市级以上地方人民政府环境保护行政主管部门应当商经接受地设区的市级以上地方人民政府环境保护行政主管部门同意后，方可批准转移该危险废物。未经批准的，不得转移。转移危险废物途经移出地、接受地以外行政区域的，危险废物移出地设区的市级以上地方人民政府环境保护行政主管部门应当及时通知沿途经过的设区的市级以上地方人民政府环境保护行政主管部门。运输危险废物，必须采取防止污染环境的措施，并遵守国家有关危货物运输管理的规定。禁止将危险废物与旅客在同一运输工具上载运。

危险废物应急制度。产生、收集、储存、运输、利用、处置危险废物的单位，应当制定意外事故的防范措施和应急预案，并向所在地县级以上地方人民政府环境保护行政主管部门备案；环境保护行政主管部门应当进行检查。因发生事故或者其他突发性事件，造成危险废物严重污染环境的单位，必须立即采取措施消除或者减轻对环境的污染危害，及时通报可能受到污染危害的单位和居民，并向所在地县级以上地方人民政府环境保护行政主管部门和有关部门报告，接受调查处理。在发生或者有证据证明可能发生危险废物严重污染环境、威胁居民生命财产安全时，县级以上地方人民政府环境保护行政主管部门或者其他固体废物污染环境防治工作的监督管理部门必须立即向本级人民政府和上一级人民政府有关行政主管部门报告，由人民政府采取防止或者减轻危害的有效措施。有关人民政府可以根据需要责令停止导致或者可能导致环境污染事故的作业。

禁止经中华人民共和国过境转移危险废物。

第五节　海洋环境保护

一、海洋环境污染

我国是海洋大国，大陆海岸线1.8万千米，面积为$500m^2$以上的海岛6900余个，管辖海域总面积约300万平方千米，包括渤海、黄海、东海和南海，跨越暖温带、亚热带和热带三个气候带。入海河流众多，流域范围广阔，有鸭绿江、辽河、海河、黄河、淮河、长江、珠江等1500余条河流入海。海洋生物多样性十分丰富，已记录的海洋生物22629种，分布有红树林、珊瑚礁、滨海湿地、海草床、海岛、海湾、入海河口和上升流等多种类型海洋生态系统。海洋资源环境为沿海经济社会和海洋经济的可持续发展奠定了良好的基础。"十二五"期间，我国海洋环境质量总体基本稳定，污染主要集中在近岸局部海域，典型海洋生态系统多处于亚健康状态，局部海域赤潮仍处于高发期，绿潮影响范围有所增大。

1. 海水环境质量

根据《中国近岸海域环境质量状况公报》数据，自2001年以来我国近岸海域环境质量有明显改善。其中，一类海水从2001年的13.4%上升到2014年的28.6%，劣四类海水相应地从34.5%下降到18.6%，数据表明我国海洋环境污染的势头得到一定程度的控制，但是二类和三类海水比例变化不大，显示出我国海洋环境水质的整体状况并没有极大改变。四大海区中，东海的环境污染较为严重，黄海和南海的水质较好。

2. 近岸海域主要污染物

我国近岸海域海水的主要污染物是营养盐、有机污染物、重金属离子。其中营养盐包括无机氮和活性磷酸盐，有机污染物包括COD、石油类污染物等，重金属离子主要有铅、铜、汞和镉。影响近岸海域水质的主要污染指标是无机氮和活性磷酸盐。有机污染物中石油类污染比较严重，相对而言，渤海和东海海域的油污染比较严重，南海次之，黄海最轻。

3. 陆源污染物对海洋环境的污染

陆源污染是海洋环境污染最重要的来源之一，工业废水是陆源污染的主要组成部分。根据我国近岸海域环境质量公报，海水中的无机氮、活性磷酸盐、COD以及重金属离子等污染物主要由排入海水中的工业废水带入。从全国范围来看，工业废水直排入海量从2001年的 23.79 亿吨，开始呈先上升后下降的趋势，最大排放量为 158 702×10⁴t。从海区来看，渤海、黄海和东海海域的工业废水直排入海量呈递减趋势，而南海总体上呈上升趋势。

4. 海洋环境灾害

赤潮是海洋环境污染的主要表现之一，导致赤潮发生的相关因素很多，其中一个重要的因素是大量含氮有机物排入海水中，使得海水富营养化程度加重。当海水富营养化程度上升到能够支撑海洋浮游藻大量繁殖时，赤潮就发生了。2001—2010 年，我国平均每年发生赤潮近 80 余次，在四大海域中，东海的赤潮发生频率最高，平均每年发生 50 余次，其中 2003 年发生了 86 次。2011—2015 年间，赤潮发生率显著降低，年均 50 余次。

二、海洋环境保护立法

我国的海洋环境保护立法开始于 20 世纪 70 年代，第一个规范性法律文件是制定于 1974 年的《防止沿海水域污染暂行规定》，对沿海水域的污染防治，特别是对船舶压舱水、洗舱水和生活废弃物的排放，做了较详细的规定。后来在 1979 年的《环境保护法（试行）》中，也有一些条款就海洋环境的保护和污染防治做了原则性规定。

1982 年 8 月，全国人民代表大会常务委员会通过了《海洋环境保护法》。此后，为了实施该法律，国务院陆续颁布了《防止船舶污染海域管理条例》(1983，现已失效)、《海洋石油勘探开发环境保护管理条例》(1983)、《海洋倾废管理条例》(1985)、《防止拆船污染环境管理条例》(1988)、《防治陆源污染物污染损害海洋环境管理条例》(1990)、《防治海岸工程建设项目污染损害海洋环境管理条例》(1990) 等行政法规。国务院有关部门制定了《海水水质标准》(GB 3097—1997)、《船舶污染物排放标准》(GB 3552—83)、《海洋石油开发工业含油污水排放标准》(GB 4914—85)、《渔业水质标准》(GB 11607—1989)、《景观娱乐用水水质标准》(GB 12941—91)、《海洋调查规范》(GBT 12763.1—1991)、《海洋监测规范》(GB 17378.1—2007) 等一系列的国家标准和规范。

1999 年 12 月全国人大常委会通过了对《海洋环境保护法》的修订。这次修订的主要内容强调从整体上保护海洋生态系统，对海洋环境监督管理作出了更为全面、系统的规定。增加了对重点海域实行总量控制等法律制度的内容，强化了法律责任，并对国内法与国际公约相衔接的问题做出了进一步明确的规定。2013 年对《海洋环境保护法》进行了修正。

此外，我国还加入了一些防止海洋环境污染的国际公约，如《国际油污损害民事责任公约》《国际干预公海油污事故公约》《防止倾倒废物及其他物质污染海洋公约》《国际防止船舶造成污染公约》《联合国海洋法公约》等。

主要海洋环境保护法律和行政法规见表 6-2。

表 6-2 主要海洋环境保护法律和行政法规（数据截至 2016 年 8 月）

海洋环境保护法律法规	发布时间
《海洋环境保护法》	1982 年通过 1999 年修订 2013 年修正
《防治船舶污染海洋环境管理条例》	2009
《防治陆源污染物污染损害海洋环境管理条例》	2007
《防治海岸工程建设项目污染损害海洋环境管理条例》	2007

续表

海洋环境保护法律法规	发布时间
《防治海洋工程建设项目污染损害海洋环境管理条例》	2006
《防止拆船污染环境管理条例》	1988
《海洋倾废管理条例》	1985/2011
《海洋石油勘探开发环境保护管理条例》	1983
《水生野生动物保护实施条例》	1993/2011/2013

三、海洋环境保护措施

1. 海洋环境保护的监督管理体制

国务院环境保护行政主管部门作为对全国环境保护工作统一监督管理的部门，对全国海洋环境保护工作实施指导、协调和监督，并负责全国防治陆源污染物和海岸工程建设项目对海洋污染损害的环境保护工作。

国家海洋行政主管部门负责海洋环境的监督管理，组织海洋环境的调查、监测、监视、评价和科学研究，负责全国防治海洋工程建设项目和海洋倾倒废弃物对海洋污染损害的环境保护工作。

国家海事行政主管部门负责所辖港区水域内非军事船舶和港区水域外非渔业、非军事船舶污染海洋环境的监督管理，并负责污染事故的调查处理；对在中华人民共和国管辖海域航行、停泊和作业的外国籍船舶造成的污染事故登轮检查处理。船舶污染事故给渔业造成损害的，应当吸收渔业行政主管部门参与调查处理。

国家渔业行政主管部门负责渔港水域内非军事船舶和渔港水域外渔业船舶污染海洋环境的监督管理，负责保护渔业水域生态环境工作，并调查处理前款规定的污染事故以外的渔业污染事故。

军队环境保护部门负责军事船舶污染海洋环境的监督管理及污染事故的调查处理。

2. 海洋环境监督管理

海洋功能区划。国家海洋行政主管部门会同国务院有关部门和沿海省、自治区、直辖市人民政府拟定全国海洋功能区划，报国务院批准。沿海地方各级人民政府应当根据全国和地方海洋功能区划，科学合理地使用海域。开发利用海洋资源，应当根据海洋功能区划合理布局，不得造成海洋生态环境破坏。

海洋环境保护规划。国家根据海洋功能区划制定全国海洋环境保护规划和重点海域区域性海洋环境保护规划。毗邻重点海域的有关沿海省、自治区、直辖市人民政府及行使海洋环境监督管理权的部门，可以建立海洋环境保护区域合作组织，负责实施重点海域区域性海洋环境保护规划、海洋环境污染的防治和海洋生态保护工作。

排污收费。直接向海洋排放污染物的单位和个人，必须按照国家规定缴纳排污费。向海洋倾倒废弃物，必须按照国家规定缴纳倾倒费。征收的排污费、倾倒费，必须用于海洋环境污染的整治，不得挪作他用。

海洋环境监测。国家海洋行政主管部门按照国家环境监测、监视规范和标准，管理全国海洋环境的调查、监测、监视，制定具体的实施办法，会同有关部门组织全国海洋环境监测、监视网络，定期评价海洋环境质量，发布海洋巡航监视通报。国家海洋行政主管部门按照国家制定的环境监测、监视信息管理制度，负责管理海洋综合信息系统，为海洋环境保护监督管理提供服务。

突发事件应急。因发生事故或者其他突发性事件，造成或者可能造成海洋环境污染事故的单位和个人，必须立即采取有效措施，及时向可能受到危害者通报，并向依照本法规定行使海洋环境监督管理权的部门报告，接受调查处理。沿海县级以上地方人民政府在本行政区域近岸海域的环境受到严重污染时，必须采取有效措施，解除或者减轻危害。国家根据防止海洋环境污染的需要，制定国家重大海上污染事故应急计划。国家海洋行政主管部门负责制定全国海洋石油勘探开发重大海上溢油应急计划，报国务院环境保护行政主管部门备案。国家海事行政主管部门负责制定全国船舶重大海上溢油污染事故应急计划，报国务院环境保护行政主管部门备案。沿海可能发生重大海洋环境污染事故的单位，应当依照国家的规定，制定污染事故应急计划，并向当地环境保护行政主管部门、海洋行政主管部门备案。沿海县级以上地方人民政府及其有关部门在发生重大海上污染事故时，必须按照应急计划解除或者减轻危害。

3. 海洋生态保护

国务院和沿海地方各级人民政府应当采取有效措施，保护红树林、珊瑚礁、滨海湿地、海岛、海湾、入海河口、重要渔业水域等具有典型性、代表性的海洋生态系统，珍稀、濒危海洋生物的天然集中分布区，具有重要经济价值的海洋生物生存区域及有重大科学文化价值的海洋自然历史遗迹和自然景观。对具有重要经济、社会价值的已遭到破坏的海洋生态，应当进行整治和恢复。

海洋自然保护区。国务院有关部门和沿海省级人民政府应当根据保护海洋生态的需要，选划、建立海洋自然保护区。应当建立海洋自然保护区的区域包括：①典型的海洋自然地理区域、有代表性的自然生态区域，以及遭受破坏但经保护能恢复的海洋自然生态区域；②海洋生物物种高度丰富的区域，或者珍稀、濒危海洋生物物种的天然集中分布区域；③具有特殊保护价值的海域、海岸、岛屿、滨海湿地、入海河口和海湾等；④具有重大科学文化价值的海洋自然遗迹所在区域；⑤其他需要予以特殊保护的区域。

海洋特别保护区。凡具有特殊地理条件、生态系统、生物与非生物资源及海洋开发利用特殊需要的区域，可以建立海洋特别保护区，采取有效的保护措施和科学的开发方式进行特殊管理。

4. 防治陆源污染物对海洋环境的污染损害

入海排污口。入海排污口位置的选择，应当根据海洋功能区划、海水动力条件和有关规定，经科学论证后，报设区的市级以上人民政府环境保护行政主管部门审查批准。环境保护行政主管部门在批准设置入海排污口之前，必须征求海洋、海事、渔业行政主管部门和军队环境保护部门的意见。在海洋自然保护区、重要渔业水域、海滨风景名胜区和其他需要特别保护的区域，不得新建排污口。在有条件的地区，应当将排污口深海设置，实行离岸排放。设置陆源污染物深海离岸排放排污口，应当根据海洋功能区划、海水动力条件和海底工程设施的有关情况确定，具体办法由国务院规定。

排污申报。排放陆源污染物的单位，必须向环境保护行政主管部门申报拥有的陆源污染物排放设施、处理设施和在正常作业条件下排放陆源污染物的种类、数量和浓度，并提供防治海洋环境污染方面的有关技术和资料。

禁排限排规定。禁止向海域排放油类、酸液、碱液、剧毒废液和高、中水平放射性废水。严格限制向海域排放低水平放射性废水；确需排放的，必须严格执行国家辐射防护规定。严格控制向海域排放含有不易降解的有机物和重金属的废水。含病原体的医疗污水、生活污水和工业废水必须经过处理，符合国家有关排放标准后，方能排入海域。含有机物和营养物质的工业废水、生活污水，应当严格控制向海湾、半封闭海及其他自净能力较差的海域排放。向海域排放含热废水，必须采取有效措施，保证邻近渔业水域的水温符合国家海洋环境质量标准，避免热污染对水产资源的危害。

危险废物管理。禁止经中华人民共和国内水、领海转移危险废物。经中华人民共和国管辖的其他海域转移危险废物的，必须事先取得国务院环境保护行政主管部门的书面同意。

5. 防治海岸工程建设项目对海洋环境的污染损害

环境影响评价。海岸工程建设项目的单位，必须在建设项目可行性研究阶段，对海洋环境进行科学调查，根据自然条件和社会条件，合理选址，编报环境影响报告书。环境影响报告书报环境保护行政主管部门审查批准。环境保护行政主管部门在批准环境影响报告书之前，必须征求海洋、海事、渔业行政主管部门和军队环境保护部门的意见。

三同时制度。海岸工程建设项目的环境保护设施，必须与主体工程同时设计、同时施工、同时投产使用。环境保护设施未经环境保护行政主管部门检查批准，建设项目不得试运行；环境保护设施未经环境保护行政主管部门验收，或者经验收不合格的，建设项目不得投入生产或者使用。

禁止在沿海陆域内新建不具备有效治理措施的化学制浆造纸、化工、印染、制革、电镀、酿造、炼油、岸边冲滩拆船以及其他严重污染海洋环境的工业生产项目。

兴建海岸工程建设项目，必须采取有效措施，保护国家和地方重点保护的野生动植物及其生存环境和海洋水产资源。严格限制在海岸采挖砂石。露天开采海滨砂矿和从岸上打井开采海底矿产资源，必须采取有效措施，防止污染海洋环境。

6. 防治海洋工程建设项目对海洋环境的污染损害

环境影响评价。海洋工程建设项目必须符合海洋功能区划、海洋环境保护规划和国家有关环境保护标准，在可行性研究阶段，编报海洋环境影响报告书，由海洋行政主管部门核准，并报环境保护行政主管部门备案，接受环境保护行政主管部门监督。海洋行政主管部门在核准海洋环境影响报告书之前，必须征求海事、渔业行政主管部门和军队环境保护部门的意见。

三同时制度。海洋工程建设项目的环境保护设施，必须与主体工程同时设计、同时施工、同时投产使用。环境保护设施未经海洋行政主管部门检查批准，建设项目不得试运行；环境保护设施未经海洋行政主管部门验收，或者经验收不合格的，建设项目不得投入生产或者使用。拆除或者闲置环境保护设施，必须事先征得海洋行政主管部门的同意。

海洋工程建设项目，不得使用含超标准放射性物质或者易溶出有毒有害物质的材料。海洋工程建设项目需要爆破作业时，必须采取有效措施，保护海洋资源。海洋石油勘探开发及输油过程中，必须采取有效措施，避免溢油事故的发生。

海洋石油钻井船、钻井平台和采油平台的含油污水和油性混合物，必须经过处理达标后排放；残油、废油必须予以回收，不得排放入海。经回收处理后排放的，其含油量不得超过国家规定的标准。钻井所使用的油基泥浆和其他有毒复合泥浆不得排放入海。水基泥浆和无毒复合泥浆及钻屑的排放，必须符合国家有关规定。

海洋石油钻井船、钻井平台和采油平台及其有关海上设施，不得向海域处置含油的工业垃圾。处置其他工业垃圾，不得造成海洋环境污染。

海上试油时，应当确保油气充分燃烧，油和油性混合物不得排放入海。

勘探开发海洋石油，必须按有关规定编制溢油应急计划，报国家海洋行政主管部门的海区派出机构备案。

7.防治倾倒废弃物对海洋环境的污染损害

海洋倾废许可。任何单位未经国家海洋行政主管部门批准，不得向中华人民共和国管辖海域倾倒任何废弃物。需要倾倒废弃物的单位，必须向国家海洋行政主管部门提出书面申请，经国家海洋行政主管部门审查批准，发给许可证后，方可倾倒。禁止中华人民共和国境外的废弃物在中华人民共和国管辖海域倾倒。获准倾倒废弃物的单位，必须按照许可证注明的期限及条件，到指定的区域进行倾倒。废弃物装载之后，批准部门应当予以核实。获准倾倒废弃物的单位，应当详细记录倾倒的情况，并在倾倒后向批准部门作出书面报告。倾倒废弃物的船舶必须向驶出港的海事行政主管部门作出书面报告。

海洋倾废分级管理。国家海洋行政主管部门根据废弃物的毒性、有毒物质含量和对海洋环境影响程度，制定海洋倾倒废弃物评价程序和标准。向海洋倾倒废弃物，应当按照废弃物的类别和数量实行分级管理。

海洋倾倒区。国家海洋行政主管部门按照科学、合理、经济、安全的原则选划海洋倾倒区，经国务院环境保护行政主管部门提出审核意见后，报国务院批准。临时性海洋倾倒区由国家海洋行政主管部门批准，并报国务院环境保护行政主管部门备案。国家海洋行政主管部门在选划海洋倾倒区和批准临时性海洋倾倒区之前，必须征求国家海事、渔业行政主管部门的意见。国家海洋行政主管部门监督管理倾倒区的使用，组织倾倒区的环境监测，对经确认不宜继续使用的倾倒区，国家海洋行政主管部门应当予以封闭，终止在该倾倒区的一切倾倒活动，并报国务院备案。

禁止在海上焚烧废弃物。禁止在海上处置放射性废弃物或者其他放射性物质。废弃物中的放射性物质的豁免浓度由国务院制定。

8.防治船舶及有关作业活动对海洋环境的污染损害

在中华人民共和国管辖海域，任何船舶及相关作业不得违反本法规定向海洋排放污染物、废弃物和压载水、船舶垃圾及其他有害物质。从事船舶污染物、废弃物、船舶垃圾接收、船舶清舱、洗舱作业活动的，必须具备相应的接收处理能力。

船舶必须按照有关规定持有防止海洋环境污染的证书与文书，在进行涉及污染物排放及操作时，应当如实记录。船舶必须配置相应的防污设备和器材。载运具有污染危害性货物的船舶，其结构与设备应当能够防止或者减轻所载货物对海洋环境的污染。

船舶应当遵守海上交通安全法律、法规的规定，防止因碰撞、触礁、搁浅、火灾或者爆炸等引起的海难事故，造成海洋环境的污染。

国家完善并实施船舶油污损害民事赔偿责任制度；按照船舶油污损害赔偿责任由船东和货主共同承担风险的原则，建立船舶油污保险、油污损害赔偿基金制度。

载运具有污染危害性货物进出港口的船舶，其承运人、货物所有人或者代理人，必须事先向海事行政主管部门申报。经批准后，方可进出港口、过境停留或者装卸作业。

交付船舶装运污染危害性货物的单证、包装、标志、数量限制等，必须符合对所装货物的有关规定。需要船舶装运污染危害性不明的货物，应当按照有关规定事先进行评估。装卸油类及有毒有害货物的作业，船岸双方必须遵守安全防污操作规程。

港口、码头、装卸站和船舶修造厂必须按照有关规定备有足够的用于处理船舶污染物、废弃物的接收设施,并使该设施处于良好状态。装卸油类的港口、码头、装卸站和船舶必须编制溢油污染应急计划,并配备相应的溢油污染应急设备和器材。

进行下列活动,应当事先按照有关规定报经有关部门批准或者核准:①船舶在港区水域内使用焚烧炉;②船舶在港区水域内进行洗舱、清舱、驱气、排放压载水及残油、含油污水接收、舷外拷铲及油漆等作业;③船舶、码头、设施使用化学消油剂;④船舶冲洗沾有污染物、有毒有害物质的甲板;⑤船舶进行散装液体污染危害性货物的过驳作业;⑥从事船舶水上拆解、打捞、修造和其他水上、水下船舶施工作业。

船舶发生海难事故,造成或者可能造成海洋环境重大污染损害的,国家海事行政主管部门有权强制采取避免或者减少污染损害的措施。对在公海上因发生海难事故,造成中华人民共和国管辖海域重大污染损害后果或者具有污染威胁的船舶、海上设施,国家海事行政主管部门有权采取与实际的或者可能发生的损害相称的必要措施。

第六节　核与辐射管理

半个多世纪以来,我国核能与核技术利用事业稳步发展。目前,我国已经形成较为完整的核工业体系,核能在优化能源结构、保障能源安全、促进污染减排和应对气候变化等方面发挥了重要作用;核技术在工业、农业、国防、医疗和科研等领域得到广泛应用,有力地推动了经济社会发展。我国核电多种堆型、多种技术、多类标准并存,预防和缓解严重事故的能力不足,部分研究堆和核燃料循环设施设备和系统老化,部分早期核设施需要尽快退役,历史遗留的大量放射性废物亟待处理处置,铀矿冶开发过程中环境问题依然突出,放射源和射线装置量大面广,核安全形势不容乐观。随着我国经济社会发展对能源需求的大幅增长,核能与核技术利用事业进入快速发展阶段,核安全科技水平、应急体系建设、安全监管等安全保障能力凸显不足。

一、辐射来源

环境辐射按其能量可以分为电离辐射和电磁辐射,按其来源可以分为天然辐射源和人工辐射源。我国居民所受的电离辐射年有效剂量比例见图6-2。我国居民所受的电离辐射照射中,绝大部分来自天然辐射源的照射,天然辐射源所致的居民年有效剂量占总剂量的94%,而人工辐射源所致的年有效剂量仅占总剂量的6%。

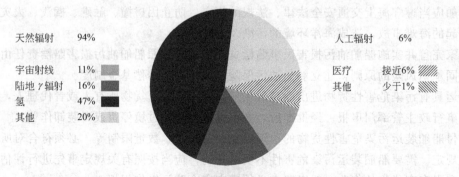

图6-2　我国居民日常受到的电离辐射剂量比例示意图

数据来源:《核与辐射安全》,潘自强、刘华主编。

1. 环境中天然电离辐射源

环境中的天然电离辐射源主要包括来自外层空间的宇宙射线及宇生放射性核素和地壳中的原生放射性核素。根据联合国原子辐射效应科学委员会（UNSCEAR）2000年和2008年报告，全球天然电离辐射源所致个人年有效剂量平均值为2.4mSv（典型范围为1～13mSv），根据中国环境百科全书选编本《核与辐射安全》，我国天然电离辐射源所致个人年有效剂量平均值大约为3.1mSv。

（1）宇宙辐射　宇宙射线是指来自外层空间射向地球表面的射线，分为初始宇宙射线和次级宇宙射线。初始宇宙射线为直接来自外层空间的高能带电粒子，主要是质子和α粒子，以及某些更重的原子核；次级宇宙射线是由初始宇宙射线与大气中的原子核相互作用产生的次级粒子和电磁辐射，主要是μ介子、光子、电子以及中子。来自外层空间的初始宇宙射线，绝大部分在大气层中被吸收，到达地球表面的宇宙射线几乎全是次级宇宙射线。

宇生放射性核素主要是由宇宙射线与大气层中的核素相互作用产生的，其次是由宇宙射线与地表中核素相互作用产生的。在这些核素中，对公众剂量有明显贡献的是碳14、氚、钠22和铍7，其中碳14、氚和钠22也是人体组织所含核素的同位素。

（2）原生放射性核素　原生放射性核素指从地球形成开始一直存在于地壳中的放射性核素。原生放射性核素在环境（水、大气、土壤等）中到处存在，甚至在人体内也存在。由地球形成时产生的各种核素，在几十亿年后的今天，只有半衰期大于1亿年的核素尚未衰变完。这些放射性核素按现在技术判别共有31个，分为两类：一类为衰变系列核素，包括钍系、铀系和锕系三个放射性衰变系列，每个衰变系列包括10～15种不同的放射性核素，以铀系为例，从铀238开始，经过14次连续衰变，最后到稳定核素铅206；另一类为单次衰变的放射性核素，其中最常见的是钾40。目前我国环境监测已开展监测的原生放射性核素主要为一些半衰期较长的核素，如铀238、钍232、镭226、钾40、铅210等。

（3）人为活动引起的天然辐射水平变化　天然辐射一直存在，仅就平均而言，数百年来天然辐射水平变化不大，但人为活动也可引起天然辐射水平升高。人为活动引起的天然辐射水平升高泛指人为活动所引起的天然存在放射性物质（NORM）活度浓度的增加或天然放射性核素分布的改变，进而导致工作场所或周围环境辐射水平明显升高的现象。引起天然辐射水平变化的人为活动分为两类，一类是改变了自然原有状况而引起的辐射水平的增加的人类活动；另一类是导致人所受辐射水平增加或减少的人类行为方式的变化（如乘坐飞机、轮船和汽车等）。通常主要是指前者。引起天然辐射水平升高的人为活动主要有金属冶炼、磷酸盐加工、煤矿和燃煤电厂、石油和天然气开采、稀土金属和氧化钛工业、锆与制陶工业、天然放射性核素的使用（如镭和钍的应用）以及航空业、建筑业等。当放射性活度浓度或者工作人员及公众所受年有效剂量超过核安全监管机构的规定时，需要进行审管控制。

一些研究表明，有些问题值得关注，如掺渣建筑材料引起室内氡浓度水平的显著上升；燃煤电厂的放射性排放及其对公众的辐射照射远高于核电站的贡献；相当一部分非铀矿山的开发与利用引起的公众辐射照射明显高于铀矿开采与利用。因此，应对人为活动引起的天然辐射照射增加加以控制。

2. 环境中人工电离辐射源

人工电离辐射源主要包括核武器试验和生产、核能生产以及核与辐射技术在医学诊断与治疗、科学研究、工业、农业等各个领域的应用。根据UNSCEAR2008年报告，全球人工电离辐射源所致个人年有效剂量平均值约为0.6mSv（典型范围为零至几十毫希弗）；根据中国环境百科全书选编本《核与辐射安全》，我国人工电离辐射源所致个人年有效剂量平均值约为 0.2mSv。在人工电离辐射源中，医学诊断检查是最大的辐射源。

与天然放射性核素相反，人工放射性核素是指地球上本不存在，通过粒子加速器或核反应堆人为制备出来的。目前我国环境监测已开展监测的人工放射性核素包括氚、锶 90、碘 131、碘 133、铯 134 和铯 137 等。

(1) 医疗照射　核与辐射技术在各行各业的日益广泛应用中，医学应用的历史最久、应用最广、影响最大。电离辐射的医学应用分为放射诊断、放射治疗和核医学三部分。UNSCEAR 和国际放射防护委员会（ICRP）等均指出，医疗照射是最大的并且必将不断增加的人工电离辐射照射来源。根据 UNSCEAR2008 年报告，在人工电离辐射照射来源中，医学放射诊断占绝大多数，所致全世界人均年有效剂量远高于所有其他人工源好几个数量级。与职业照射和公众照射的防护不同的是，个人剂量限值不适用于医疗照射防护。为更好地推动医疗照射防护最优化，我国在《电离辐射防护与辐射源安全基本标准》（GB 18871—2002）中，明确了放射诊断的医疗照射指导（参考）水平。

(2) 核试验　大气层核试验是环境中人工辐射源对全球公众产生辐射照射的主要来源。1945～1980 年期间，世界各地进行了多次大气层核试验。核试验所产生的放射性裂变产物和其他放射性核素，一部分在试验场附近沉积，大部分在大气中迁移、弥散，造成全球性沉降。1980 年后，大气层核试验中止。由于放射性核素的衰变及其在地表中的迁移扩散作用，沉降到地表的大气层核试验沉降灰的影响逐渐减弱，目前在地表中仅存在一些痕量的长寿命裂变产物（如锶 90 和铯 137）以及氚和碳 14 等放射性核素。随着时间的推移，大气层核试验沉降灰的影响将继续不断地减弱。

(3) 核能生产　核能生产引起的公众照射包括整个核燃料循环引起的对公众照射。核燃料循环包括铀的采矿、水冶、转化、富集；核燃料组件的制造；核电厂的运行；乏燃料的储存和后处理；乏燃料中易裂变和有用物质的循环利用和回收；以及放射性废物储存和处理。根据 UNSCEAR 报告资料，在核能生产各阶段中，对局部和区域集体剂量的主要贡献之一是核电厂。核电厂是最大型的一类核设施，具有完善的多重安全屏障系统，保证在正常运行状况下对环境释放很小，事故概率很低，安全水平达到很高水平。核电厂在正常运行条件下，排入大气的主要是裂变气体（氪和氙等）、活化气体（碳 14 和氩 41 等）以及碘、微尘和氚。液态流出物主要有氚、碘、钴、铯及其他核素。关键核素可能因堆型和设计特征而有所不同。根据《核动力厂环境辐射防护规定》（GB 6249—2011）的规定，在我国核电厂必须按每堆实施流出物年排放总量的控制，此外，任何厂址的所有核电厂反应堆向环境释放的放射性物质对公众中任何个人造成的有效剂量，每年必须小于 0.25mSv 的剂量约束值。2015 年，我国运行的核电机组安全业绩良好，未发生国际核事件分级表 2 级及以上的安全事件和事故，气载和液态流出物排放低于国家规定的控制值。

核事故中人工放射性核素向环境的释放，亦成为公众照射的一部分。全球核电厂运行过程中发生过一些事故，如 1979 年、1986 年和 2011 年分别发生了三哩岛、切尔诺贝利和福岛核事故。其中三哩岛核事故辐射泄漏的范围主要局限于安全壳内，对环境的影响极其轻微，按照国际核事故分级表为 5 级。切尔诺贝利核事故是核电历史上最严重的事故，估计释放到环境的放射性物质总量为 1.2E+19Bq，释放的放射性核素主要为碘 131、铯 137 和铯 134 等，前苏联、北欧、西欧等广大地区都受到严重或明显的污染，我国和北半球的一些国家也有不同程度的污染。福岛核事故与切尔诺贝利核事故虽然同为 7 级，但两者的事故状态不完全相同,福岛核事故放射性物质的释放量低于后者一个量级,福岛核事故发生后,我国全国范围内多种环境介质中陆续检测到碘131、铯137和铯134等人工放射性核素,但至2011年4月底已基本检测不到核事故释放的人工放射性核素,评估结果表明,福岛核事故未对我国境内的环境和公众健康造成影响。

(4) 核与辐射技术在其他领域的应用　核与辐射技术在其他领域的应用指的是除核能利用外,放射性同位素与射线装置在工业、农业、医疗、国防及科学研究等方面的应用。在辐射应用领域,我国开展的放射源应用主要有示踪和射线分析、射线检测技术和辐照技术等方面。我国的射线装置分为X射线机和加速器两类,X射线机除应用于放射诊断和治疗外,还广泛应用于工业探伤和荧光X射线分析,而且在电子设备生产中也常被使用。我国对放射源和射线装置两类辐射应用的从业资质、许可申请、屏蔽设计、防护要求、工作条件等都有明确的规定。

3. 电离辐射照射的途径

人体接受辐射照射的途径主要包括外照射和内照射。通常,环境中的天然辐射及人为实践或事件释放的核素形成对人体的外照射。土壤、岩石和建筑材料中存在着许多天然放射性核素,其衰变辐射形成了对人类的外照射辐射场。人为实践或事件释放的放射性核素进入大气,人们可能会受到它们的外照射,一般分为两类情景:一类为烟云从人体头顶上空经过时形成的外照射,称为烟云照射,以及由于含有放射性核素的空气包围人体形成的外照射,称为浸没照射;另一类为释入大气的放射性核素在运动过程中会衰变或在短期内由于干或湿沉降落到地表,这些已沉积的核素将衰变而对沉积区内的人们产生外照射。内照射通常是指摄入人体内的核素产生的照射,主要有两种途径,即吸入空气中的放射性核素所造成的吸入内照射,以及当环境中的放射性核素进入食物链时所造成的食入内照射。在放射性核素进入环境后,食入照射与外照射通常是主要途径和持续来源。

4. 环境中的电磁辐射

电磁辐射是一种物理现象,是能量以电磁波形式由源发射到空间的现象,是变化的电场和变化的磁场相互作用形成的一种能量流的传播。电磁辐射源可分为两类,即天然电磁辐射源和人工电磁辐射源。

天然电磁辐射是由自然现象所引起的,是大气层电离作用累积的电荷产生的放电现象。天然的电磁辐射源主要有太阳系和星际电磁辐射(包括宇宙射线)、紫外线、可见光、红外线、地磁场、地球和大气层电磁场等。天然本底水平的电磁辐射对人体没有危害。人工电磁设施大致可分为广播电视发射系统、无线通信发射系统、高压输变电设施、电气化铁道和工业、科学、医疗用电磁能设施等。

为了保护环境,保障人体健康,防治电磁污染,1988年我国首次发布《电磁辐射防护规定》(GB 8702—88),标准规定了0.1MHz~300GHz频率范围内的电磁辐射防护限值。2014年根据电磁环境基础研究的新进展和我国电磁环境特征的变化,同时为了适应经济建设发展的需求,对原标准进行了修订,并更名为《电磁环境控制限值》(GB 8702—2014)。新标准增加了1Hz~0.1MHz频率范围内电磁环境控制限值,明确了监测的要求,删除了职业控制限值。新标准于2015年1月1日起实施。目前,我国环境监测开展的电磁辐射监测项目主要为频率范围为0.1~3000MHz的综合电场强度[48]。

二、放射性污染防治立法

从20世纪50年代起我国陆续制定了一系列防治放射性污染的政策和法规。1974年,国家计划委员会、国家建设委员会、国防科学技术委员会、卫生部联合颁布了《放射防护规定》，它对放射性"三废"排放和治理做出了具体规定。1981年第二机械工业部发布了《第二机械工业部环境保护条例（试行）》；中国民用航空总局和交通部也先后颁布了《航空运输放射性同位素的规定》《危险货物运输规则》，卫生部颁布了《放射病诊断标准及处理原则》《医用治疗X线卫生防护规定》《医用远距离治疗γ线卫生防护规定》《医用高能X线和电子束卫生防护规定》《食品中放射性物质限制量》等国家标准。1984年国家城乡建设环境保护部颁发了《核电站基本建设环境保护管理办法》《环境放射性水平调查暂行规定》和《放射卫生防护基本标准》（GB 4792—84）。1986年国务院发布了《民用核设施安全监督管理条例》。1987年，国务院颁布了《核材料管理条例》，国家环境保护局发布了《城市放射性废物管理办法》，对产生放射性废物和废放射源的工业、农业、医疗、科研、教学及其他应用放射性同位素和辐射技术的行为做出了规定。1988年国家核安全部制定了《核电厂安全监督实施细则》。1989年国务院发布了《放射性药品管理办法》《放射性同位素与射线装置放射防护条例》。另外，在《环境保护法》《水污染防治法》《大气污染防治法》《固体废物污染环境防治法》等法律中，也都有防治放射性污染的条款。针对核设施、放射性同位素应用和伴生放射性矿物资源利用等辐射项目可能对环境造成的损害，国家环境保护局在1990年制定了《放射环境管理办法》，主要对有关辐射项目的环境影响评价、排污许可证与排污收费、核事故的应急响应工作、城市放射性废物管理以及调解因放射性污染引起的民事纠纷做出了规定。1993年国家发布了《核电厂核事故应急管理条例》（国务院令第124号）。

此外，卫生部、公安部、国家核安全局等政府部门也分别对有关辐射食品卫生、核事故医学应急、医用放射性射线、航空运输放射性物质以及进口放射性物质等的管理做出了许多具体的规定。国家还制定了一些放射性防护的国家标准，如《放射卫生防护基本标准》（GB 4792—84）、《核电站环境辐射防护规定》（GB 6249—86）等。还有一些有关防治放射性污染的环境标准，如《放射卫生防护基本标准》（GB 4792—84）、《核电站环境辐射防护规定》（GB 96249—96）等。

2003年6月28日第十届全国人民代表大会常务委员会第三次会议通过了《中华人民共和国放射性污染防治法》（以下简称《放射性污染防治法》），该法是我国第一部防治放射性污染的法律，共有八章六十二条，对防治放射性污染的监督管理的基本原则、机构体制、法律制度、法律措施和法律责任做了全面而具体的规定。此后，还颁布了一些配套法规，包括《放射性同位素与射线装置安全和防护条例》（2005）、《民用核安全设备监督管理条例》[国务院令第500号]（2007）、《放射性物品运输安全管理条例》[国务院令第562号]（2009）、《放射性废物安全管理条例》[国务院令第612号]（2011）等。

三、放射性污染防治的措施

1. 防治放射性污染的基本方针和监督管理体制

我国对放射性污染的防治，实行预防为主、防治结合、严格管理、安全第一的方针。

国务院环境保护行政主管部门对全国放射性污染防治工作依法实施统一监督管理。国务院卫生行政部门和其他有关部门依据国务院规定的职责，对有关的放射性污染防治工作依法实施监督管理。

国家建立放射性污染的标准制度、监测制度、现场检查制度、放射性污染防治专业人员的资格管理制度、放射性污染监测工作机构的资质管理制度和放射性标识和中文警示说明制度等。

含有放射性物质的产品,应当符合国家放射性污染防治标准;不符合国家放射性污染防治标准的,不得出厂和销售。使用伴生放射性矿渣和含有天然放射性物质的石材作建筑和装修材料,应当符合国家建筑材料放射性核素控制标准。

2. 核设施的放射性污染防治

《放射性污染防治法》的第18、第19条对核设施选址、建造、装料、运行、退役等活动的防治放射性污染方面做了规定,并规定建设和营运核设施的单位必须执行环境影响评价制度、"三同时"制度、许可证制度、监测制度、安全保卫制度和核事故应急制度。核动力厂等重要核设施外围地区应当划定规划限制区。核设施营运单位、核技术利用单位、铀(钍)矿和伴生放射性矿开发利用单位,负责本单位放射性污染的防治,接受环境保护行政主管部门和其他有关部门的监督管理,并依法对其造成的放射性污染承担责任。

3. 核技术利用的放射性污染防治

生产、销售、使用放射性同位素和射线装置的单位,必须执行许可证制度、登记制度、放射性同位素备案制度、"三同时"制度、安全保卫制度、污染事故报告和应急制度。

放射性同位素应当单独存放,不得与易燃、易爆、腐蚀性物品等一起存放,其储存场所应当采取有效的防火、防盗、防射线泄漏的安全防护措施,并指定专人负责保管。

4. 铀(钍)矿和伴生放射性矿开发利用的放射性污染防治

开发利用或者关闭铀(钍)矿的单位,应当执行环境影响评价制度、许可证制度、"三同时"制度和监测制度。对铀(钍)矿和伴生放射性矿开发利用过程中产生的尾矿,应当建造尾矿库进行储存、处置;建造的尾矿库应当符合放射性污染防治的要求。铀(钍)矿开发利用单位应当制定铀(钍)矿退役计划。铀矿退役费用由国家财政预算安排。

5. 放射性废物管理

核设施营运单位、核技术利用单位、铀(钍)矿和伴生放射性矿开发利用单位,应当合理选择和利用原材料,采用先进的生产工艺和设备,尽量减少放射性废物的产生量。

向环境排放放射性废气、废液,必须符合国家放射性污染防治标准。产生放射性废气、废液的单位向环境排放符合国家放射性污染防治标准的放射性废气、废液,应当向审批环境影响评价文件的环境保护行政主管部门申请放射性核素排放量,并定期报告排放计量结果。

国务院核设施主管部门会同国务院环境保护行政主管部门根据地质条件和放射性固体废物处置的需要,在环境影响评价的基础上编制放射性固体废物处置场所选址规划,报国务院批准后实施。有关地方人民政府应当根据放射性固体废物处置场所选址规划,提供放射性固体废物处置场所的建设用地,并采取有效措施支持放射性固体废物的处置。

产生放射性固体废物的单位,应当按照国务院环境保护行政主管部门的规定,对其产生的放射性固体废物进行处理后,送交放射性固体废物处置单位处置,并承担处置费用。

禁止将放射性废物和被放射性污染的物品输入中华人民共和国境内或者经中华人民共和国境内转移。

四、电磁辐射环境保护的管理规定

为加强电磁辐射环境保护工作的管理,有效地保护环境,保障公众健康,根据《中华人民共和国环境保护法》及有关规定,国家环境保护总局于1997年制定了《电磁辐射环境保护管理办法》(国家环境保护总局令 第18号)。该办法规定的电磁辐射,是指以电磁波形式通过空间传播的能量流,且限于非电离辐射,包括信息传递中的电磁波发射,工业、科学、医疗应用中的电磁辐射,高压送变电中产生的电磁辐射。任何从事上述电磁辐射的活动,或进行伴有该电磁辐射的活动的单位和个人,都必须遵守该办法的规定。此外,中国还制定了《电磁辐射防护规定》(GB 8702—88)。

1. 防治电磁辐射污染的监督管理体制

县级以上人民政府环境保护行政主管部门对本辖区电磁辐射环境保护工作实施统一监督管理。从事电磁辐射活动的单位主管部门负责本系统、本行业电磁辐射环境保护工作的监督管理。任何单位和个人对违反本管理办法的行为有权检举和控告。

2. 防治电磁辐射污染的监督管理

电磁辐射建设项目,应当执行环境保护申报登记和环境影响评价制度、"三同时"制度,并接受环境保护部门的审批以及竣工验收。从事电磁辐射环境影响评价的单位,必须持有相应的专业评价资格证书。电磁辐射建设项目和设备环境影响报告书(表)确定需要配套建设的防治电磁辐射污染环境的保护设施,必须严格执行环境保护设施"三同时"制度。

任何单位和个人在从事电磁辐射的活动时,都应当遵守并执行国家环境保护的方针、政策、法规、制度和标准,接受环境保护部门对其电磁辐射环境保护工作的监督管理和检查,做好电磁辐射活动污染环境的防治工作。从事电磁辐射活动的单位和个人必须定期检查电磁辐射设备及其环境保护设施的性能,及时发现隐患并及时采取补救措施。

在集中使用大型电磁辐射发射设施或商业设备的周围,按环境保护和城市规划要求划定的规划线内,不得修建居民住房和幼儿园等敏感建筑。

电磁辐射建设项目的发射设备必须严格按照国家无线电管理委员会批准的频率范围和额定功率运行。

工业、科学和医疗中应用的电磁辐射设备,必须满足国家及有关部门颁布的"无线电干扰限值"的要求。

3. 电磁辐射污染事件处理

因发生事故或其他突然性事件,造成或者可能造成电磁辐射污染事故的单位,必须立即采取措施,及时通报可能受到电磁辐射污染危害的单位和居民,并向当地环境保护行政主管部门和有关部门报告,接受调查处理。环保部门收到电磁辐射污染环境的报告后,应当进行调查,依法责令产生电磁辐射的单位采取措施,消除影响。发生电磁辐射污染事件,影响公众的生产或生活质量或对公众健康造成不利影响时,环境保护部门应会同有关部门调查处理。

第七节 化学品环境管理

一、新化学物质

国家环境保护总局于2003年9月发布的《新化学物质环境管理办法》是我国第一部关于新化学物质环境管理的专门规章。该规章规定了新化学物质的生产、进口前进行申报登记的基本制度,在生产上市前对化学物质的有毒有害性质进行登记识别和监督控制,预防有毒有害化学物质可能造成的环境污染,从源头保护人体健康和环境安全。该办法施行13年多来,在加强新化学物质生产、进口环节的环境管理,防止和减少新化学物质在中国境内的无序使用和环境污染，控制新化学物质环境风险，保障环境安全和人体健康方面发挥了重要作用。但是，随着我国经济的快速发展，新化学物质数量的急速增长，国内外环保工作形势的日益严峻，新化学物质管理面临越来越大的压力与挑战，环境安全管理问题日益突出。2010年该办法进行了修订，修订主要体现了三个方面的完善：一是转变管理理念，从新化学物质危害评估转变为风险评价；二是改进管理方法，从偏重前期申报登记改变为登记和后期监管平行并重；三是调整管理策略，从"一刀切"式的新化学物质管理调整为按新化学物质危害和风险程度实施分类式管理[49]。

1. 分类管理

新化学物质，是指未列入《中国现有化学物质名录》的化学物质。根据化学品危害特性鉴别和分类标准，新化学物质分为一般类新化学物质、危险类新化学物质。危险类新化学物质中具有持久性、生物蓄积性、生态环境和人体健康危害特性的化学物质，列为重点环境管理危险类新化学物质。国家对新化学物质实行风险分类管理，实施申报登记和跟踪控制制度。

2. 新化学物质登记

新化学物质的生产者或者进口者，必须在生产前或者进口前进行申报，领取新化学物质环境管理登记证。未取得登记证的新化学物质，禁止生产、进口和加工使用。未取得登记证或者未备案申报的新化学物质，不得用于科学研究。

3. 新化学物质申报

新化学物质申报，分为常规申报、简易申报和科学研究备案申报。新化学物质年生产量或者进口量1t以上的，应当在生产或者进口前向环境保护部化学品登记中心提交新化学物质申报报告，办理常规申报；新化学物质年生产量或者进口量不满1t的，应当在生产或者进口前，向登记中心办理简易申报；以科学研究为目的，新化学物质年生产量或者进口量不满0.1t的，以及为了在我国境内用我国的供试生物进行新化学物质生态毒理学特性测试而进口新化学物质测试样品的，办理科学研究备案申报。

4. 新化学物质登记管理

登记中心受理常规申报后，应当将新化学物质申报报告提交环境保护部化学物质环境管理专家评审委员会（以下简称"评审委员会"）。评审委员会由化学、化工、健康、安全、环保等方面专家组成。评审委员会应当依照环境保护部颁布的新化学物质危害和风险评估导则和规范，以及化学品危害特性鉴别、分类等国家相关标准，对新化学物质进行识别和技术评审。评审委员会应当提出新化学物质登记技术评审意见，报送环境保护部。环境保护部应当对新化学物质登记技术评审意见进行审查，确定新化学物质管理类别，并视不同情况，做出决定。对有适当风险控制措施的，予以登记，颁发登记证；对无适当风险控制措施的，不予登记。

登记中心受理简易申报后，应当提出书面处理意见，报送环境保护部。对按要求提交生态毒理学特性测试报告的，评审委员会应当对申报材料进行技术评审，并提出技术评审意见，报送环境保护部。环境保护部对符合要求的，予以登记，颁发登记证；对不符合要求的，不予登记，书面通知申报人并说明理由。

登记中心收到科学研究备案申报后，应当按月汇总报送环境保护部，环境保护部定期在政府网站上公告。

5. 跟踪控制

环境保护部门应当将新化学物质登记，作为审批生产或者加工使用该新化学物质建设项目环境影响评价文件的条件。

常规申报的登记证持有人和相应的加工使用者，应当按照登记证的规定，采取风险控制措施，包括进行新化学物质风险和防护知识教育；加强对接触新化学物质人员的个人防护；设置密闭、隔离等安全防护，布置警示标志；改进新化学物质生产、使用方式，以降低释放和环境暴露；改进污染防治工艺，以减少环境排放；制定应急预案和应急处置措施。

重点环境管理危险类新化学物质的登记证持有人和加工使用者，还应当采取下列风险控制措施：①在生产或者加工使用期间，应当监测或者估测重点环境管理危险类新化学物质向环境介质排放的情况。不具备监测能力的，可以委托地市级以上环境保护部门认可的环境保护部门所属监测机构或者社会监测机构进行监测。②在转移时，应当按照相关规定，配备相应设备，采取适当措施，防范发生突发事件时重点环境管理危险类新化学物质进入环境，并提示发生突发事件时的紧急处置方式。③在重点环境管理危险类新化学物质废弃后，按照有关危险废物处置规定进行处置。

二、危险化学品

危险化学品是指具有毒害、腐蚀、爆炸、燃烧、助燃等性质，对人体、设施、环境具有危害的剧毒化学品和其他化学品。20世纪70年代以后，我国制定了一系列防治危险化学品污染环境的法规、规章，以及一些安全标准和环境标准。如《化学危险物品安全管理条例》（1987年，已废止）、《防止含多氯联苯电力装置及其废物污染环境的规定》（1991年）、《关于防止铬化合物生产建设中环境污染的若干规定》（1992年）、《关于停止生产和销售萘丸的通知》（1993年）、《化学品首次进口及有毒化学品进出口环境管理规定》（1994年）、《监控化学品管理条例》（1995年）等。此外，在《环境保护法》《水污染防治法》《大气污染防治法》《海洋环境保护法》《固体废物污染环境防治法》等法律法规中，也有有关防治危险化学品污染环境的规定。2002年1月9日国务院第五十二次常务会议通过了《危险化学品安全管理条例》（2013年修订）。

1. 监督管理体制

安全生产监督管理部门负责危险化学品安全监督管理综合工作，组织确定、公布、调整危险化学品目录，对新建、改建、扩建生产、储存危险化学品（包括使用长输管道输送危险化学品，下同）的建设项目进行安全条件审查，核发危险化学品安全生产许可证、危险化学品安全使用许可证和危险化学品经营许可证，并负责危险化学品登记工作。

公安机关负责危险化学品的公共安全管理，核发剧毒化学品购买许可证、剧毒化学品道路运输通行证，并负责危险化学品运输车辆的道路交通安全管理。

质量监督检验检疫部门负责核发危险化学品及其包装物、容器（不包括储存危险化学品的固定式大型储罐，下同）生产企业的工业产品生产许可证，并依法对其产品质量实施监督，负责对进出口危险化学品及其包装实施检验。

环境保护主管部门负责废弃危险化学品处置的监督管理，组织危险化学品的环境危害性鉴定和环境风险程度评估，确定实施重点环境管理的危险化学品，负责危险化学品环境管理登记和新化学物质环境管理登记；依照职责分工调查相关危险化学品环境污染事故和生态破坏事件，负责危险化学品事故现场的应急环境监测。

交通运输主管部门负责危险化学品道路运输、水路运输的许可以及运输工具的安全管理，对危险化学品水路运输安全实施监督，负责危险化学品道路运输企业、水路运输企业驾驶人员、船员、装卸管理人员、押运人员、申报人员、集装箱装箱现场检查员的资格认定。铁路监管部门负责危险化学品铁路运输及其运输工具的安全管理。民用航空主管部门负责危险化学品航空运输以及航空运输企业及其运输工具的安全管理。

卫生主管部门负责危险化学品毒性鉴定的管理，负责组织、协调危险化学品事故受伤人员的医疗卫生救援工作。

工商行政管理部门依据有关部门的许可证件，核发危险化学品生产、储存、经营、运输企业营业执照，查处危险化学品经营企业违法采购危险化学品的行为。

邮政管理部门负责依法查处寄递危险化学品的行为。

2. 监督检查

负有危险化学品安全监督管理职责的部门依法进行监督检查，可以采取下列措施：①进入危险化学品作业场所实施现场检查，向有关单位和人员了解情况，查阅、复制有关文件、资料；②发现危险化学品事故隐患，责令立即消除或者限期消除；③对不符合法律、行政法规、规章规定或者国家标准、行业标准要求的设施、设备、装置、器材、运输工具，责令立即停止使用；④经本部门主要负责人批准，查封违法生产、储存、使用、经营危险化学品的场所，扣押违法生产、储存、使用、经营、运输的危险化学品以及用于违法生产、使用、运输危险化学品的原材料、设备、运输工具；⑤发现影响危险化学品安全的违法行为，当场予以纠正或者责令限期改正。

3. 生产、储存安全

国家对危险化学品的生产、储存实行统筹规划、合理布局。国务院工业和信息化主管部门以及国务院其他有关部门依据各自职责，负责危险化学品生产、储存的行业规划和布局。地方人民政府组织编制城乡规划，应当根据本地区的实际情况，按照确保安全的原则，规划适当区域专门用于危险化学品的生产、储存。

新建、改建、扩建生产、储存危险化学品的建设项目（以下简称建设项目），应当由安全生产监督管理部门进行安全条件审查。建设单位应当对建设项目进行安全条件论证，委托具备国家规定的资质条件的机构对建设项目进行安全评价，并将安全条件论证和安全评价的情况报告报建设项目所在地设区的市级以上人民政府安全生产监督管理部门；安全生产监督管理部门应当自收到报告之日起45日内作出审查决定，并书面通知建设单位。新建、改建、扩建储存、装卸危险化学品的港口建设项目，由港口行政管理部门按照国务院交通运输主管部门的规定进行安全条件审查。

生产、储存危险化学品的单位，应当对其铺设的危险化学品管道设置明显标志，并对危险化学品管道定期检查、检测。进行可能危及危险化学品管道安全的施工作业，施工单位应当在开工的7日前书面通知管道所属单位，并与管道所属单位共同制定应急预案，采取相应的安全防护措施。管道所属单位应当指派专门人员到现场进行管道安全保护指导。

危险化学品生产企业进行生产前，应当依照《安全生产许可证条例》的规定，取得危险化学品安全生产许可证。生产列入国家实行生产许可证制度的工业产品目录的危险化学品的企业，应当依照《中华人民共和国工业产品生产许可证管理条例》的规定，取得工业产品生产许可证。

危险化学品生产企业应当提供与其生产的危险化学品相符的化学品安全技术说明书，并在危险化学品包装（包括外包装件）上粘贴或者拴挂与包装内危险化学品相符的化学品安全标签。化学品安全技术说明书和化学品安全标签所载明的内容应当符合国家标准的要求。危险化学品生产企业发现其生产的危险化学品有新的危险特性的，应当立即公告，并及时修订其化学品安全技术说明书和化学品安全标签。

生产实施重点环境管理的危险化学品的企业，应当按照国务院环境保护主管部门的规定，将该危险化学品向环境中释放等相关信息向环境保护主管部门报告。环境保护主管部门可以根据情况采取相应的环境风险控制措施。

危险化学品的包装应当符合法律、行政法规、规章的规定以及国家标准、行业标准的要求。危险化学品包装物、容器的材质以及危险化学品包装的形式、规格、方法和单件质量（重量），应当与所包装的危险化学品的性质和用途相适应。

生产列入国家实行生产许可证制度的工业产品目录的危险化学品包装物、容器的企业，应当依照《中华人民共和国工业产品生产许可证管理条例》的规定，取得工业产品生产许可证；其生产的危险化学品包装物、容器经国务院质量监督检验检疫部门认定的检验机构检验合格，方可出厂销售。运输危险化学品的船舶及其配载的容器，应当按照国家船舶检验规范进行生产，并经海事管理机构认定的船舶检验机构检验合格，方可投入使用。对重复使用的危险化学品包装物、容器，使用单位在重复使用前应当进行检查；发现存在安全隐患的，应当维修或者更换。使用单位应当对检查情况作出记录，记录的保存期限不得少于2年。

危险化学品生产装置或者储存数量构成重大危险源的危险化学品储存设施（运输工具加油站、加气站除外），与下列场所、设施、区域的距离应当符合国家有关规定：①居住区以及商业中心、公园等人员密集场所；②学校、医院、影剧院、体育场（馆）等公共设施；③饮用水源、水厂以及水源保护区；④车站、码头（依法经许可从事危险化学品装卸作业的除外）、机场以及通信干线、通信枢纽、铁路线路、道路交通干线、水路交通干线、地铁风亭以及地铁站出入口；⑤基本农田保护区、基本草原、畜禽遗传资源保护区、畜禽规模化养殖场（养殖小区）、渔业水域以及种子、种畜禽、水产苗种生产基地；⑥河流、湖泊、风景名胜区、自然保护区；⑦军事禁区、军事管理区；⑧法律、行政法规规定的其他场所、设施、区域。储存数量构成重大危险源的危险化学品储存设施的选址，应当避开地震活动断层和容易发生洪灾、地质灾害的区域。

生产、储存危险化学品的单位，应当根据其生产、储存的危险化学品的种类和危险特性，在作业场所设置相应的监测、监控、通风、防晒、调温、防火、灭火、防爆、泄压、防毒、中和、防潮、防雷、防静电、防腐、防泄漏以及防护围堤或者隔离操作等安全设施、设备，并按照国家标准、行业标准或者国家有关规定对安全设施、设备进行经常性维护、保养，保证安全设施、设备的正常使用。生产、储存危险化学品的单位，应当在其作业场所和安全设施、设备上设置明显的安全警示标志。生产、储存危险化学品的单位，应当在其作业场所设置通信、报警装置，并保证处于适用状态。

生产、储存危险化学品的企业，应当委托具备国家规定的资质条件的机构，对本企业的安全生产条件每3年进行1次安全评价，提出安全评价报告。安全评价报告的内容应当包括对安全生产条件存在的问题进行整改的方案。

生产、储存剧毒化学品或者国务院公安部门规定的可用于制造爆炸物品的危险化学品的单位，应当如实记录其生产、储存的剧毒化学品、易制爆危险化学品的数量、流向，并采取必要的安全防范措施，防止剧毒化学品、易制爆危险化学品丢失或者被盗；发现剧毒化学品、易制爆危险化学品丢失或者被盗的，应当立即向当地公安机关报告。生产、储存剧毒化学品、易制爆危险化学品的单位，应当设置治安保卫机构，配备专职治安保卫人员。

危险化学品应当储存在专用仓库、专用场地或者专用储存室（以下统称专用仓库）内，并由专人负责管理；剧毒化学品以及储存数量构成重大危险源的其他危险化学品，应当在专用仓库内单独存放，并实行双人收发、双人保管制度。

储存危险化学品的单位应当建立危险化学品出入库核查、登记制度。对剧毒化学品以及储存数量构成重大危险源的其他危险化学品，储存单位应当将其储存数量、储存地点以及管理人员的情况，报所在地县级人民政府安全生产监督管理部门（在港区内储存的，报港口行政管理部门）和公安机关备案。

危险化学品专用仓库应当符合国家标准、行业标准的要求，并设置明显的标志。储存剧毒化学品、易制爆危险化学品的专用仓库，应当按照国家有关规定设置相应的技术防范设施。储存危险化学品的单位应当对其危险化学品专用仓库的安全设施、设备定期进行检测、检验。

生产、储存危险化学品的单位转产、停产、停业或者解散的，应当采取有效措施，及时、妥善处置其危险化学品生产装置、储存设施以及库存的危险化学品，不得丢弃危险化学品；处置方案应当报所在地县级人民政府安全生产监督管理部门、工业和信息化主管部门、环境保护主管部门和公安机关备案。安全生产监督管理部门应当会同环境保护主管部门和公安机关对处置情况进行监督检查，发现未依照规定处置的，应当责令其立即处置。

4. 使用安全

使用危险化学品的单位，其使用条件（包括工艺）应当符合法律、行政法规的规定和国家标准、行业标准的要求，并根据所使用的危险化学品的种类、危险特性以及使用量和使用方式，建立、健全使用危险化学品的安全管理规章制度和安全操作规程，保证危险化学品的安全使用。

使用危险化学品从事生产并且使用量达到规定数量的化工企业（属于危险化学品生产企业的除外），应当依照规定取得危险化学品安全使用许可证。申请危险化学品安全使用许可证的化工企业，应当向所在地设区的市级人民政府安全生产监督管理部门提出申请。安全生产监督管理部门应当将其颁发危险化学品安全使用许可证的情况及时向同级环境保护主管部门和公安机关通报。

5. 经营安全

国家对危险化学品经营实行许可制度。未经许可，任何单位和个人不得经营危险化学品。从事剧毒化学品、易制爆危险化学品经营的企业，应当向所在地设区的市级人民政府安全生产监督管理部门提出申请，从事其他危险化学品经营的企业，应当向所在地县级人民政府安全生产监督管理部门提出申请（有储存设施的，应当向所在地设区的市级人民政府安全生产监督管理部门提出申请）。设区的市级人民政府安全生产监督管理部门和县级人民政府安全生产监督管理部门应当将其颁发危险化学品经营许可证的情况及时向同级环境保护主管部门和公安机关通报。申请人持危险化学品经营许可证向工商行政管理部门办理登记手续后，方可从事危险化学品经营活动。

危险化学品经营企业不得向未经许可从事危险化学品生产、经营活动的企业采购危险化学品，不得经营没有化学品安全技术说明书或者化学品安全标签的危险化学品。

依法取得危险化学品安全生产许可证、危险化学品安全使用许可证、危险化学品经营许可证的企业，凭相应的许可证件购买剧毒化学品、易制爆危险化学品。民用爆炸物品生产企业凭民用爆炸物品生产许可证购买易制爆危险化学品。前款规定以外的单位购买剧毒化学品的，应当向所在地县级人民政府公安机关申请取得剧毒化学品购买许可证；购买易制爆危险化学品的，应当持本单位出具的合法用途说明。个人不得购买剧毒化学品（属于剧毒化学品的农药除外）和易制爆危险化学品。

危险化学品生产企业、经营企业销售剧毒化学品、易制爆危险化学品，应当查验相关许可证件或者证明文件，不得向不具有相关许可证件或者证明文件的单位销售剧毒化学品、易制爆危险化学品。对持剧毒化学品购买许可证购买剧毒化学品的，应当按照许可证载明的品种、数量销售。禁止向个人销售剧毒化学品（属于剧毒化学品的农药除外）和易制爆危险化学品。

危险化学品生产企业、经营企业销售剧毒化学品、易制爆危险化学品，应当如实记录购买单位的名称、地址、经办人的姓名、身份证号码以及所购买的剧毒化学品、易制爆危险化学品的品种、数量、用途。销售记录以及经办人的身份证明复印件、相关许可证件复印件或者证明文件的保存期限不得少于 1 年。

剧毒化学品、易制爆危险化学品的销售企业、购买单位应当在销售、购买后 5 日内，将所销售、购买的剧毒化学品、易制爆危险化学品的品种、数量以及流向信息报所在地县级人民政府公安机关备案，并输入计算机系统。

6. 运输安全

从事危险化学品道路运输、水路运输的，应当分别依照有关道路运输、水路运输的法律、行政法规的规定，取得危险货物道路运输许可、危险货物水路运输许可，并向工商行政管理部门办理登记手续。

危险化学品道路运输企业、水路运输企业的驾驶人员、船员、装卸管理人员、押运人员、申报人员、集装箱装箱现场检查员应当经交通运输主管部门考核合格，取得从业资格。危险化学品的装卸作业应当遵守安全作业标准、规程和制度，并在装卸管理人员的现场指挥或者监控下进行。水路运输危险化学品的集装箱装箱作业应当在集装箱装箱现场检查员的指挥或者监控下进行，并符合积载、隔离的规范和要求；装箱作业完毕后，集装箱装箱现场检查员应当签署装箱证明书。

运输危险化学品，应当根据危险化学品的危险特性采取相应的安全防护措施，并配备必要的防护用品和应急救援器材。用于运输危险化学品的槽罐以及其他容器应当封口严密，能够防止危险化学品在运输过程中因温度、湿度或者压力的变化发生渗漏、洒漏；槽罐以及其他容器的溢流和泄压装置应当设置准确、起闭灵活。运输危险化学品的驾驶人员、船员、装卸管理人员、押运人员、申报人员、集装箱装箱现场检查员，应当了解所运输的危险化学品的危险特性及其包装物、容器的使用要求和出现危险情况时的应急处置方法。

通过道路运输危险化学品的，托运人应当委托依法取得危险货物道路运输许可的企业承运。应当按照运输车辆的核定载重量装载危险化学品，不得超载。危险化学品运输车辆应当符合国家标准要求的安全技术条件，并按照国家有关规定定期进行安全技术检验。危险化学品运输车辆应当悬挂或者喷涂符合国家标准要求的警示标志。通过道路运输危险化学品的，应当配备押运人员，并保证所运输的危险化学品处于押运人员的监控之下。运输危险化学品途中因住宿或者发生影响正常运输的情况，需要较长时间停车的，驾驶人员、押运人员应当采取相应的安全防范措施；运输剧毒化学品或者易制爆危险化学品的，还应当向当地公安机关报告。

未经公安机关批准，运输危险化学品的车辆不得进入危险化学品运输车辆限制通行的区域。危险化学品运输车辆限制通行的区域由县级人民政府公安机关划定，并设置明显的标志。通过道路运输剧毒化学品的，托运人应当向运输始发地或者目的地县级人民政府公安机关申请剧毒化学品道路运输通行证。

剧毒化学品、易制爆危险化学品在道路运输途中丢失、被盗、被抢或者出现流散、泄漏等情况的，驾驶人员、押运人员应当立即采取相应的警示措施和安全措施，并向当地公安机关报告。公安机关接到报告后，应当根据实际情况立即向安全生产监督管理部门、环境保护主管部门、卫生主管部门通报。有关部门应当采取必要的应急处置措施。

通过水路运输危险化学品的，应当遵守法律、行政法规以及国务院交通运输主管部门关于危险货物水路运输安全的规定。拟交付船舶运输的化学品的相关安全运输条件不明确的，货物所有人或者代理人应当委托相关技术机构进行评估，明确相关安全运输条件并经海事管理机构确认后，方可交付船舶运输。禁止通过内河封闭水域运输剧毒化学品以及国家规定禁止通过内河运输的其他危险化学品。其他内河水域，禁止运输国家规定禁止通过内河运输的剧毒化学品以及其他危险化学品。

通过内河运输危险化学品，应当由依法取得危险货物水路运输许可的水路运输企业承运，其他单位和个人不得承运。通过内河运输危险化学品，应当使用依法取得危险货物适装证书的运输船舶。水路运输企业应当针对所运输的危险化学品的危险特性，制定运输船舶危险化学品事故应急救援预案，并为运输船舶配备充足、有效的应急救援器材和设备。通过内河运输危险化学品的船舶，其所有人或者经营人应当取得船舶污染损害责任保险证书或者财务担保证明。船舶污染损害责任保险证书或者财务担保证明的副本应当随船携带。通过内河运输危险化学品，危险化学品包装物的材质、形式、强度以及包装方法应当符合水路运输危险化学品包装规范的要求。国务院交通运输主管部门对单船运输的危险化学品数量有限制性规定的，承运人应当按照规定安排运输数量。

用于危险化学品运输作业的内河码头、泊位应当符合国家有关安全规范，与饮用水取水口保持国家规定的距离。有关管理单位应当制定码头、泊位危险化学品事故应急预案，并为码头、泊位配备充足、有效的应急救援器材和设备。用于危险化学品运输作业的内河码头、泊位，经交通运输主管部门按照国家有关规定验收合格后方可投入使用。

船舶载运危险化学品进出内河港口，应当将危险化学品的名称、危险特性、包装以及进出港时间等事项，事先报告海事管理机构。海事管理机构接到报告后，应当在国务院交通运输主管部门规定的时间内作出是否同意的决定，通知报告人，同时通报港口行政管理部门。定船舶、定航线、定货种的船舶可以定期报告。在内河港口内进行危险化学品的装卸、过驳作业，应当将危险化学品的名称、危险特性、包装和作业的时间、地点等事项报告港口行政管理部门。港口行政管理部门接到报告后，应当在国务院交通运输主管部门规定的时间内作出是否同意的决定，通知报告人，同时通报海事管理机构。载运危险化学品的船舶在内河航行，通过过船建筑物的，应当提前向交通运输主管部门申报，并接受交通运输主管部门的管理。载运危险化学品的船舶在内河航行、装卸或者停泊，应当悬挂专用的警示标志，按照规定显示专用信号。载运危险化学品的船舶在内河航行，按照国务院交通运输主管部门的规定需要引航的，应当申请引航。

托运危险化学品的，托运人应当向承运人说明所托运的危险化学品的种类、数量、危险特性以及发生危险情况的应急处置措施，并按照国家有关规定对所托运的危险化学品妥善包装，在外包装上设置相应的标志。运输危险化学品需要添加抑制剂或者稳定剂的，托运人应当添加，并将有关情况告知承运人。托运人不得在托运的普通货物中夹带危险化学品，不得将危险化学品匿报或者谎报为普通货物托运。任何单位和个人不得交寄危险化学品或者在邮件、快件内夹带危险化学品，不得将危险化学品匿报或者谎报为普通物品交寄。邮政企业、快递企业不得收寄危险化学品。

7. 危险化学品登记

国家实行危险化学品登记制度，为危险化学品安全管理以及危险化学品事故预防和应急救援提供技术、信息支持。危险化学品生产企业、进口企业，应当向国务院安全生产监督管理部门负责危险化学品登记的机构办理危险化学品登记。危险化学品登记机构应当定期向工业和信息化、环境保护、公安、卫生、交通运输、铁路、质量监督检验检疫等部门提供危险化学品登记的有关信息和资料。

8. 事故应急救援

县级以上地方人民政府安全生产监督管理部门应当会同工业和信息化、环境保护、公安、卫生、交通运输、铁路、质量监督检验检疫等部门，根据本地区实际情况，制定危险化学品事故应急预案，报本级人民政府批准。

危险化学品生产单位应当制定本单位危险化学品事故应急预案，配备应急救援人员和必要的应急救援器材、设备，并定期组织应急救援演练。危险化学品生产单位应当将其危险化学品事故应急预案报所在地设区的市级人民政府安全生产监督管理部门备案。

发生危险化学品事故，事故单位主要负责人应当立即按照本单位危险化学品应急预案组织救援，并向当地安全生产监督管理部门和环境保护、公安、卫生主管部门报告；道路运输、水路运输过程中发生危险化学品事故的，驾驶人员、船员或者押运人员还应当向事故发生地交通运输主管部门报告。

发生危险化学品事故，有关地方人民政府应当立即组织安全生产监督管理、环境保护、公安、卫生、交通运输等有关部门，按照本地区危险化学品事故应急预案组织实施救援，不得拖延、推诿。有关地方人民政府及其有关部门应当按照下列规定，采取必要的应急处置措施，减少事故损失，防止事故蔓延、扩大：①立即组织营救和救治受害人员，疏散、撤离或者采取其他措施保护危害区域内的其他人员；②迅速控制危害源，测定危险化学品的性质、事故的危害区域及危害程度；③针对事故对人体、动植物、土壤、水源、大气造成的现实危害和可能产生的危害，迅速采取封闭、隔离、洗消等措施；④对危险化学品事故造成的环境污染和生态破坏状况进行监测、评估，并采取相应的环境污染治理和生态修复措施。

有关危险化学品单位应当为危险化学品事故应急救援提供技术指导和必要的协助。危险化学品事故造成环境污染的，由设区的市级以上人民政府环境保护主管部门统一发布有关信息。

习题与讨论

［1］ 简述《中华人民共和国海洋环境保护法》的适用范围和域外效力。
［2］ 简述我国大气污染防治法的法律沿革。
［3］ 简述饮用水水源保护的有关法律规定。
［4］ 简述什么是环境噪声污染。
［5］ 简述《中华人民共和国固体废物污染环境防治法》的适用范围。

第七章　自然资源保护

我国具有丰富的自然资源，如广袤的土地、蜿蜒的河川、适宜的气候、多样的动植物、丰富的能源。然而这些资源并非是无限的，加之不断增加的人口压力，如果对自然资源不进行科学有效的管理，很多资源将在不久的将来消耗殆尽。本章将分析我国的自然资源管理政策与法律。

第一节　水资源保护

一、水资源

水是生命的源泉，生态的基础，社会经济发展的要素。人均水资源量少、水资源时空分布不均、水污染严重是我国的基本国情，水资源供需矛盾突出是影响我国社会经济环境可持续发展的主要瓶颈之一。随着工业化、城镇化发展，全球气候变化影响加大，我国面临的水资源短缺形势更趋严峻。

二、水资源立法概况

《中华人民共和国水法》（以下简称《水法》）是1988年制定的。这部法律的实施，对规范水资源的开发利用行为、保护水资源、防治水害、促进水利事业的发展发挥了积极的作用。但是，随着社会经济形势的不断发展，出现了一些新情况和新问题，主要表现在：①在水资源开发、利用中重开源、轻节流和保护，重经济效益、轻生态与环境保护，在一定程度上导致许多地方水源枯竭，污染严重，生态环境破坏。②水资源管理制度尚不完善，特别是在节约用水、计划用水和水资源保护方面，缺乏相应的管理制度，致使水资源浪费严重，水源遭到破坏和污染，水资源利用率较低。③水资源实行统一管理与分级、分部门管理相结合的管理体制，但对流域管理未作规定，水资源管理地区分割的现象依然存在，造成了水资源的不合理利用，影响了水资源的合理配置和综合效益的发挥。④对水资源有偿使用制度规定得不够明确，影响了市场机制下水资源的优化配置。⑤有关法律责任的规定过于原则，难以操作，对违法行为打击力度不够，给执法工作造成了困难。鉴于这种情况，2002年对《水法》进行了修订，这次修订的重点：①强化水资源的统一管理，注重水资源宏观配置，发挥市场在水资源配置中的作用；②把节约用水和水资源保护放在突出位置，提高用水效率；③加强水资源开发、利用、节约和保护的规划与管理，明确规划在水资源开发中的法律地位，强化流域管理；④适应水资源可持续利用的要求，通过合理配置水资源，协调好生活、生产和生态用水，特别是要加强水资源开发、利用中对生态环境的保护；⑤适应依法行政的要求，强化法律责任。2016年《水法》又做出修改，将第19条修改为："建设水工程，必须符合流域综合规划。在国家确定的重要江河、湖泊和跨省、自治区、直辖市的江河、湖泊上建设水工程，未取得有关流域管理机构签署的符合流域综合规划要求的规划同意书的，建设单位不得开工建设；在其他江河、湖泊上建设水工程，未取得县级以上地方人民政府水行政主管部门按照管理权限签署的符合流域综合规划要求的规划同意书的，建设单位不得开工建设。水工程建设涉及防洪的，依照防洪法的有关规定执行；涉及其他地区和行业的，建设单位应当事先征求有关地区和部门的意见。"

目前，我国颁布实施以水管理为主要内容的法律4件、行政法规20件、部门规章55件、地方性法规和地方政府规章700余件[50]，有关主要法律法规见表7-1。

表7-1 我国颁布实施的以水管理为主要内容的法律法规

法律法规	施行时间
法律	
《中华人民共和国水法》	1988年通过 2002年修订 2009年修改 2016年修改
《中华人民共和国防洪法》	1997年通过 2009年第一次修正 2015年第二次修正 2016年修改
《中华人民共和国水土保持法》	1991年通过 2010年修订
行政法规和法规性文件	
《农田水利条例》	2016
《南水北调工程供用水管理条例》	2014
《实行最严格水资源管理制度考核办法》	2013
《长江流域综合规划》	2013
《辽河流域综合规划》	2013
《国家农业节水纲要》(2012—2020年)	2012
《太湖流域管理条例》	2011
《中华人民共和国抗旱条例》	2009
《中华人民共和国水文条例》	2007/2016
《大中型水利水电工程建设征地补偿和移民安置条例》	2006/2011
《关于加强蓄滞洪区建设与管理若干意见》	2006
《取水许可和水资源费征收管理条例》	2006
《国务院办公厅关于推进水价改革促进节约用水保护水资源的通知》	2004
《国务院体改办关于水利工程管理体制改革实施意见的通知》	2002
《长江河道采砂管理条例》	2001
《长江三峡水利工程建设移民条例》	2001
《国务院关于加强城市供水节水和水污染防治工作的通知》	2000
《国务院批转国家计委、财政部、水利部、建设部关于加强公益性水利工程建设管理若干意见的通知》	2000
《蓄滞洪区运用补偿暂行办法》	2000
《水利产业政策》	1997

续表

法律法规	施行时间
《水利建设基金筹集和使用管理暂行办法》	1997
《淮河流域水污染防治暂行条例》	1995/2011
《中华人民共和国水土保持法实施条例》	1993/2011
《中华人民共和国防汛条例》	1991/2011
《水库大坝安全管理条例》	1991/2011
《国务院批转水利部关于蓄滞洪区安全与建设指导纲要的通知》	1988
《开发建设晋陕蒙接壤地区水土保持规定》	1988/2011
《中华人民共和国河道管理条例》	1988/2011

三、水资源保护的主要制度

1. 水资源权属

在水资源权属方面，实行单一的国家所有制，确立了所有权与使用权分离原则。《宪法》第 9 条和《水法》第 3 条都规定水资源属于国家所有。水资源的所有权由国务院代表国家行使。农村集体经济组织的水塘和由农村集体经济组织修建管理的水库中的水，归该农村集体经济组织使用。

2. 取水许可制度和有偿使用制度

国家对水资源依法实行取水许可制度和有偿使用制度。直接从江河、湖泊或者地下取用水资源的单位和个人，应当按照国家取水许可制度和水资源有偿使用制度的规定，向水行政主管部门或者流域管理机构申请领取取水许可证，并缴纳水资源费，取得取水权。但是，农村集体经济组织及其成员使用本集体经济组织的水塘、水库中的水的情况除外。国务院水行政主管部门负责全国取水许可制度和水资源有偿使用制度的组织实施。

3. 水资源管理体制

国家对水资源实行流域管理与行政区域管理相结合的管理体制。国务院水行政主管部门负责全国水资源的统一管理和监督工作。国务院水行政主管部门在国家确定的重要江河、湖泊设立的流域管理机构（以下简称流域管理机构），在所管辖的范围内行使法律、行政法规规定的和国务院水行政主管部门授予的水资源管理和监督职责。县级以上地方人民政府水行政主管部门按照规定的权限，负责本行政区域内水资源的统一管理和监督工作。我国目前的流域管理机构是长江、黄河、淮河、海河、珠江、松辽水利委员会和太湖流域管理局及其所属管理机构。流域管理机构的管理职能具体包括水功能区划的拟订、核定管理水域的纳污能力及提出其限制排污总量意见、水功能区的管理及水质监测、辖区内饮用水水源保护区和排污口的监督管理等。这些规定不仅确立了流域管理机构在水资源管理中的法律地位，而且原则划分了流域管理机构与区域管理机构的管理职责与权限，对实施流域控制具有实际意义。

4. 水资源规划

开发、利用、节约、保护水资源和防治水害，应当全面规划、统筹兼顾、标本兼治、综合利用、讲求效益，发挥水资源的多种功能，协调好生活、生产经营和生态环境用水。县级以上人民政府应当加强水利基础设施建设，并将其纳入本级国民经济和社会发展计划。

开发、利用、节约、保护水资源和防治水害，应当按照流域、区域统一制定规划。规划分为流域规划和区域规划。流域规划包括流域综合规划和流域专业规划；区域规划包括区域综合规划和区域专业规划。前文中的综合规划是指根据经济社会发展需要和水资源开发利用现状编制的开发、利用、节约、保护水资源和防治水害的总体部署。专业规划，是指防洪、治涝、灌溉、航运、供水、水力发电、竹木流放、渔业、水资源保护、水土保持、防沙治沙、节约用水等规划。流域范围内的区域规划应当服从流域规划，专业规划应当服从综合规划。流域综合规划和区域综合规划以及与土地利用关系密切的专业规划，应当与国民经济和社会发展规划以及土地利用总体规划、城市总体规划和环境保护规划相协调，兼顾各地区、各行业的需要。

建设水工程，必须符合流域综合规划。在国家确定的重要江河、湖泊和跨省、自治区、直辖市的江河、湖泊上建设水工程，其工程可行性研究报告报请批准前，有关流域管理机构应当对水工程的建设是否符合流域综合规划进行审查并签署意见；在其他江河、湖泊上建设水工程，其工程可行性研究报告报请批准前，县级以上地方人民政府水行政主管部门应当按照管理权限对水工程的建设是否符合流域综合规划进行审查并签署意见。水工程建设涉及防洪的，依照防洪法的有关规定执行；涉及其他地区和行业的，建设单位应当事先征求有关地区和部门的意见。

5. 水资源开发利用

水资源开发利用的原则。国家鼓励单位和个人依法开发、利用水资源，并保护其合法权益。开发、利用水资源的单位和个人有依法保护水资源的义务。开发、利用水资源，应当坚持兴利与除害相结合，兼顾上下游、左右岸和有关地区之间的利益，充分发挥水资源的综合效益，并服从防洪的总体安排。开发、利用水资源，应当首先满足城乡居民生活用水，并兼顾农业、工业、生态环境用水以及航运等需要。在干旱和半干旱地区开发、利用水资源，应当充分考虑生态环境用水需要。地方各级人民政府应当结合本地区水资源的实际情况，按照地表水与地下水统一调度开发、开源与节流相结合、节流优先和污水处理再利用的原则，合理组织开发、综合利用水资源。国民经济和社会发展规划以及城市总体规划的编制、重大建设项目的布局，应当与当地水资源条件和防洪要求相适应，并进行科学论证；在水资源不足的地区，应当对城市规模和建设耗水量大的工业、农业和服务业项目加以限制。在水资源短缺的地区，国家鼓励对雨水和微咸水的收集、开发、利用和对海水的利用、淡化。

跨流域调水，应当进行全面规划和科学论证，统筹兼顾调出和调入流域的用水需要，防止对生态环境造成破坏。

国家鼓励开发、利用水能资源。在水能丰富的河流，应当有计划地进行多目标梯级开发。建设水力发电站，应当保护生态环境，兼顾防洪、供水、灌溉、航运、竹木流放和渔业等方面的需要。

国家鼓励开发、利用水运资源。在水生生物洄游通道、通航或者竹木流放的河流上修建永久性拦河闸坝，建设单位应当同时修建过鱼、过船、过木设施，或者经国务院授权的部门批准采取其他补救措施，并妥善安排施工和蓄水期间的水生生物保护、航运和竹木流放，所需费用由建设单位承担。在不通航的河流或者人工水道上修建闸坝后可以通航的，闸坝建设单位应当同时修建过船设施或者预留过船设施位置。

国家对水工程建设移民实行开发性移民的方针，按照前期补偿、补助与后期扶持相结合的原则，妥善安排移民的生产和生活，保护移民的合法权益。移民安置应当与工程建设同步进行。建设单位应当根据安置地区的环境容量和可持续发展的原则，因地制宜，编制移民安置规划，经依法批准后，由有关地方人民政府组织实施。所需移民经费列入工程建设投资计划。

6. 水资源、水域和水工程的保护

实行水功能区划。国务院水行政主管部门会同国务院环境保护行政主管部门、有关部门和有关省、自治区、直辖市人民政府，按照流域综合规划、水资源保护规划和经济社会发展要求，拟定国家确定的重要江河、湖泊的水功能区划。跨省、自治区、直辖市的其他江河、湖泊的水功能区划，由有关流域管理机构会同江河、湖泊所在地的省、自治区、直辖市人民政府水行政主管部门、环境保护行政主管部门和其他有关部门拟定。

国家建立饮用水水源保护区制度。省、自治区、直辖市人民政府应当划定饮用水水源保护区，并采取措施，防止水源枯竭和水体污染，保证城乡居民饮用水安全。禁止在饮用水水源保护区内设置排污口。在江河、湖泊新建、改建或者扩大排污口，应当经过有管辖权的水行政主管部门或者流域管理机构同意，由环境保护行政主管部门负责对该建设项目的环境影响报告书进行审批。

在地下水超采地区，县级以上地方人民政府应当采取措施，严格控制开采地下水。在地下水严重超采地区，经省、自治区、直辖市人民政府批准，可以划定地下水禁止开采或者限制开采区。在沿海地区开采地下水，应当经过科学论证，并采取措施，防止地面沉降和海水入侵。

在行洪与防洪方面，禁止在江河、湖泊、水库、运河、渠道内弃置、堆放阻碍行洪的物体和种植阻碍行洪的林木及高秆作物。禁止在河道管理范围内建设妨碍行洪的建筑物、构筑物以及从事影响河势稳定、危害河岸堤防安全和其他妨碍河道行洪的活动。在河道管理范围内建设桥梁、码头和其他拦河、跨河、临河建筑物、构筑物，铺设跨河管道、电缆，应当符合国家规定的防洪标准和其他有关的技术要求，工程建设方案应当依照防洪法的有关规定报经有关水行政主管部门审查同意。

国家对水工程实施保护。单位和个人有保护水工程的义务，不得侵占、毁坏堤防、护岸、防汛、水文监测、水文地质监测等工程设施。县级以上地方人民政府应当采取措施，保障本行政区域内水工程，特别是水坝和堤防的安全，限期消除险情。水行政主管部门应当加强对水工程安全的监督管理。

7. 水资源配置和节约使用

国务院发展计划主管部门和国务院水行政主管部门负责全国水资源的宏观调配。全国的和跨省、自治区、直辖市的水中长期供求规划，由国务院水行政主管部门会同有关部门制定。地方的水中长期供求规划，由县级以上地方人民政府水行政主管部门会同同级有关部门依据上一级水中长期供求规划和本地区的实际情况制定。水中长期供求规划应当依据水的供求现状、国民经济和社会发展规划、流域规划、区域规划，按照水资源供需协调、综合平衡、保护生态、厉行节约、合理开源的原则制定。

调蓄径流和分配水量，应当依据流域规划和水中长期供求规划，以流域为单元制定水量分配方案。在不同行政区域之间的边界河流上建设水资源开发、利用项目，应当符合该流域经批准的水量分配方案。县级以上地方人民政府水行政主管部门或者流域管理机构应当根据批准的水量分配方案和年度预测来水量，制订年度水量分配方案和调度计划，实施水量统一调度，有关地方人民政府必须服从。国家确定的重要江河、湖泊的年度水量分配方案，应当纳入国家的国民经济和社会发展年度计划。

国家对用水实行总量控制和定额管理相结合的制度。省、自治区、直辖市人民政府有关行业主管部门应当制订本行政区域内行业用水定额。县级以上地方人民政府发展计划主管部门会同同级水行政主管部门，根据用水定额、经济技术条件以及水量分配方案确定的可供本行政区域使用的水量，制订年度用水计划，对本行政区域内的年度用水实行总量控制。

取水许可证制度。直接从江河、湖泊或者地下取用水资源的单位和个人，应当按照国家取水许可制度和水资源有偿使用制度的规定，向水行政主管部门或者流域管理机构申请领取取水许可证，并缴纳水资源费，取得取水权。但是，家庭生活和零星散养、圈养畜禽饮用等少量取水的除外。

用水应当计量，并按照批准的用水计划用水。用水实行计量收费和超定额累进加价制度。使用水工程供应的水，应当按照国家规定向供水单位缴纳水费。供水价格应当按照补偿成本、合理收益、优质优价、公平负担的原则确定。

在节约用水方面，国家厉行节约用水，大力推行节约用水措施，推广节约用水新技术、新工艺，发展节水型工业、农业和服务业，建立节水型社会。各级人民政府应当采取措施，加强对节约用水的管理，建立节约用水技术开发推广体系，培育和发展节约用水产业。单位和个人有节约用水的义务。各级人民政府应当推行节水灌溉方式和节水技术，对农业蓄水、输水工程采取必要的防渗漏措施，提高农业用水效率。工业用水应当采用先进技术、工艺和设备，增加循环用水次数，提高水的重复利用率。国家逐步淘汰落后的、耗水量高的工艺、设备和产品，具体名录由国务院经济综合主管部门会同国务院水行政主管部门和有关部门制定并公布。生产者、销售者或者生产经营中的使用者应当在规定的时间内停止生产、销售或者使用列入名录的工艺、设备和产品。城市人民政府应当因地制宜采取有效措施，推广节水型生活用水器具，降低城市供水管网漏失率，提高生活用水效率；加强城市污水集中处理，鼓励使用再生水，提高污水再生利用率。

8.水事纠纷处理

不同行政区域之间发生水事纠纷的，应当协商处理；协商不成的，由上一级人民政府裁决，有关各方必须遵照执行。在水事纠纷解决前，未经各方达成协议或者共同的上一级人民政府批准，在行政区域交界线两侧一定范围内，任何一方不得修建排水、阻水、取水和截（蓄）水工程，不得单方面改变水的现状。

单位之间、个人之间、单位与个人之间发生的水事纠纷，应当协商解决；当事人不愿协商或者协商不成的，可以申请县级以上地方人民政府或者其授权的部门调解，也可以直接向人民法院提起民事诉讼。县级以上地方人民政府或者其授权的部门调解不成的，当事人可以向人民法院提起民事诉讼。在水事纠纷解决前，当事人不得单方面改变现状。

第二节　土地资源保护

一、土地资源

土地资源是承载人类社会几乎所有活动的场所。其持续利用是实现人类社会和经济可持续发展的重要基础和前提。因此，协调好人口增长、经济发展、环境改善与土地资源可持续利用的关系，对人类社会的生存与发展具有深远意义。自从工业革命以来，以经济增长为目标，以工业化为内容的发展方式大大加快了耕地、淡水、森林的消耗，土地退化日趋严重。

当前，我国土地资源对社会经济可持续发展的瓶颈作用尤其明显，土地资源供需矛盾突出，土地资源浪费严重，重利用轻保护，土地质量下降。为了缓解上述矛盾，保证持续满足未来对粮食和建设的需求，应该运用法律法规加强监督管理，建立起同土地资源持续利用相适应的制度和机制，促进土地资源的可持续利用。

二、土地资源立法概况

新中国成立后，我国开始进入社会主义革命和建设的新时期，为确立和维护社会主义土地公有制，合理保护和利用土地，国家根据不同时期的具体特点和土地公有制进程的需要，制定了一系列法律法规。

从1949～1966年，我国首要任务是确立土地所有权和使用权的关系，具体而言，就是没收官僚买办和地主的土地，处理城镇房地产权和无主土地，建立新型的社会主义土地所有制和土地使用方式[51]，这一阶段的主要土地管理法律法规见表7-2。20世纪60年代中后期到1978年，中央和地方的土地管理和立法机构被解散，土地立法工作基本停滞。

表7-2　1949—1966年我国出台的土地管理主要法律法规

时间	阶段	主要法律法规
1949—1953年	土地改革，农民所有制建立	《政务院关于处理老解放区市郊农业土地问题的指示》(1950) 《土地改革法》(1950) 《城市郊区土地改革条例》(1950)
1953—1957年	农业合作化	《农业生产合作社示范章程》(1955) 《高级农业生产合作社示范章程》(1956)
1958—1962年	人民公社化	《农村人民公社工作条例》(1962)
1962—1966年	"三级所有，队为基础"	《关于改变农村人民公社基本核算单位问题的指示》(1962)

资料来源：许坚，吴茨芳，高海燕.新中国的土地立法.资源·产业，2002，(4)：38-42.

自1978年至20世纪80年代末，土地问题在经济改革的大潮中日益严峻和复杂化，原来对土地所有制和使用制的法律规定，需要在新的形势下进行调整。在这一阶段，土地所有制与土地使用制，在立法上都有重大突破，专门的土地管理法出台，土地立法体系的基本框架开始形成。1982年宪法确立了城市土地国有化制度，初步建立土地使用制度改革立法。1979年，《中外合资经营企业法》首次对土地的有偿使用进行了规范，提出了土地使用权和使用费的概念。1980年，《中外合营企业建设用地暂行规定》对土地使用费的计算、投资方式、具体标准及使用水平均作了具体的规定。1983年，《中外合资经营企业法实施条例》进一步对土地使用权有偿出让的形式和程序进行了规范。这些法规对土地使用费的规定，不仅奠定了此后土地使用权有偿出让和转让的基础，同时也为此后土地使用制度改革的开展提供了立法准备。1986年，《中华人民共和国土地管理法》（以下简称《土地管理法》）通过，这是我国颁布的第一部比较全面调整土地关系的法律[51]。

1988年以来土地立法改革进一步深化，《宪法》及《土地管理法》相继对土地使用制度进行修改。1988年修订的《宪法》规定，土地的使用权可以依照法律的规定转让。1988年修订的《土地管理法》规定，国有土地和集体所有的土地的使用权可依法转让，国家依法实行土地有偿使用制度。

我国主要土地管理法律法规见表7-3。

表 7-3　我国主要土地管理法律法规

法律法规	施行时间
法律	
《中华人民共和国土地管理法》	1986 年通过,1988 年第一次修正,1998 年修订,2004 年第二次修正
《中华人民共和国城市房地产管理法》	1994 年通过,2007/2009 年修正
《中华人民共和国农村土地承包法》	2003 年通过,2009 年修正
行政法规	
《土地复垦条例》	2011
《土地调查条例》	2008/2016
《城镇国有土地使用权出让和转让暂行条例》	1990
《村庄和集镇规划建设管理条例》	1993
《退耕还林条例》	2003/2016
《国务院关于深化改革严格土地管理的决定》	2004
《城镇土地使用税暂行条例》	1988/2013
《耕地占用税暂行条例》	2007
《城市房地产开发经营管理条例》	1998/2011
《基本农田保护条例》	1998/2011
《土地管理法实施条例》	1999/2011
《大中型水利水电工程建设征地补偿和移民安置条例》	2006/2013

三、土地资源管理的主要法律规定

1. 土地权属

中华人民共和国实行土地的社会主义公有制,即全民所有制和劳动群众集体所有制。全民所有,即国家所有土地的所有权由国务院代表国家行使,任何单位和个人不得侵占、买卖或者以其他形式非法转让土地。土地使用权可以依法转让。国家为了公共利益的需要,可以依法对土地实行征收或者征用并给予补偿。城市市区的土地属于国家所有。农村和城市郊区的土地,除由法律规定属于国家所有的以外,属于农民集体所有;宅基地和自留地、自留山,属于农民集体所有。

国有土地和农民集体所有的土地,可以依法确定给单位或者个人使用。使用土地的单位和个人,有保护、管理和合理利用土地的义务。农民集体所有的土地依法属于村农民集体所有的,由村集体经济组织或者村民委员会经营、管理;已经分别属于村内两个以上农村集体经济组织的农民集体所有的,由村内各该农村集体经济组织或者村民小组经营、管理;已经属于乡(镇)农民集体所有的,由乡(镇)农村集体经济组织经营、管理。

国家依法实行国有土地有偿使用制度。但是,国家在法律规定的范围内划拨国有土地使用权的除外。

2. 土地承包经营权

农民集体所有的土地由本集体经济组织的成员承包经营,从事种植业、林业、畜牧业、渔业生产。土地承包经营期限为 30 年。发包方和承包方应当订立承包合同,约定双方的权利和义务。承包经营土地的农民有保护和按照承包合同约定的用途合理利用土地的义务。农民的土地承包经营权受法律保护。农民集体所有的土地由本集体经济组织以外的单位或者个人承包经营的，必须经村民会议三分之二以上成员或者三分之二以上村民代表的同意，并报乡（镇）人民政府批准。

国有土地可以由单位或者个人承包经营，从事种植业、林业、畜牧业、渔业生产。农民集体所有的土地，可以由本集体经济组织以外的单位或者个人承包经营，从事种植业、林业、畜牧业、渔业生产。发包方和承包方应当订立承包合同，约定双方的权利和义务。土地承包经营的期限由承包合同约定。承包经营土地的单位和个人，有保护和按照承包合同约定的用途合理利用土地的义务。

3. 土地用途管制

国家实行土地用途管制制度。国家编制土地利用总体规划，规定土地用途，将土地分为农用地、建设用地和未利用地。严格限制农用地转为建设用地，控制建设用地总量，对耕地实行特殊保护。使用土地的单位和个人必须严格按照土地利用总体规划确定的用途使用土地。

4. 土地利用总体规划

各级人民政府应当依据国民经济和社会发展规划、国土整治和资源环境保护的要求、土地供给能力以及各项建设对土地的需求，组织编制土地利用总体规划。根据《中华人民共和国土地管理法实施条例》第9条规定，土地利用总体规划的规划期限一般为15年。省、自治区、直辖市人民政府编制的土地利用总体规划，应当确保本行政区域内耕地总量不减少。

5. 耕地保护

国家实行占用耕地补偿制度。非农业建设经批准占用耕地的，按照"占多少，垦多少"的原则，由占用耕地的单位负责开垦与所占用耕地的数量和质量相当的耕地；没有条件开垦或者开垦的耕地不符合要求的，应当按照省、自治区、直辖市的规定缴纳耕地开垦费，专款用于开垦新的耕地。省、自治区、直辖市人民政府应当严格执行土地利用总体规划和土地利用年度计划，采取措施，确保本行政区域内耕地总量不减少。

国家实行基本农田保护制度。下列耕地应当根据土地利用总体规划划入基本农田保护区，严格管理：①经国务院有关主管部门或者县级以上地方人民政府批准确定的粮、棉、油生产基地内的耕地；②有良好的水利与水土保持设施的耕地，正在实施改造计划以及可以改造的中、低产田；③蔬菜生产基地；④农业科研、教学试验田；⑤国务院规定应当划入基本农田保护区的其他耕地。各省、自治区、直辖市划定的基本农田应当占本行政区域内耕地的80%以上。

禁止任何单位和个人闲置、荒芜耕地。已经办理审批手续的非农业建设占用耕地，1年内不用而又可以耕种并收获的，应当由原耕种该幅耕地的集体或者个人恢复耕种，也可以由用地单位组织耕种；1年以上未动工建设的，应当按照省、自治区、直辖市的规定缴纳闲置费；连续2年未使用的，经原批准机关批准，由县级以上人民政府无偿收回用地单位的土地使用权；该幅土地原为农民集体所有的，应当交由原农村集体经济组织恢复耕种。承包经营耕地的单位或者个人连续2年弃耕抛荒的，原发包单位应当终止承包合同，收回发包的耕地。

6. 建设用地

任何单位和个人进行建设，需要使用土地的，必须依法申请使用国有土地；但是，兴办乡镇企业和村民建设住宅经依法批准使用本集体经济组织农民集体所有的土地的,或者乡(镇)村公共设施和公益事业建设经依法批准使用农民集体所有的土地的除外。建设占用土地,涉及农用地转为建设用地的,应当办理农用地转用审批手续。征收基本农田、基本农田以外的耕地超过 35hm² 的、其他土地超过 70hm² 的,由国务院批准。征收农用地的,应当先行办理农用地转用审批手续。

征收土地的,按照被征收土地的原用途给予补偿。征收耕地的补偿费用包括土地补偿费、安置补助费以及地上附着物和青苗的补偿费。征收耕地的土地补偿费,为该耕地被征收前 3 年平均年产值的 6~10 倍。征收耕地的安置补助费,按照需要安置的农业人口数计算。需要安置的农业人口数,按照被征收的耕地数量除以征地前被征收单位平均每人占有耕地的数量计算。每一个需要安置的农业人口的安置补助费标准,为该耕地被征收前 3 年平均年产值的 4~6 倍。但是,每公顷被征收耕地的安置补助费,最高不得超过被征收前 3 年平均年产值的 15 倍。

建设单位使用国有土地,应当以出让等有偿使用方式取得。但是国家机关用地和军事用地;城市基础设施用地和公益事业用地;国家重点扶持的能源、交通、水利等基础设施用地,经县级以上人民政府依法批准,可以以划拨方式取得。以出让等有偿使用方式取得国有土地使用权的建设单位,按照国务院规定的标准和办法,缴纳土地使用权出让金等土地有偿使用费和其他费用后,方可使用土地。新增建设用地的土地有偿使用费,百分之三十上缴中央财政,百分之七十留给有关地方人民政府,都专项用于耕地开发。

建设单位使用国有土地的,应当按照土地使用权出让等有偿使用合同的约定或者土地使用权划拨批准文件的规定使用土地;确需改变该幅土地建设用途的,应当经有关人民政府土地行政主管部门同意,报原批准用地的人民政府批准。其中,在城市规划区内改变土地用途的,在报批前,应当先经有关城市规划行政主管部门同意。

乡镇企业、乡(镇)村公共设施、公益事业、农村村民住宅等乡(镇)村建设,应当按照村庄和集镇规划,合理布局,综合开发,配套建设。乡(镇)村公共设施、公益事业建设,需要使用土地的,经乡(镇)人民政府审核,向县级以上地方人民政府土地行政主管部门提出申请,按照省、自治区、直辖市规定的批准权限,由县级以上地方人民政府批准。

农村村民一户只能拥有一处宅基地。农村村民建住宅,应当符合乡(镇)土地利用总体规划,并尽量使用原有的宅基地和村内空闲地。农村村民出卖、出租住房后,再申请宅基地的,不予批准。农民集体所有的土地的使用权不得出让、转让或者出租用于非农业建设;但是,符合土地利用总体规划并依法取得建设用地的企业,因破产、兼并等情形致使土地使用权依法发生转移的除外。

第三节 矿产资源保护

一、矿产资源

世界矿产资源分布不均和相对稀缺,获得和控制足够的资源是国家安全战略的重要目标之一[52]。我国是世界上矿产资源种类齐全、储量丰富的少数国家之一。矿产资源作为经济社会发展的重要物质基础,其开发利用有力支撑了我国经济社会的持续较快发展。尽管我国矿产资源总量丰富,矿种齐全,但人均不足。贫矿多、富矿少,大宗、战略性矿产严重不足。单一矿种矿少、共生伴生矿多。能源矿产主要分布在北方。产业布局与能源及其他重要矿产在空间上不匹配,加大了资源开发利用的难度[53]。

二、矿产资源立法概况

新中国成立后颁布的第一部矿业法规是《矿业暂行条例》(1951)。该条例规定矿产资源归国家所有,设置探矿和采矿许可执照,并规定了探矿者和采矿者的权利及义务。1965年国务院批转了地质部制定的《矿产资源保护试行条例》,初步形成了新中国矿业权制度的雏形。但随着对资本主义工商业改造的完成,国家逐步建立和实行计划经济体制,《矿业暂行条例》规定的矿业权制度逐步被国家计划和其他单项法规所取代,这一时期的矿业权制度,以行政许可无偿使用、不得流转为重要特征[52]。

改革开放后,1982年国务院发布了《矿山安全条例》和《矿产安全监督条例》。1986年《矿产资源法》(该法在1996年进行了修订)颁布实施以来,矿产资源法律法规体系不断充实和完善,目前已形成了以《宪法》《物权法》《刑法》《中华人民共和国行政许可法》等法律为基础,以《中华人民共和国矿产资源法》为核心,包括《矿产资源法实施细则》《矿产资源勘查登记管理办法》《矿产资源开采登记管理办法》《探矿权采矿权转让管理办法》《地质勘查资质管理条例》《资源税暂行条例》《矿产资源补偿费征收管理规定》《地质资料管理条例》《矿产资源监督管理暂行办法》等14部行政法规;《地质资料管理条例实施办法》《矿山地质环境保护规定》等13部部门规章;以及众多地方性法规、地方政府规章共同组成的不同法律效力层级、内容丰富、相对完备的法律法规体系。

三、矿产资源管理的主要法律规定

1. 矿产资源权属

矿产资源属于国家所有,由国务院行使国家对矿产资源的所有权。地表或者地下的矿产资源的国家所有权,不因其所依附的土地的所有权或者使用权的不同而改变。勘查、开采矿产资源,必须依法分别申请、经批准取得探矿权、采矿权,并办理登记;但是,已经依法申请取得采矿权的矿山企业在划定的矿区范围内为本企业的生产而进行的勘查除外。国家保障依法设立的矿山企业开采矿产资源的合法权益。国有矿山企业是开采矿产资源的主体。国家保障国有矿业经济的巩固和发展。国家实行探矿权、采矿权有偿取得的制度。开采矿产资源,必须按照国家有关规定缴纳资源税和资源补偿费。

2. 矿产资源勘查的登记和开采的审批

国家对国家规划矿区、对国民经济具有重要价值的矿区和国家规定实行保护性开采的特定矿种,实行有计划的开采;未经国务院有关主管部门批准,任何单位和个人不得开采。非经国务院授权的有关主管部门同意,不得在下列地区开采矿产资源:①港口、机场、国防工程设施圈定地区以内;②重要工业区、大型水利工程设施、城镇市政工程设施附近一定距离以内;③铁路、重要公路两侧一定距离以内;④重要河流、堤坝两侧一定距离以内;⑤国家划定的自然保护区、重要风景区,国家重点保护的不能移动的历史文物和名胜古迹所在地;⑥国家规定不得开采矿产资源的其他地区。

3. 矿产资源的开采

开采矿产资源，必须采取合理的开采顺序、开采方法和选矿工艺。矿山企业的开采回采率、采矿贫化率和选矿回收率应当达到设计要求。在开采主要矿产的同时，对具有工业价值的共生和伴生矿产应当统一规划，综合开采，综合利用，防止浪费；对暂时不能综合开采或者必须同时采出而暂时还不能综合利用的矿产以及含有有用组分的尾矿，应当采取有效的保护措施，防止损失破坏。开采矿产资源，必须遵守有关环境保护的法律规定，防止污染环境。开采矿产资源，应当节约用地。耕地、草原、林地因采矿受到破坏的，矿山企业应当因地制宜地采取复垦利用、植树种草或者其他利用措施。

在建设铁路、工厂、水库、输油管道、输电线路和各种大型建筑物或者建筑群之前，建设单位必须向所在省、自治区、直辖市地质矿产主管部门了解拟建工程所在地区的矿产资源分布和开采情况。非经国务院授权的部门批准，不得压覆重要矿床。

4. 集体矿山企业和个体采矿

国家对集体矿山企业和个体采矿实行积极扶持、合理规划、正确引导、加强管理的方针，鼓励集体矿山企业开采国家指定范围内的矿产资源，允许个人采挖零星分散资源和只能用作普通建筑材料的砂、石、黏土以及为生活自用采挖少量矿产。矿产储量规模适宜由矿山企业开采的矿产资源、国家规定实行保护性开采的特定矿种和国家规定禁止个人开采的其他矿产资源，个人不得开采。

国务院和国务院有关主管部门批准开办的矿山企业矿区范围内已有的集体矿山企业，应当关闭或者到指定的其他地点开采，由矿山建设单位给予合理的补偿，并妥善安置群众生活；也可以按照该矿山企业的统筹安排，实行联合经营。

第四节　森林保护

一、森林资源

森林是一种十分重要的环境要素，它对人类生态系统的保护和改善起着重要的作用。2013年完成的第8次全国森林资源清查数据表明，全国森林面积2.08亿公顷，森林覆盖率21.63%。活立木总蓄积164.33亿立方米，森林蓄积151.37亿立方米。天然林面积1.22亿公顷，蓄积122.96亿立方米；人工林面积0.69亿公顷，蓄积24.83亿立方米。森林面积和森林蓄积分别位居世界第5位和第6位，人工林面积仍居世界首位[54]。但从人均森林资源占有量来看，我国却是一个森林资源相当贫乏的国家，人均森林资源占有量和蓄积量均远远低于世界平均水平。

二、森林资源管理立法概况

1963年国务院批准发布的《森林保护条例》是我国森林法的雏形。1979年制定了《中华人民共和国森林法（试行）》，1984年《中华人民共和国森林法》正式颁布，此后以森林法为基础，又先后颁布了《制定年森林采伐限额暂行规定》《森林资源档案管理办法》《森林和野生动植物类型自然保护区管理办法》《森林病虫害防治条例》等法律法规。1998年和2009年森林法进行了2次修正，在此期间出台了一系列森林资源管理的法规，见表7-4，森林资源保护立法体系逐步完善。

表 7-4　森林资源管理的主要法律、法规、规章

分类	主要法律法规	实施时间
综合性法律法规	《中华人民共和国森林法》	1985 年通过 1998 年第一次修正 2009 年第二次修正
	《中华人民共和国森林法实施条例》	2000/2016
林木种苗管理	《中华人民共和国种子法》	2000 年通过 2004 年第一次修正 2013 年第二次修正 2015 年修订
	《林木种子质量管理办法》	2007
	《林木种质资源管理办法》	2007
	《中华人民共和国植物新品种保护条例实施细则》	1999/2007/2011/2014
	《植物检疫条例实施细则》	1994
	《中华人民共和国主要林木目录(第一批)(第二批)》	2001
	《林木良种推广使用管理办法》	1997/2011
林地林木保护	《林木林地权属争议处理办法》	1996
	《林木和林地权属登记管理办法》	2000
	《占用征用林地审核审批管理办法》	2001
森林采伐更新	《森林采伐更新管理办法》	1987/2011
生态公益林保护	《中央森林生态效益补偿基金管理办法》	2004
生物多样性	《中华人民共和国野生动物保护法》	1988 年通过 2004 年第一次修正 2009 年第二次修正 2016 年修订
	《中华人民共和国野生植物保护条例》	1997
	《国家重点保护野生植物名录(第一批)》	1999
	《中华人民共和国自然保护区条例》	1994/2011
植物检疫	《中华人民共和国进出境动植物检疫法》	1992 年通过 2009 年修订
森林病虫害防治	《森林病虫害防治条例》	1989
森林防火	《森林防火条例》	1988/2008

资料来源:《中国森林可持续经营国家报告》,国家林业局,2013。

三、森林资源管理的主要法律规定

1. 森林资源管理

森林资源清查。各级林业主管部门负责组织森林资源清查,建立资源档案制度,掌握资源变化法人情况。国务院林业主管部门应当定期监测全国森林资源消长和森林生态环境变化的情况。

林业规划。各级人民政府应当制定林业长远规划。国有企业事业单位和自然保护区,应当根据林业长远规划,编制森林经营方案。森林经营方案是林业单位或有森林经营任务的单位,根据林业长远规划或在林业长远规划指导下编制的科学经营森林的具体方案。

征收森林植被恢复费。勘察、开采矿藏和各项建设工程占用或者征用林地的，依法办理建设用地审批手续，用地单位依照国务院有关规定缴纳森林植被恢复费，森林植被恢复费专款专用，由林业主管部门依照有关规定统一安排植树造林，恢复森林植被，植树造林面积不得少于因占用、征用林地而减少的森林植被面积。任何单位和个人不得挪用森林植被恢复费。县级以上人民政府审计机关负责经费使用情况的监督。

2. 森林资源保护

建立林业基金制度。国家设立森林生态效益补偿基金，用于提供生态效益的防护林和特种用途林的森林资源、林木的营造、抚育、保护和管理。森林生态效益补偿基金必须专款专用。

建立群众护林制度。植树造林、保护森林是公民应尽的义务。各级人民政府应当组织全民义务植树，开展植树造林活动。

建立森林防火制度。为了防止森林火灾，我国建立了严格的森林防火制度，并制定了《森林防火条例》。该条例规定"预防为主，积极消灭"的森林防火工作方针，并明确森林防火工作实行各级人民政府行政领导负责制。

建立森林病虫害防治制度。按照国务院1989年《森林病虫害防治条例》中的规定，森林病虫害防治的基本方针是"预防为主，综合治理"，基本原则是"谁经营，谁防治"。主要防治措施包括建立健全森林病虫害防治机构，对森林病虫害进行长期预测预报；对种苗实行检疫措施，禁止检疫对象从国外传入或在国内传播；划定疫区和保护区；对林内各种有益生物加强保护，并有计划地进行繁殖和培养，发挥生物防治作用；建立健全森林病虫害监测和预报制度。

建立自然保护区。国务院林业主管部门和省、自治区、直辖市人民政府，应当在不同自然地带的典型森林生态地区、珍贵动物和植物生长繁殖的林区、天然热带雨林区和具有特殊保护价值的其他天然林区，划定自然保护区，加强保护管理。

3. 森林采伐

国家根据用材林的消耗量低于生长量的原则，严格控制森林年采伐量。国家所有的森林和林木以国有林业企业事业单位、农场、厂矿为单位，集体所有的森林和林木、个人所有的林木以县为单位，制定年采伐限额。国家制定统一的年度木材生产计划。年度木材生产计划不得超过批准的年采伐限额。采伐林木必须申请采伐许可证，按许可证的规定进行采伐；农村居民采伐自留地和房前屋后个人所有的零星林木除外。国有林业企业事业单位申请采伐许可证时，必须提出伐区调查设计文件。其他单位申请采伐许可证时，必须提出有关采伐的目的、地点、林种、林况、面积、蓄积、方式和更新措施等内容的文件。对伐区作业不符合规定的单位，发放采伐许可证的部门有权收缴采伐许可证，中止其采伐，直到纠正为止。采伐林木的单位或者个人，必须按照采伐许可证规定的面积、株数、树种、期限完成更新造林任务，更新造林的面积和株数不得少于采伐的面积和株数。

从林区运出木材，必须持有林业主管部门发给的运输证件，国家统一调拨的木材除外。依法取得采伐许可证后，按照许可证的规定采伐的木材，从林区运出时，林业主管部门应当发给运输证件。经省、自治区、直辖市人民政府批准，可以在林区设立木材检查站，负责检查木材运输。对未取得运输证件或者物资主管部门发给的调拨通知书运输木材的，木材检查站有权制止。

国家禁止、限制出口珍贵树木及其制品、衍生物。出口限制出口的珍贵树木或者其制品、衍生物的，必须经出口人所在地省、自治区、直辖市人民政府林业主管部门审核，报国务院林业主管部门批准，海关凭国务院林业主管部门的批准文件放行。进出口的树木或者其制品、衍生物属于我国参加的国际公约限制进出口的濒危物种的，必须向国家濒危物种进出口管理机构申请办理允许进出口证明书，海关凭允许进出口证明书放行。

第五节 草原保护

草原也称草地，并没有一个明确统一的定义。植物生态学或植物地理学的草地通常指以草本植物占优势的植物群落，可包括草原、草甸、草本沼泽、草本冻原、草丛等天然植被，以及除农作物之外草本植物占优势的栽培群落。农学里的草地主要指畜牧业的"资源"，不仅包括以草本为主的植物群落，还包括灌木和稀疏树木等可用于放牧的植被。我国《草原法》中所称的草原，是指天然草原和人工草地。

一、草原资源

我国天然草地的面积在 $2.80\times10^6 \sim 3.93\times10^6 \text{km}^2$ 之间。我国的天然草地主要分布在西藏、内蒙古、青海、新疆、四川、甘肃、黑龙江以及云南等地，占全国草地总面积的 80% 以上。其中西藏天然草地面积最大，占全国草地面积的 26.7%，主要是高寒草原和高寒草甸。其次为内蒙古、青海和新疆，其中内蒙古草地主要以温性草原和荒漠草原为主，青海主要以高寒草甸和高寒草原为主，新疆则盐生草甸、高寒草原、荒漠草原、温性草原和高寒草甸均有分布。此外，四川、甘肃、黑龙江和云南的草地面积也较大。

人工草地是通过补播、施肥、排灌等措施维持的草地，可以直接放牧，也可以用于青饲、青贮、半干贮或干草储备等。发展人工草地，对减缓天然草地退化趋势、增加畜牧业产量均有重要意义。近年来我国人工草地发展很快。统计资料表明，2013年我国人工草地面积约 $2.09\times10^5 \text{km}^2$。我国人工草地在各省、自治区、直辖市（上海除外）都有分布，但80%以上主要分布在内蒙古、甘肃、四川、新疆、黑龙江、西藏、山西、宁夏、青海以及吉林等省、自治区。其中，内蒙古人工草地面积最大，占全国人工草地总面积的20%。

由于我国对天然草地缺乏有效管理，加上人工草地的比例低，目前我国草地对放牧家畜的承载力比较低，很多地方的超载现象较为严重，平均超载率约为20%。此外，降水的不足始终是影响我国草地生物多样性、生物量和生产力的重要因素[55]。

二、草原资源立法

我国最早开展草原法制建设的是内蒙古自治区，内蒙古自治政府成立于1947年，同年在其颁布的《内蒙古自治政府施政纲领》第10条中规定要依法保护草原，维护土地权利。1948年，在内蒙古自治区政府颁布的《内蒙古土地制度改革法》中明确规定了内蒙古区域内包括草原在内的所有土地的所有权、使用权和分配方式，提出了未经政府许可，任何人不得开垦畜牧区草原牧场和土地的基本规定。1963年，内蒙古自治区政府颁布了《内蒙古自治区草原管理条例（试行草案）》，这是我国最早的关于草原管理的地方性法规。1953年，在中央人民政府政务院批准的《关于内蒙古自治区及绥远、青海、新疆等地若干牧业区畜牧业生产的基本总结》中首次提出，要实行划分牧场的草场利用制度以及在半农半牧区或农牧交错地区，以发展牧业为主的生产制度。1959年明确了草原的公有制度，草原的所有权归全民所有或集体所有，并出现了大面积开垦草原的局面。为了解决这一问题，1963年中央制定了《关于少数民族牧业工作和牧区人民公社若干政策的规定》，明确了必须保护草原的要求，提出发展草原牧业"八字宪法"，这一系列政策的颁布实施一定程度上遏制了对草原的破坏。1966年开始，我国开始第二次大规模开垦草原，这一时期草原退化十分严重。根据相关数据统计，截至1975年年底，全国草原恶化面积共计达到5066万公顷，占全部可利用草场面积的22.89%[56]。

十一届三中全会以后，面对草原破坏严重这一情况，1978年7月国家农林部畜牧总局起草了《全国草原管理条例》，为我国之后草原法的制定工作奠定了基础。1985年《中华人民共和国草原法》（以下简称《草原法》）颁布，该法在2002年、2009年和2013年进行了修订和修正。随着草原法的出台，国务院和农业部制定了一系列相关的行政法规和部门规章。1993年发布《草原防火条例》（2008年修订），2002发布《国务院关于加强草原保护与建设的若干意见》。2005年颁布的《草畜平衡管理办法》中，第一次以法规的形式明确要求从事畜牧业生产经营活动必须实行以草定畜、草畜平衡制度。2006年1月颁布的《草种管理办法》中，提出通过改良草种等方式，提高牧区草原的产量。2006年1月颁布的《草原征占用审核审批管理办法》中，针对草原征占用的监督管理、审核审批制度进行了严格规定。

三、草原保护的法律规定

1. 基本草原保护制度

基本草原是指为改善草原生态环境、保护草原生物多样性、适应畜牧业可持续发展、满足一定时期内人口和国民经济对畜产品的需求而确定的重点保护的草原。基本草原包括重要放牧场；割草地；用于畜牧业生产的人工草地、退耕还草地以及改良草地、草种基地；对调解气候、涵养水源、保持水土、防风固沙具有特殊作用的草原；作为国家重点保护野生动植物生存环境的草原；草原科研、教学试验基地；国务院规定应当划为基本草原的其他草原。根据农业部的要求，各地划定的基本草原数量应当占其行政区域内草原总面积的80%以上。国家实行基本草原保护制度，严格管理列入基本草原范围的草原，任何单位和个人不得擅自改变基本草原的性质和用途，禁止开垦基本草原，禁止占用基本草原植树造林、挖塘养鱼以及从事其他破坏基本草原的活动，禁止在不适宜种植的基本草原上翻耕原生植被建设人工草地和饲草料基地。

2. 草原自然保护区制度

为了加强草原的保护和建设，保护自然环境和自然资源，我国实行草原自然保护区制度。草原自然保护区是指国务院草原行政主管部门或者省、自治区、直辖市人民政府按照自然保护区管理的有关规定在有代表性的草原类型、珍稀濒危野生动植物分布区和具有重要生态功能和经济科研价值的草原，依法划出一定面积予以特殊保护和管理的区域。

3. 草畜平衡制度

草畜平衡制度，是将草原保护与畜牧业生产紧密结合，以草质草量定畜种畜量，保持饲草饲料供应量与载畜量的动态平衡，实现草原生态系统的良性循环和畜牧业可持续发展。《草原法》规定，国家对草原实行以草定畜、草畜平衡制度。县级以上地方人民政府草原行政主管部门应当按照国务院草原行政主管部门制定的草原载畜量标准，结合当地实际情况，定期核定草原载畜量。各级人民政府应当采取有效措施，防止超载过牧。草原承包经营者应当合理利用草原，不得超过草原行政主管部门核定的载畜量；草原承包经营者应当采取种植和储备饲草饲料、增加饲草饲料供应量、调剂处理牲畜、优化畜群结构、提高出栏率等措施，保持草畜平衡。牧区的草原承包经营者应当实行划区轮牧，合理配置畜群，均衡利用草原。国家提倡在农区、半农半牧区和有条件的牧区实行牲畜圈养。草原承包经营者应当按照饲养牲畜的种类和数量，调剂、储备饲草饲料，采用青贮和饲草饲料加工等新技术，逐步改变依赖天然草地放牧的生产方式。

4. 退耕还草和禁牧休牧制度

退耕还草，指对水土流失严重、有沙化趋势、需要改善生态环境的已垦草原，应当有计划、有步骤地退耕还草。禁牧休牧，指对于严重退化、沙化、盐碱化、石漠化的草原和生态脆弱的草原，实行禁牧、休牧，划定禁牧区和休牧区，规定禁牧期和休牧期，保护牧草的恢复生长和繁殖更新，使草场得到休养生息，促进植被的恢复，保护和改善草原生态环境。国家支持依法实行退耕还草和禁牧、休牧。对在国务院批准规划范围内实施退耕还草的农牧民，按照国家规定给予粮食、现金、草种费补助。退耕还草完成后，由县级以上人民政府草原行政主管部门核实登记，依法履行土地用途变更手续，发放草原权属证书。

5. 草原防火制度

草原防火，即草原火灾的预防和扑救。《草原法》第 53 条规定了草原防火制度，内容主要包括草原防火是各级人民政府的重要职责；草原防火贯彻预防为主、消防结合的方针；草原防火应规定草原防火期，制定草原防火、扑火预案，建立草原防火责任制。这是保护草原安全的重要措施。

1993 年国务院颁布了《草原防火条例》，该条例于 2008 年进行了修订。根据条例的要求，我国草原防火工作要不断完善和加强防火值班报告制度、草原火灾应急处置制度、火情信息发布制度。根据以上要求，2012 年发布的《草原防火值班报告制度》，规定了防火期内和特殊情况下实行 24 小时值班和领导带班。2010 年发布的《全国草原火灾应急预案》，明确了草原火灾预警预防机制、应急响应、后期处置等制度措施。同年还制定了《草原火灾级别划分规定》《关于加强基层草原防火应急队伍建设的意见》。2011 年发布的《关于加强草原防火信息化建设的意见》提出了建立各级草原防火网络互联互通平台、加强信息资源采集与利用、完善防火信息系统、强化信息发布等制度要求。

6. 草原规划建设利用制度

我国对草原保护、建设、利用实行统一规划制度。草原保护、建设、利用规划应当与土地利用总体规划衔接，与环境保护规划、水土保持规划、防沙治沙规划、水资源规划、林业长远规划、城市总体规划、村庄和集镇规划以及其他有关规划相协调。与此相适应，我国《草原法》规定了草原调查制度，对草原进行评等定级，还规定了草原统计制度、草原生产、生态监测预警系统，对我国草原基本状态进行动态监测。近年来，农业部相继编制了《全国草原生态保护建设规划》《长江、黄河中上游草地生态建设规划》和《南方草山草坡开发五年规划》等单项规划，一些地方也编制了相关规划，为近年草原保护、建设、利用工作的顺利开展奠定了初步的基础[57]。

习题与讨论

[1] 简述水资源权属的有关规定。

[2] 简述土地用途管制的主要规定。

[3] 简述建设矿产资源权属的有关规定。
[4] 根据《草原法》的规定，什么是基本草原？

阅读材料

吕忠梅.环境资源法视野下的新《水法》[J].法商研究，2003，(4)：3-15.

第八章 生态保护

第一节 野生动物保护

一、野生动物

我国野生动物保护法所调整的对象并非生物学意义上的野生动物,而是指珍贵、濒危的陆生、水生野生动物和有重要生态、科学、社会价值的陆生野生动物。

二、野生动物保护立法

我国野生动物的保护始于1950年颁布的《稀有生物保护办法》,该办法规定不能随意捕杀大熊猫等珍贵动物。随后,1962年林业部门颁发了《关于积极保护和合理利用野生动物资源的指示》,目的是明确野生动物资源属于国家所有,既要保存同时也要合理利用。随后在20世纪七八十年代国家又相继颁布了《关于制止珍贵野生动物收购与出口的通知》《水产动物繁育保护条例》等一系列的通知和条例。1988年全国人大常委会通过了《中华人民共和国野生动物保护法》(以下简称《野生动物保护法》),这是首部专门为保护野生动物而制定的法律,该法于2016年进行了最新的修订。《国家重点保护野生动物名录》与《"三有动物"保护名录》分别列举了法律保护野生动物的具体类型,为行政执法与刑法的定罪量刑提供了依据。近年来中央也越来越重视野生动物栖息地的保护工作,《国家级森林公园管理办法》(2011)与《湿地保护管理规定》(2013)在一定程度上为保存野生动物的生存环境提供了保障。野生动物保护相关法律法规见表8-1。

表8-1 野生动物保护相关法律法规

主要法律法规	实施时间
《中华人民共和国野生动物保护法》	1986年通过 2000/2004/2009/2013四次修正
《中华人民共和国陆生野生动物保护实施条例》	1992/2011/2016
《中华人民共和国水生野生动物保护实施条例》	1993/2011/2013
《国家保护的有益的或者有重要经济、科学研究价值的陆生野生动物名录》	2000
《国家重点保护野生动物名录》	1988
《国家级森林和野生动物类型自然保护区名单》(第一批/第二批)	1986/1988
《森林和野生动物类型自然保护区管理办法》	1985
《国务院关于严格保护珍贵稀有野生动物的通令》	1983

三、保护野生动物的法律规定

1. 野生动物权属

野生动物的权属问题是野生动物保护领域的基本问题。谁享有野生动物的所有权就代表谁拥有占有、使用、收益、处分的权利。长期以来，人们特别是生活在农村地区的人民都有一种靠山吃山、靠水吃水的猎捕思想，只要自己有需要就能够随意地处理野生动物，在很长一段时间里我国的野生动物资源遭到了严重破坏。《野生动物保护法》第3条明确指出了国家是这些野生动物资源的所有者，任何随意滥捕野生动物与破坏野生动物生存环境的行为都是对国家财产的一种侵害，都将承担相应的法律责任，该条款与《中华人民共和国物权法》第四十九条关于野生动植物种所有权的规定相一致。此规定的意图在于扭转人们非法捕猎的思想，为国家顺利开展野生动物保护工作提供所有权基础[58]。

2. 分层次分级别管理制度

我国对野生动物的保护模式是按照动物濒危与珍贵的程度进行分层次分级别来管理的。我国将受保护的野生动物分为国家级与地方级，同时国家级的重点保护野生动物又分为一级与二级，中央与地方分别制定动物保护名录，同时对有益的或者有重要经济、科学研究价值的陆生野生动物也制定相关名录进行保护。国家一级重点保护动物有大熊猫、长臂猿、金丝猴、中华鲟等；国家二级重点保护野生动物包括猕猴、黑熊、金猫、天鹅、玳瑁、文昌鱼等；刺猬、果子狸、松鼠、白鹭、云雀等则被归到"有益的或者有重要经济、科学研究价值的陆生野生动物"的行列。

3. 栖息地保护制度

野生动物的栖息地是野生动物野外种群生息繁衍的重要区域，影响着动物的分布、基因的交流以及整个种群的动态，想要保存一个物种就必须先保护其栖息地。野生动物保护法规定，省级以上人民政府依法划定相关自然保护区域，保护野生动物及其重要栖息地，保护、恢复和改善野生动物生存环境。对不具备划定相关自然保护区域条件的，县级以上人民政府可以采取划定禁猎（渔）区、规定禁猎（渔）期等其他形式予以保护。县级以上人民政府及其有关部门在编制有关开发利用规划时，应当充分考虑野生动物及其栖息地保护的需要，分析、预测和评估规划实施可能对野生动物及其栖息地保护产生的整体影响，避免或者减少规划实施可能造成的不利后果。禁止在相关自然保护区域建设法律法规规定不得建设的项目。机场、铁路、公路、水利水电、围堰、围填海等建设项目的选址选线，应当避让相关自然保护区域、野生动物迁徙洄游通道；无法避让的，应当采取修建野生动物通道、过鱼设施等措施，消除或者减少对野生动物的不利影响。建设项目可能对相关自然保护区域、野生动物迁徙洄游通道产生影响的，环境影响评价文件的审批部门在审批环境影响评价文件时，涉及国家重点保护野生动物的，应当征求国务院野生动物保护主管部门意见；涉及地方重点保护野生动物的，应当征求省、自治区、直辖市人民政府野生动物保护主管部门意见。

4. 野生动物损害补偿制度

野生动物和人类的生存空间有时会发生重叠，所以两者发生矛盾在所难免。野生动物保护法规定，有关地方人民政府应当采取措施，预防、控制野生动物可能造成的危害，保障人畜安全和农业、林业生产。因保护《野生动物保护法》规定保护的野生动物，造成人员伤亡、农作物或者其他财产损失的，由当地人民政府给予补偿。有关地方人民政府可以推动保险机构开展野生动物致害赔偿保险业务。有关地方人民政府采取预防、控制国家重点保护野生动物造成危害的措施以及实行补偿所需经费,由中央财政按照国家有关规定予以补助。

5.许可证制度

我国对野生动物的管理主要实行许可审批制度,对开发、利用野生动物的行为进行严格的审查,可以说许可证已经覆盖了野生动物领域的每一个环节。按照利用野生动物的形式不同,可以将许可证分为以下几种类型:第一种是特许猎捕证,如果因科学研究、种群调控、疫源疫病监测或者其他特殊情况需要猎捕国家一级、二级重点保护野生动物的,应当向国务院野生动物保护主管部门或省、自治区、直辖市人民政府野生动物保护主管部门申请;第二种是人工繁育许可证,除有关科学研究机构因物种保护目的人工繁育国家重点保护野生动物的情形,其他人工繁育国家重点保护野生动物实行许可制度;第三种是捕捉非国家级重点保护野生动物须持狩猎证,如果持枪猎捕还须有持枪证。

6.禁止猎捕制度

在相关自然保护区域和禁猎(渔)区、禁猎(渔)期内,禁止猎捕以及其他妨碍野生动物生息繁衍的活动。野生动物迁徙洄游期间,迁徙洄游通道内,禁止猎捕并严格限制其他妨碍野生动物生息繁衍的活动。禁止猎捕、杀害国家重点保护野生动物。因科学研究、种群调控、疫源疫病监测或者其他特殊情况,需要猎捕国家一级保护野生动物的,应当向国务院野生动物保护主管部门申请特许猎捕证;需要猎捕国家二级保护野生动物的,应当向省、自治区、直辖市人民政府野生动物保护主管部门申请特许猎捕证。猎捕非国家重点保护野生动物的,应当依法取得县级以上地方人民政府野生动物保护主管部门核发的狩猎证,并且服从猎捕量限额管理。猎捕者应当按照特许猎捕证、狩猎证规定的种类、数量、地点、工具、方法和期限进行猎捕。持枪猎捕的,应当依法取得公安机关核发的持枪证。禁止使用毒药、爆炸物、电击或者电子诱捕装置以及猎套、猎夹、地枪、排铳等工具进行猎捕,禁止使用夜间照明行猎、歼灭性围猎、捣毁巢穴、火攻、烟熏、网捕等方法进行猎捕。

第二节 自然保护区

一、我国自然保护区概况

自然保护区是生物多样性保护的核心区域,在涵养水源、保持土壤、防风固沙、调节气候和保护珍稀特有物种资源、典型生态系统及珍贵自然遗迹等方面具有重要作用。自1956年建立第一处自然保护区以来,我国已基本形成类型比较齐全、布局基本合理、功能相对完善的自然保护区体系。我国自然保护区分为国家级和地方级(含省、市、县三级)。根据自然保护区内自然资源的特点和保护对象的性质,我国自然保护区大致可以分为三大类:第一,自然生态系统,其中包括森林生态系统、草原和草甸生态系统、荒漠生态系统、内陆湿地与水域生态系统、海洋和海岸生态系统;第二,野生动物植物,其中包括野生动物、野生植物;第三,自然遗迹,其中包括地质遗迹、古生物遗迹。截至2016年,全国已建立2740处自然保护区,总面积147万平方千米,其中陆域面积142万平方千米,约占我国陆地国土面积的14.8%。国家级自然保护区446处,总面积97万平方千米;地方级自然保护区2294处,总面积50万平方千米。其中,广东鼎湖山等33处自然保护区加入联合国"人与生物圈"保护区网络,吉林向海等46处自然保护区列入国际重要湿地名录,福建武夷山等35处自然保护区同时划入世界自然遗产保护范围,有200多处自然保护区被列为生态文明和环境科普方面的教育基地。

二、自然保护区立法

我国在《环境保护法》《森林法》《草原法》《海洋环境保护法》和《野生动物保护法》等 10 多部相关法律中都明确要求对自然保护区进行保护。国务院 1994 年颁布《自然保护区条例》，建立了环保部门综合管理与林业、农业、国土资源、水利、海洋等行业管理相结合的管理体制，明确分级分区等管理制度，2011 年该条例进行了修订。其他有关部门颁布的法规和规章见表 8-2。全国有 24 个省（自治区、直辖市）发布自然保护区管理地方法规，有 200 多处自然保护区制定了专门管理规章。此外，我国自 20 世纪 80 年代开始就积极参与与自然保护区有关的各种国际保护行动，签订了多项国际公约、多边协定和双边协定，主要如下。

① 国际公约：1985 年的《保护世界文化和自然遗产国际公约》、1992 年的《湿地公约》、1992 年的《生物多样性公约》、1981 年的《濒危野生动植物种国际贸易公约》。

② 双边协定：《中日候鸟保护协定》《中澳保护候鸟及其栖息环境的协定》《关于大熊猫繁殖合作研究备忘录》。

③ 与周边国家的协定：《中蒙关于保护自然环境的合作协定》《建立中、蒙、俄共同自然保护区的协定》。

表 8-2　自然保护区相关法规和规章

法规和规章	施行时间
《中华人民共和国自然保护区条例》	1994/2011
《国家级自然保护区调整管理规定》	2013
《关于做好自然保护区管理有关工作的通知》	2010
《国家级自然保护区监督检查办法》	2006
《中华人民共和国水生动植物自然保护区管理办法》	1997/2010/2013/2014
《自然保护区土地管理办法》	1995
《海洋自然保护区管理办法》	1995
《地质遗迹保护管理规定》	1994
《森林和野生动物类型自然保护区管理办法》	1985

三、自然保护区的法律规定

1. 分部门管理体制

国家对自然保护区实行综合管理与分部门管理相结合的管理体制。国务院环境保护行政主管部门负责全国自然保护区的综合管理。国务院林业、农业、地质矿产、水利、海洋等有关行政主管部门在各自的职责范围内，主管有关的自然保护区。林业部门主管森林、湿地与野生动物保护的自然保护区；海洋部门主管海洋保护区；农业部门主管草地鱼类相关的保护区；国土资源部门主管自然遗迹的自然保护区。此外，其他有关部门单位也建立并管理了一批自然保护区。如中国科学院管理的广东鼎湖山自然保护区，文物部门管理的山东山旺古生物化石自然保护区，东北林业大学管理的黑龙江凉水自然保护区以及中医药部门管理的一些以珍贵药用植物为主要保护对象的自然保护区，建设或旅游部门管理的一些重要旅游价值的自然保护区等，这些部门的参与管理，对我国自然保护区事业的发展起到重要的补充和推动作用。

2. 分级管理

对自然保护区进行分级管理是国际上普遍采用的做法，其目的是明确各级政府对自然保护区建设和管理的职责、管理范围、投入机制以及对自然保护区的监督管理措施，从而达到对自然保护区的有效管理。我国自然保护区分为国家级自然保护区和地方级自然保护区。在国内外有典型意义、在科学上有重大国际影响或者有特殊科学研究价值的自然保护区，列为国家级自然保护区。其他具有典型意义或者重要科学研究价值的自然保护区列为地方级自然保护区。

3. 分区管理

自然保护区可以分为核心区、缓冲区和实验区。自然保护区内保存完好的天然状态的生态系统以及珍稀、濒危动植物的集中分布地，应当划为核心区，禁止任何单位和个人进入；因科学研究的需要，必须进入核心区从事科学研究观测、调查活动的，应当事先向自然保护区管理机构提交申请和活动计划，并经省级以上人民政府有关自然保护区行政主管部门批准；其中，进入国家级自然保护区核心区的，必须经国务院有关自然保护区行政主管部门批准。核心区外围可以划定一定面积的缓冲区，只准进入从事科学研究观测活动。缓冲区外围划为实验区，可以进入从事科学试验、教学实习、参观考察、旅游以及驯化、繁殖珍稀、濒危野生动植物等活动。原批准建立自然保护区的人民政府认为必要时，可以在自然保护区的外围划定一定面积的外围保护地带。这种分区模式与联合国教科文组织"人与生物圈保护区"的分区管理模式基本一致。核心区采取全封闭式管理，禁止任何人进入自然保护区核心区，因科学研究需要必须进入核心区从事科学研究观测调查活动的，也必须经过相应的批准后方可。缓冲区的管理类似于核心区，但在经过批准的情况下，可以进行非破坏性的科学研究、教学实习、标本采集等活动。实验区的管理要求低于核心区和缓冲区，在经过批准的情况下，可以开展参观、旅游等活动。

第三节 水土流失

一、我国水土流失概况

水土保持是指对自然因素和人为活动造成水土流失所采取的预防和治理措施，是防治水土流失，保护、改良与合理利用山丘区、丘陵区和风沙区水土资源，维护和提高土地生产力，以利于充分发挥水土资源的经济与社会效益，建立良好的生态环境的综合性科学技术。我国水土流失问题严重，导致耕地减少，土地退化，沙尘暴频繁发生，江河泥沙淤积，影响水资源有效利用，加剧洪涝灾害，恶化生态环境，危及国土和国家生态安全，给国民经济发展和人民群众生产生活带来严重危害，已成为影响我国社会经济可持续发展的重要瓶颈之一。据2013年发布的《第一次全国水力普查水土保持情况公报》数据显示，全国土壤侵蚀总面积294.91万平方千米，其中水力侵蚀129.32万平方千米，风力侵蚀165.59万平方千米。

二、水土保持立法

新中国成立后到改革开放前这个时期，我国尚未有水土保持的相关立法，主要是依靠行政命令、行政手段开展水土保持工作。1952年12月19日中央人民政府政务院在"关于发动群众继续开展防旱、抗旱运动并大力推行水土保持工作的指示"中指出:"在1953年除去已经开始进行水土保持的地区,仍应继续进行以外,应以黄河的支流无定河、延水及泾、渭、(北)洛诸河流域为全国的重点";1952年政务院发出《关于发动群众继续开展防旱、抗旱运动并大力推行水土保持工作的指示》。1956年成立了国务院水土保持委员会;1957年国务院发布了《水土保持暂行纲要》。1964年国务院制定了《关于黄河中游地区水土保持工作的决定》。改革开放后,1982年颁布了《水土保持工作条例》。20世纪80年代初水利部下发了《水土保持小流域治理办法》。1991年《中华人民共和国水土保持法》公布实施,确定了"预防为主,治管结合,因地制宜,全面规划,综合治理,注重效益"的水土保持工作方针,水土保持工作走上了法制轨道。该法于2011年进行了修订。与之相配套的还有《中华人民共和国水土保持法实施条例》(1993颁布,2011修订)。

三、水土保持的法律规定

1. 水土流失重点防治区制度

县级以上人民政府应当依据水土流失调查结果划定并公告水土流失重点预防区和重点治理区。对水土流失潜在危险较大的区域,应当划定为水土流失重点预防区;对水土流失严重的区域,应当划定为水土流失重点治理区。禁止毁林、毁草开垦和采集发菜。禁止在水土流失重点预防区和重点治理区铲草皮、挖树兜或者滥挖虫草、甘草、麻黄等。生产建设项目选址、选线应当避让水土流失重点预防区和重点治理区;无法避让的,应当提高防治标准,优化施工工艺,减少地表扰动和植被损坏范围,有效控制可能造成的水土流失。国家加强水土流失重点预防区和重点治理区的坡耕地改梯田、淤地坝等水土保持重点工程建设,加大生态修复力度。

2. 水土保持规划制度

水土保持规划应当在水土流失调查结果及水土流失重点预防区和重点治理区划定的基础上,遵循统筹协调、分类指导的原则编制。水土保持规划的内容应当包括水土流失状况、水土流失类型区划分、水土流失防治目标、任务和措施等。水土保持规划包括对流域或者区域预防和治理水土流失、保护和合理利用水土资源作出的整体部署,以及根据整体部署对水土保持专项工作或者特定区域预防和治理水土流失作出的专项部署。水土保持规划应当与土地利用总体规划、水资源规划、城乡规划和环境保护规划等相协调。有关基础设施建设、矿产资源开发、城镇建设、公共服务设施建设等方面的规划,在实施过程中可能造成水土流失的,规划的组织编制机关应当在规划中提出水土流失预防和治理的对策和措施,并在规划报请审批前征求本级人民政府水行政主管部门的意见。地方各级人民政府应当按照水土保持规划,采取封育保护、自然修复等措施,组织单位和个人植树种草,扩大林草覆盖面积,涵养水源,预防和减轻水土流失。在山区、丘陵区、风沙区以及水土保持规划确定的容易发生水土流失的其他区域开办可能造成水土流失的生产建设项目,生产建设单位应当编制水土保持方案。

3. 崩塌滑坡危险区和泥石流易发区公告制度

地方各级人民政府应当加强对取土、挖砂、采石等活动的管理,预防和减轻水土流失。禁止在崩塌、滑坡危险区和泥石流易发区从事取土、挖砂、采石等可能造成水土流失的活动。崩塌、滑坡危险区和泥石流易发区的范围,由县级以上地方人民政府划定并公告。崩塌、滑坡危险区和泥石流易发区的划定，应当与地质灾害防治规划确定的地质灾害易发区、重点防治区相衔接。

4. 地貌植被保护制度

水土流失严重、生态脆弱的地区，应当限制或者禁止可能造成水土流失的生产建设活动，严格保护植物、沙壳、结皮、地衣等。在侵蚀沟的沟坡和沟岸、河流的两岸以及湖泊和水库的周边，土地所有权人、使用权人或者有关管理单位应当营造植物保护带。禁止开垦、开发植物保护带。禁止毁林、毁草开垦和采集发菜。禁止在水土流失重点预防区和重点治理区铲草皮、挖树兜或者滥挖虫草、甘草、麻黄等。林木采伐应当采用合理方式，严格控制皆伐；对水源涵养林、水土保持林、防风固沙林等防护林只能进行抚育和更新性质的采伐。

5. 陡坡地禁垦制度

禁止在二十五度以上陡坡地开垦种植农作物。在二十五度以上陡坡地种植经济林的，应当科学选择树种，合理确定规模，采取水土保持措施，防止造成水土流失。省、自治区、直辖市根据本行政区域的实际情况，可以规定小于二十五度的禁止开垦坡度。禁止开垦的陡坡地的范围由当地县级人民政府划定并公告。

6. 水土保持方案制度

在山区、丘陵区、风沙区以及水土保持规划确定的容易发生水土流失的其他区域开办可能造成水土流失的生产建设项目，生产建设单位应当编制水土保持方案，报县级以上人民政府水行政主管部门审批，并按照经批准的水土保持方案，采取水土流失预防和治理措施。没有能力编制水土保持方案的，应当委托具备相应技术条件的机构编制。水土保持方案应当包括水土流失预防和治理的范围、目标、措施和投资等内容。水土保持方案经批准后，生产建设项目的地点、规模发生重大变化的，应当补充或者修改水土保持方案并报原审批机关批准。水土保持方案实施过程中，水土保持措施需要作出重大变更的，应当经原审批机关批准。依法应当编制水土保持方案的生产建设项目，生产建设单位未编制水土保持方案或者水土保持方案未经水行政主管部门批准的，生产建设项目不得开工建设。

7. "三同时"和验收制度

依法应当编制水土保持方案的生产建设项目中的水土保持设施，应当与主体工程同时设计、同时施工、同时投产使用。生产建设项目竣工验收，应当验收水土保持设施；水土保持设施未经验收或者验收不合格的，生产建设项目不得投产使用。

8. 水土保持生态效益补偿机制

国家加强江河源头区、饮用水水源保护区和水源涵养区水土流失的预防和治理工作，多渠道筹集资金，将水土保持生态效益补偿纳入国家建立的生态效益补偿制度。

水土保持生态效益补偿机制是国家生态效益补偿机制的一个重要组成部分。《国务院关于加强水土保持工作的通知》《开发建设晋陕蒙接壤地区水土保持规定》《关于推进社会主义新农村建设的若干意见》《中华人民共和国国民经济和社会发展第十一个五年规划纲要》等文件都提出：要建立和完善水电、水利、采矿等企业的环境恢复治理责任机制，从水电、水利、矿产等资源的开发收益中，安排一定的资金用于企业所在地环境的恢复治理，防治水土流失。所以，将水土保持生态效益补偿纳入国家生态补偿制度，是社会经济和生态环境和谐发展和可持续发展的需要，这对于强化企业珍惜资源、节约资源、保护资源的意识，保护和涵养水源，改善生态环境，加快水土流失治理速度等，均能起到较大的推动作用。

9.水土保持补偿费制度

在山区、丘陵区、风沙区以及水土保持规划确定的容易发生水土流失的其他区域开办生产建设项目或者从事其他生产建设活动，损坏水土保持设施、地貌植被，不能恢复原有水土保持功能的，应当缴纳水土保持补偿费，专项用于水土流失预防和治理。专项水土流失预防和治理由水行政主管部门负责组织实施。水土保持补偿费的收取使用管理办法由国务院财政部门、国务院价格主管部门会同国务院水行政主管部门制定。

第四节 土地沙化

一、我国土地沙化概况

我国是世界上土地沙化危害最严重的国家之一，20世纪80年代中期到90年代中期，我国沙化面积年均扩大2460平方千米，到了90年代后期，沙化土地呈加速扩展趋势。1993年5月发生在我国西北地区的一次特大沙尘暴，席卷新疆、甘肃、宁夏、内蒙古四省（自治区）的72县（旗），造成重大经济损失。2000年春季，我国北方又遭受13次沙尘暴危害，长江下游一些地区也受到不同程度的影响。土地沙化的蔓延和加剧，对我国经济和社会的可持续发展形成了巨大威胁。沙化土地的不断扩展，有气候变化、自然灾害等原因，但主要是由于不合理的人为活动引起的，主要包括盲目开垦、过度放牧、滥采滥伐、滥挖野生中药材等沙生植物、水资源开发利用不合理等[59]。

二、防沙治沙立法

20世纪80年代以来，全国人大常委会先后制定了《中华人民共和国森林法》《中华人民共和国草原法》《中华人民共和国水土保持法》《中华人民共和国土地管理法》《中华人民共和国环境保护法》等法律，分别对限制人为破坏植被的行为做了一些规定，但都未能从根本上起到遏制沙漠化扩张的作用。1991年10月，国务院公布了《1991—2000年全国治沙工程规划要点》，我国防沙治沙正式作为一个独立专项工作启动。为鼓励社会力量积极投入沙漠化防治工作，同年国务院颁发了《关于防沙治沙工作若干政府措施意见的通知》，国家税务总局也发布了《关于对治沙和合理开发利用沙漠资源给予税收优惠的通知》，随后地方政府也出台了"谁开发，谁治理，谁受益"等优惠政策，推动了防沙治沙工作的开展[60]。九届全国人大常委会将防沙治沙法纳入立法规划，2001年8月《防沙治沙法》通过。我国成为世界上第一个通过单行法开展防沙治沙工作的国家。

三、防沙治沙的法律规定

1.沙化土地封禁保护区严格保护制度

封禁保护区严格保护制度是指为了预防土地沙化，在防沙治沙规划中，将符合条件的沙化土地规划为封禁保护区，并对之进行严格保护的防沙治沙制度。《中华人民共和国防沙治沙法》（以下简称《防沙治沙法》）第12条规定，在规划区内不具备治理条件的以及因保护生态的需要不宜开发利用的连片沙化土地，应当规划为沙化土地封禁保护区，实行封禁保护。在沙化土地封禁保护区范围内，禁止一切破坏植被的活动。禁止在沙化土地封禁保护区范围内安置移民。对沙化土地封禁保护区范围内的农牧民，县级以上地方人民政府应当有计划地组织迁出，并妥善安置。沙化土地封禁保护区范围内尚未迁出的农牧民的生产生活，由沙化土地封禁保护区主管部门妥善安排。

2. 土地沙化监测制度

土地沙化监测制度是指国务院林业行政主管部门组织其他有关行政主管部门对全国土地沙化情况进行监测统计和分析，并定期公布监测结果；县级以上地方人民政府林业或者其他有关行政主管部门，对沙化土地进行监测，并将监测结果向本级人民政府及上一级林业或者其他有关行政主管部门报告的制度。实施土地沙化监测制度是掌握土地沙化现状和发展趋势的重要手段。只有通过对土地沙化情况进行连续的或定期的监测，掌握了各种监测数据，才能对土地沙化情况和发展趋势有一个较全面的了解。其次，实施土地沙化监测制度是科学管理防沙治沙工作的基础。在防沙治沙工作过程中，必然会涉及有关土地沙化的指标、质和量的问题，而这些问题的解决，是离不开土地沙化监测的。

3. 植被管护制度

植被管护制度是由沙化土地所在地区的人民政府，为预防土地沙化而制定的对土地沙化区或可能沙化区的一切植被进行管理和保护的一项防沙治沙制度。该制度要求：①严格保护植被，禁止在沙化土地上砍挖灌木、药材及其他固沙植物；在沙化土地范围内，各类土地承包合同应当包含植物保护责任的内容；根据需要可在乡镇、村建立植被管护组织，确定管护人员。②对于防沙治沙林网、林带，除抚育更新性质的采伐外，不得批准对之进行采伐；对之进行抚育更新性质的采伐之前，必须在其附近预先形成接替的林网和林带；对林木更新困难地区已有的防风固沙林网、林带，不得批准采伐；违法批准采伐防风固沙林网、林带的，将对其直接负责的主管人员和其他直接责任人员，由有关部门依法给予行政处分。③沙化土地所在地区的县级以上地方人民政府，不得批准在沙漠边缘地带和林地、草原开垦耕地；已经开垦并对生态产生不良影响的，应当有计划地组织退耕还林还草。④该制度的施行，也需要水行政主管部门的积极配合。《防沙治沙法》第19条规定，水行政主管部门在编制流域或区域水资源开发利用规划和供水计划时，必须考虑整个流域和地区植被保护的用水需求，防止因地下水和上游水资源的过度开发利用导致植被破坏和土地沙化。

4. 以产草量确定载畜量制度

《防沙治沙法》第18条规定，草原实行以产草量确定载畜量的制度。由农（牧）业行政主管部门负责制定载畜量的标准和有关规定，并逐级组织实施，明确责任，确保完成。这是实行以产草量确定载畜量制度的法律依据。该制度是在草原地区实行的，为防止草原退化和沙化而由农牧业行政主管部门负责制定的一项防沙治沙制度。该制度要求根据草原地区的实际产草量来确定可承受的载畜量，载畜量不能超过与之相适用的该草原地区的产草量。否则，过量放牧只会导致草原植被的直接减少，甚至导致草原的退化和沙化。以产草量确定载畜量制度是保护和恢复植被与合理利用自然资源相结合原则在防沙治沙法中的具体运用，它与前述的植被管护制度联系非常紧密，是植被管护制度在草原地区得以实现的一个重要保证。这对实现草资源可持续利用和维护草原生态平衡，防止草原退化、沙化是非常有利的。

习题与讨论

［1］简述自然保护区的分区管理模式。

［2］简述野生动物栖息地保护制度。

［3］根据防沙治沙法的规定，简述以产草量确定载畜量制度。

第九章　绿色发展法律法规

第一节　清洁生产促进法

一、清洁生产

经济高速发展带来了严重的环境污染和生态破坏。为了减轻污染对环境和公众健康的危害，工业界采取了各种污染治理措施，按照排放标准对产生的污染物进行处理后再向环境排放。这种"末端治理"模式虽然取得了一定的环境效果，但也存在着明显的缺陷和不足：一是治理代价高，影响企业竞争力和经济效益，致使企业界缺乏治理污染的主动性和积极性；二是治理技术难度大，并存在污染转移的风险；三是无助于减少生产过程中的资源浪费；四是政府行政监督管理的成本过高。

西方工业化国家为了促使保护环境与经济发展取得双赢的效果，曾作了多年的探索，逐步形成了废物最小量化、源头削减、无废和少废工艺、污染预防等新的生产和污染防治战略。联合国环境规划署在总结上述经验的基础上，于1989年提出了"清洁生产"的战略及推广计划，一经推广，就得到许多国家政府和工业界的响应，以后人们又将清洁生产的要求逐步扩展到服务等领域，并开始探索发展"循环经济"、建立"循环社会"。

清洁生产的本意为"更清洁的生产"。清洁生产的实质，是贯彻污染预防原则，从生产设计、能源与原材料选用、工艺技术与设备维护管理等社会生产和服务的各个环节实行全过程控制，从生产和服务源头减少资源的浪费，促进资源的循环利用，控制污染的产生，实现经济效益和环境效益的统一。此外，它是一个相对的概念，所谓清洁生产技术和工艺、清洁产品、清洁能源和原料都是同现有常规技术、工艺、产品、能源和原料相比较而言的。

二、清洁生产促进法立法

1992年，联合国环境发展会议通过的《21世纪议程》中提出，清洁生产是指将综合预防的环境策略持续应用于生产过程、产品和服务中，以便减少对人类和环境的风险性。对生产过程而言，清洁生产包括节约原材料和能源，淘汰有毒原材料并在全部排放物和废物离开生产过程以前减少它们的数量和毒性。对产品而言，清洁生产策略指在减少产品整个生命周期过程中，从原料的提炼到产品的最终处置对人类和环境的影响。清洁生产通过应用专门技术、改进工艺技术和改变管理态度来实现。1994年我国制定的《中国21世纪议程》明确提出，转变大量消耗资源能源、粗放经营的传统生产发展模式，调整单纯末端治理的环境污染体系，推行清洁生产的要求。1995年10月通过的《固体废物污染环境防治法》、1996年修订的《水污染防治法》、1997年制定的《中华人民共和国节约能源法》、1999年修订的《海洋环境保护法》、2000年修订的《大气污染防治法》等均对清洁生产做出了规定。

2002年6月，我国第一部清洁生产专门立法《清洁生产促进法》通过，为推动清洁生产提供了法律保障。之后国家环境保护总局、国家发展和改革委员会等先后颁布了《关于贯彻落实〈清洁生产促进法〉的若干意见》《关于加快推行清洁生产的意见》《清洁生产审核暂行办法》《重点企业清洁生产审核程序的规定》等配套法规、规章。2012年《中华人民共和国清洁生产促进法》进行了修订。为配合清洁生产的深入实施，国家先后颁布了50余个行业的清洁生产标准和近10个行业的清洁生产评价指标体系，系统、规范的清洁生产技术支撑文件体系基本建立。后续颁布或者修订的环境保护法律如《固体废物污染环境防治法》等均提出了清洁生产的要求，为实施污染预防战略和开展清洁生产提供了坚实的法律基础。其中，尤为重要的是2014年新修订的《环境保护法》，以基本法形式确立了清洁生产的国家战略[61]。

三、促进清洁生产的主要措施

《中华人民共和国清洁生产促进法》中对清洁生产的定义是指不断采取改进设计、使用清洁的能源和原料、采用先进的工艺技术与设备、改善管理、综合利用等措施，从源头削减污染，提高资源利用效率，减少或者避免生产、服务和产品使用过程中污染物的产生和排放，以减轻或者消除对人类健康和环境的危害。

1. 清洁生产的推行

清洁生产政策的制定。国务院应当制定有利于实施清洁生产的财政税收政策。国务院及其有关部门和省、自治区、直辖市人民政府，应当制定有利于实施清洁生产的产业政策、技术开发和推广政策。

清洁生产推行规划。国务院清洁生产综合协调部门会同国务院环境保护、工业、科学技术部门和其他有关部门，根据国民经济和社会发展规划及国家节约资源、降低能源消耗、减少重点污染物排放的要求，编制国家清洁生产推行规划，报经国务院批准后及时公布。国家清洁生产推行规划应当包括推行清洁生产的目标、主要任务和保障措施，按照资源能源消耗、污染物排放水平确定开展清洁生产的重点领域、重点行业和重点工程。国务院有关行业主管部门根据国家清洁生产推行规划确定本行业清洁生产的重点项目，制定行业专项清洁生产推行规划并组织实施。县级以上地方人民政府根据国家清洁生产推行规划、有关行业专项清洁生产推行规划，按照本地区节约资源、降低能源消耗、减少重点污染物排放的要求，确定本地区清洁生产的重点项目，制定推行清洁生产的实施规划并组织落实。

清洁生产资金。中央预算应当加强对清洁生产促进工作的资金投入，包括中央财政清洁生产专项资金和中央预算安排的其他清洁生产资金，用于支持国家清洁生产推行规划确定的重点领域、重点行业、重点工程实施清洁生产及其技术推广工作，以及生态脆弱地区实施清洁生产的项目。县级以上地方人民政府应当统筹地方财政安排的清洁生产促进工作的资金，引导社会资金，支持清洁生产重点项目。

清洁生产咨询服务。国务院和省、自治区、直辖市人民政府的有关部门，应当组织和支持建立促进清洁生产信息系统和技术咨询服务体系，向社会提供有关清洁生产方法和技术、可再生利用的废物供求以及清洁生产政策等方面的信息和服务。国务院清洁生产综合协调部门会同国务院环境保护、工业、科学技术、建设、农业等有关部门定期发布清洁生产技术、工艺、设备和产品导向目录。国务院清洁生产综合协调部门、环境保护部门和省、自治区、直辖市人民政府负责清洁生产综合协调的部门、环境保护部门会同同级有关部门，组织编制重点行业或者地区的清洁生产指南，指导实施清洁生产。国家对浪费资源和严重污染环境的落后生产技术、工艺、设备和产品实行限期淘汰制度。国务院有关部门按照职责分工，制定并发布限期淘汰的生产技术、工艺、设备以及产品的名录。国务院有关部门可以根据需要批准设立节能、节水、废物再生利用等环境与资源保护方面的产品标志，并按照国家规定制定相应标准。

清洁生产教育培训。国务院教育部门，应当将清洁生产技术和管理课程纳入有关高等教育、职业教育和技术培训体系。县级以上人民政府有关部门组织开展清洁生产的宣传和培训，提高国家工作人员、企业经营管理者和公众的清洁生产意识，培养清洁生产管理和技术人员。新闻出版、广播影视、文化等单位和有关社会团体，应当发挥各自优势做好清洁生产宣传工作。

促进清洁生产的政府采购与绿色消费。各级人民政府应当优先采购节能、节水、废物再生利用等有利于环境与资源保护的产品。各级人民政府应当通过宣传、教育等措施，鼓励公众购买和使用节能、节水、废物再生利用等有利于环境与资源保护的产品。

2. 清洁生产的实施

新建、改建和扩建项目应当进行环境影响评价，对原料使用、资源消耗、资源综合利用以及污染物产生与处置等进行分析论证，优先采用资源利用率高以及污染物产生量少的清洁生产技术、工艺和设备。

企业在进行技术改造过程中，应当采取以下清洁生产措施：①采用无毒、无害或者低毒、低害的原料，替代毒性大、危害严重的原料；②采用资源利用率高、污染物产生量少的工艺和设备，替代资源利用率低、污染物产生量多的工艺和设备；③对生产过程中产生的废物、废水和余热等进行综合利用或者循环使用；④采用能够达到国家或者地方规定的污染物排放标准和污染物排放总量控制指标的污染防治技术。

产品和包装物的设计，应当考虑其在生命周期中对人类健康和环境的影响，优先选择无毒、无害、易于降解或者便于回收利用的方案。企业对产品的包装应当合理，包装的材质、结构和成本应当与内装产品的质量、规格和成本相适应，减少包装性废物的产生，不得进行过度包装。

农业生产者应当科学地使用化肥、农药、农用薄膜和饲料添加剂，改进种植和养殖技术，实现农产品的优质、无害和农业生产废物的资源化，防止农业环境污染。禁止将有毒、有害废物用作肥料或者用于造田。

餐饮、娱乐、宾馆等服务性企业，应当采用节能、节水和其他有利于环境保护的技术和设备，减少使用或者不使用浪费资源、污染环境的消费品。

建筑工程应当采用节能、节水等有利于环境与资源保护的建筑设计方案、建筑和装修材料、建筑构配件及设备。建筑和装修材料必须符合国家标准。禁止生产、销售和使用有毒、有害物质超过国家标准的建筑和装修材料。

矿产资源的勘查、开采，应当采用有利于合理利用资源、保护环境和防止污染的勘查、开采方法和工艺技术，提高资源利用水平。

企业应当在经济技术可行的条件下对生产和服务过程中产生的废物、余热等自行回收利用或者转让给有条件的其他企业和个人利用。

企业应当对生产和服务过程中的资源消耗以及废物的产生情况进行监测，并根据需要对生产和服务实施清洁生产审核。有下列情形之一的企业，应当实施强制性清洁生产审核：①污染物排放超过国家或者地方规定的排放标准，或者虽未超过国家或者地方规定的排放标准，但超过重点污染物排放总量控制指标的;②超过单位产品能源消耗限额标准构成高耗能的;③使用有毒、有害原料进行生产或者在生产中排放有毒、有害物质的。实施强制性清洁生产审核的企业,应当将审核结果向所在地县级以上地方人民政府负责清洁生产综合协调的部门、环境保护部门报告,并在本地区主要媒体上公布,接受公众监督。县级以上地方人民政府有关部门应当对企业实施强制性清洁生产审核的情况进行监督。

3. 鼓励措施

国家建立清洁生产表彰奖励制度。对在清洁生产工作中做出显著成绩的单位和个人,由人民政府给予表彰和奖励。

对从事清洁生产研究、示范和培训,实施国家清洁生产重点技术改造项目和自愿节约资源、削减污染物排放量协议中载明的技术改造项目,由县级以上人民政府给予资金支持。

在依照国家规定设立的中小企业发展基金中,应当根据需要安排适当数额用于支持中小企业实施清洁生产。

依法利用废物和从废物中回收原料生产产品的,按照国家规定享受税收优惠。

第二节 循环经济促进法

一、循环经济

循环经济,是指在生产、流通和消费等过程中进行的减量化、再利用、资源化活动的总称。减量化,是指在生产、流通和消费等过程中减少资源消耗和废物产生。再利用,是指将废物直接作为产品或者经修复、翻新、再制造后继续作为产品使用,或者将废物的全部或者部分作为其他产品的部件予以使用。资源化,是指将废物直接作为原料进行利用或者对废物进行再生利用。循环经济是推进可持续发展战略的一种优选模式,它强调以循环发展模式替代传统的线性增长模式,表现为以"资源-产品-再生资源"和"生产-消费-再循环"的模式有效地利用资源和保护环境,最终达到以较小发展成本获取较大的经济效益、社会效益和环境效益。

20世纪80年代以来,我国经济快速增长,各项建设取得巨大成就,同时也付出了很大的资源和环境代价,经济发展与资源环境的矛盾日趋尖锐。这些问题与我国资源利用效率相对低下密切相关。例如,目前我国钢铁、电力、水泥等高耗能行业的单位产品能耗比世界先进水平平均高20%左右;矿产资源总回收率为30%,比国外先进水平低20%以上;木材综合利用率为60%,比国外先进水平低20%。再生资源利用量占总生产量的比重,比起国外先进水平也低出很多,其中,钢铁工业年废钢利用量不到粗钢总产量的20%,国外先进水平为40%;工业用水重复利用率比国外先进水平低15%~25%。以上问题严重制约了我国未来的发展,需要在科学发展观指导之下,通过推进循环经济等途径加以解决。

二、促进循环经济的立法

早在20世纪50~70年代,我国就开展了资源综合利用工作;80年代到90年代,我国积极参与实施了联合国环境规划署推动的清洁生产行动计划,并制定了《国务院批转国家经贸委等部门关于进一步开展资源综合利用意见的通知》(国发〔1996〕36号)等规范性文件。进入21世纪以来,循环经济发展工作得到强化。2002年,全国人大常委会制定《中华人民共和国清洁生产促进法》，对循环经济的重要组成部分——清洁生产作了比较全面的规范。2005 年，国务院发布《国务院关于加快发展循环经济的若干意见》（国发 [2005] 22 号），为循环经济的发展提供了更加明确的政策依据。2008 年 8 月，十一届全国人大常委会第四次会议通过了《中华人民共和国循环经济促进法》，标志着我国循环经济工作进入法制化管理轨道。《中华人民共和国循环经济促进法》实施以来，国务院及其有关部门相继颁布了数十部配套法规和规范性文件，包括《废弃电器电子产品回收处理管理条例》（国务院令第 551 号）、《再生资源回收管理办法》（商务部、国家发展和改革委员会、公安部、建设部、国家工商行政管理总局、国家环境保护总局令 2007 年第 8 号）、《循环经济发展专项资金管理暂行办法》（财建 [2012] 616 号）等，发布了 200 多项循环经济相关国家标准。还发布了循环经济发展规划编制指南、支持循环经济发展的投融资政策措施意见等规范性文件。一些地方陆续制定了发展循环经济的地方性法规规章[62]。

2013 年 1 月，国务院印发了《循环经济发展战略及近期行动计划》（国发 [2013] 5 号），这是我国首部国家级循环经济发展战略及专项规划。《循环经济发展战略及近期行动计划》以建设循环型社会为目的，提出了循环型生产方式广泛推行，绿色消费模式普及推广，覆盖全社会的资源循环利用体系初步建立，资源产出率大幅度提高，可持续发展能力显著增强的中长期目标。同时，为促进循环经济尽快形成较大规模，提出了到"十二五"末资源产出率提高 15%，资源循环利用产业总产值达到 1.8 万亿元等 18 项主要目标。另外，以全面推行循环型生产方式，推进社会层面循环经济发展为目的，提出了近 80 个量化的循环经济具体指标，内容涉及第一、第二、第三产业的节能、节水、节地、节材、资源循环利用等各方面。

三、促进循环经济的主要措施

发展循环经济是国家经济社会发展的一项重大战略，应当遵循统筹规划、合理布局，因地制宜、注重实效，政府推动、市场引导，企业实施、公众参与的方针。发展循环经济应当在技术可行、经济合理和有利于节约资源、保护环境的前提下，按照减量化优先的原则实施。在废物再利用和资源化过程中，应当保障生产安全，保证产品质量符合国家规定的标准，并防止产生再次污染。

1. 基本管理制度

循环经济发展规划。国务院循环经济发展综合管理部门会同国务院环境保护等有关主管部门编制全国循环经济发展规划，报国务院批准后公布施行。设区的市级以上地方人民政府循环经济发展综合管理部门会同本级人民政府环境保护等有关主管部门编制本行政区域循环经济发展规划，报本级人民政府批准后公布施行。循环经济发展规划应当包括规划目标、适用范围、主要内容、重点任务和保障措施等，并规定资源产出率、废物再利用和资源化率等指标。

循环经济评价与考核。国务院循环经济发展综合管理部门会同国务院统计、环境保护等有关主管部门建立和完善循环经济评价指标体系。上级人民政府根据前款规定的循环经济主要评价指标，对下级人民政府发展循环经济的状况定期进行考核，并将主要评价指标完成情况作为对地方人民政府及其负责人考核评价的内容。

强制回收的产品和包装物。生产列入强制回收名录的产品或者包装物的企业，必须对废弃的产品或者包装物负责回收；对其中可以利用的，由各该生产企业负责利用；对因不具备技术经济条件而不适合利用的,由各该生产企业负责无害化处置。对列入强制回收名录的产品和包装物,消费者应当将废弃的产品或者包装物交给生产者或者其委托回收的销售者或者其他组织。

能耗、水耗的重点监督管理制度。国家对钢铁、有色金属、煤炭、电力、石油加工、化工、建材、建筑、造纸、印染等行业年综合能源消费量、用水量超过国家规定总量的重点企业,实行能耗、水耗的重点监督管理制度。

循环经济统计与标准。国家建立健全循环经济统计制度,加强资源消耗、综合利用和废物产生的统计管理,并将主要统计指标定期向社会公布。国务院标准化主管部门会同国务院循环经济发展综合管理和环境保护等有关主管部门建立健全循环经济标准体系,制定和完善节能、节水、节材和废物再利用、资源化等标准。国家建立健全能源效率标识等产品资源消耗标识制度。

2. 减量化

国务院循环经济发展综合管理部门会同国务院环境保护等有关主管部门,定期发布鼓励、限制和淘汰的技术、工艺、设备、材料和产品名录。禁止生产、进口、销售列入淘汰名录的设备、材料和产品,禁止使用列入淘汰名录的技术、工艺、设备和材料。

从事工艺、设备、产品及包装物设计,应当按照减少资源消耗和废物产生的要求,优先选择采用易回收、易拆解、易降解、无毒无害或者低毒低害的材料和设计方案,并应当符合有关国家标准的强制性要求。

对在拆解和处置过程中可能造成环境污染的电器电子等产品,不得设计使用国家禁止使用的有毒有害物质。禁止在电器电子等产品中使用的有毒有害物质名录,由国务院循环经济发展综合管理部门会同国务院环境保护等有关主管部门制定。

设计产品包装物应当执行产品包装标准,防止过度包装造成资源浪费和环境污染。

工业企业应当采用先进或者适用的节水技术、工艺和设备,制订并实施节水计划,加强节水管理,对生产用水进行全过程控制。工业企业应当加强用水计量管理,配备和使用合格的用水计量器具,建立水耗统计和用水状况分析制度。新建、改建、扩建建设项目,应当配套建设节水设施。节水设施应当与主体工程同时设计、同时施工、同时投产使用。国家鼓励和支持沿海地区进行海水淡化和海水直接利用,节约淡水资源。

国家鼓励和支持企业使用高效节油产品。电力、石油加工、化工、钢铁、有色金属和建材等企业,必须在国家规定的范围和期限内,以洁净煤、石油焦、天然气等清洁能源替代燃料油,停止使用不符合国家规定的燃油发电机组和燃油锅炉。内燃机和机动车制造企业应当按照国家规定的内燃机和机动车燃油经济性标准,采用节油技术,减少石油产品消耗量。

开采矿产资源,应当统筹规划,制定合理的开发利用方案,采用合理的开采顺序、方法和选矿工艺。采矿许可证颁发机关应当对申请人提交的开发利用方案中的开采回采率、采矿贫化率、选矿回收率、矿山水循环利用率和土地复垦率等指标依法进行审查;审查不合格的,不予颁发采矿许可证。采矿许可证颁发机关应当依法加强对开采矿产资源的监督管理。矿山企业在开采主要矿种的同时,应当对具有工业价值的共生和伴生矿实行综合开采、合理利用;对必须同时采出而暂时不能利用的矿产以及含有有用组分的尾矿,应当采取保护措施,防止资源损失和生态破坏。

建筑设计、建设、施工等单位应当按照国家有关规定和标准,对其设计、建设、施工的建筑物及构筑物采用节能、节水、节地、节材的技术工艺和小型、轻型、再生产品。有条件的地区，应当充分利用太阳能、地热能、风能等可再生能源。国家鼓励利用无毒无害的固体废物生产建筑材料，鼓励使用散装水泥，推广使用预拌混凝土和预拌砂浆。禁止损毁耕地烧砖。在国务院或者省、自治区、直辖市人民政府规定的期限和区域内，禁止生产、销售和使用黏土砖。

县级以上人民政府及其农业等主管部门应当推进土地集约利用，鼓励和支持农业生产者采用节水、节肥、节药的先进种植、养殖和灌溉技术，推动农业机械节能，优先发展生态农业。在缺水地区，应当调整种植结构，优先发展节水型农业，推进雨水集蓄利用，建设和管护节水灌溉设施，提高用水效率，减少水的蒸发和漏失。

国家机关及使用财政性资金的其他组织应当厉行节约、杜绝浪费，带头使用节能、节水、节地、节材和有利于保护环境的产品、设备和设施，节约使用办公用品。国务院和县级以上地方人民政府管理机关事务工作的机构会同本级人民政府有关部门制定本级国家机关等机构的用能、用水定额指标，财政部门根据该定额指标制定支出标准。

城市人民政府和建筑物的所有者或者使用者，应当采取措施，加强建筑物维护管理，延长建筑物使用寿命。对符合城市规划和工程建设标准，在合理使用寿命内的建筑物，除为了公共利益的需要外，城市人民政府不得决定拆除。

餐饮、娱乐、宾馆等服务性企业，应当采用节能、节水、节材和有利于保护环境的产品，减少使用或者不使用浪费资源、污染环境的产品。本法施行后新建的餐饮、娱乐、宾馆等服务性企业，应当采用节能、节水、节材和有利于保护环境的技术、设备和设施。

国家鼓励和支持使用再生水。在有条件使用再生水的地区，限制或者禁止将自来水作为城市道路清扫、城市绿化和景观用水使用。

国家在保障产品安全和卫生的前提下，限制一次性消费品的生产和销售。具体名录由国务院循环经济发展综合管理部门会同国务院财政、环境保护等有关主管部门制定。

3. 再利用和资源化

县级以上人民政府应当统筹规划区域经济布局，合理调整产业结构，促进企业在资源综合利用等领域进行合作，实现资源的高效利用和循环使用。各类产业园区应当组织区内企业进行资源综合利用，促进循环经济发展。国家鼓励各类产业园区的企业进行废物交换利用、能量梯级利用、土地集约利用、水的分类利用和循环使用，共同使用基础设施和其他有关设施。新建和改造各类产业园区应当依法进行环境影响评价，并采取生态保护和污染控制措施，确保本区域的环境质量达到规定的标准。

企业应当按照国家规定，对生产过程中产生的粉煤灰、煤矸石、尾矿、废石、废料、废气等工业废物进行综合利用。企业应当发展串联用水系统和循环用水系统，提高水的重复利用率。企业应当采用先进技术、工艺和设备，对生产过程中产生的废水进行再生利用。企业应当采用先进或者适用的回收技术、工艺和设备，对生产过程中产生的余热、余压等进行综合利用。建设利用余热、余压、煤层气以及煤矸石、煤泥、垃圾等低热值燃料的并网发电项目，应当依照法律和国务院的规定取得行政许可或者报送备案。电网企业应当按照国家规定，与综合利用资源发电的企业签订并网协议，提供上网服务，并全额收购并网发电项目的上网电量。

建设单位应当对工程施工中产生的建筑废物进行综合利用；不具备综合利用条件的，应当委托具备条件的生产经营者进行综合利用或者无害化处置。

国家鼓励和支持农业生产者和相关企业采用先进或者适用技术，对农作物秸秆、畜禽粪便、农产品加工业副产品、废农用薄膜等进行综合利用，开发利用沼气等生物质能源。

县级以上人民政府及其林业主管部门应当积极发展生态林业，鼓励和支持林业生产者和相关企业采用木材节约和代用技术，开展林业废弃物和次小薪材、沙生灌木等综合利用，提高木材综合利用率。

国家支持生产经营者建立产业废物交换信息系统，促进企业交流产业废物信息。企业对生产过程中产生的废物不具备综合利用条件的，应当提供给具备条件的生产经营者进行综合利用。

国家鼓励和推进废物回收体系建设。地方人民政府应当按照城乡规划，合理布局废物回收网点和交易市场，支持废物回收企业和其他组织开展废物的收集、储存、运输及信息交流。废物回收交易市场应当符合国家环境保护、安全和消防等规定。对废电器电子产品、报废机动车船、废轮胎、废铅酸电池等特定产品进行拆解或者再利用，应当符合有关法律、行政法规的规定。回收的电器电子产品，经过修复后销售的，必须符合再利用产品标准，并在显著位置标识为再利用产品。回收的电器电子产品，需要拆解和再生利用的，应当交售给具备条件的拆解企业。

国家支持企业开展机动车零部件、工程机械、机床等产品的再制造和轮胎翻新。销售的再制造产品和翻新产品的质量必须符合国家规定的标准，并在显著位置标识为再制造产品或者翻新产品。

县级以上人民政府应当统筹规划建设城乡生活垃圾分类收集和资源化利用设施，建立和完善分类收集和资源化利用体系，提高生活垃圾资源化率。县级以上人民政府应当支持企业建设污泥资源化利用和处置设施，提高污泥综合利用水平，防止产生再次污染。

4. 激励措施

国务院和省、自治区、直辖市人民政府设立发展循环经济的有关专项资金，支持循环经济的科技研究开发、循环经济技术和产品的示范与推广、重大循环经济项目的实施、发展循环经济的信息服务等。

国务院和省、自治区、直辖市人民政府及其有关部门应当将循环经济重大科技攻关项目的自主创新研究、应用示范和产业化发展列入国家或者省级科技发展规划和高新技术产业发展规划，并安排财政性资金予以支持。利用财政性资金引进循环经济重大技术、装备的，应当制定消化、吸收和创新方案，报有关主管部门审批并由其监督实施；有关主管部门应当根据实际需要建立协调机制，对重大技术、装备的引进和消化、吸收、创新实行统筹协调，并给予资金支持。

国家对促进循环经济发展的产业活动给予税收优惠，并运用税收等措施鼓励进口先进的节能、节水、节材等技术、设备和产品，限制在生产过程中耗能高、污染重的产品的出口。企业使用或者生产列入国家清洁生产、资源综合利用等鼓励名录的技术、工艺、设备或者产品的，按照国家有关规定享受税收优惠。

县级以上人民政府循环经济发展综合管理部门在制定和实施投资计划时，应当将节能、节水、节地、节材、资源综合利用等项目列为重点投资领域。对符合国家产业政策的节能、节水、节地、节材、资源综合利用等项目，金融机构应当给予优先贷款等信贷支持，并积极提供配套金融服务。对生产、进口、销售或者使用列入淘汰名录的技术、工艺、设备、材料或者产品的企业，金融机构不得提供任何形式的授信支持。

国家实行有利于资源节约和合理利用的价格政策，引导单位和个人节约和合理使用水、电、气等资源性产品。国务院和省、自治区、直辖市人民政府的价格主管部门应当按照国家产业政策，对资源高消耗行业中的限制类项目，实行限制性的价格政策。对利用余热、余压、煤层气以及煤矸石、煤泥、垃圾等低热值燃料的并网发电项目，价格主管部门按照有利于资源综合利用的原则确定其上网电价。省、自治区、直辖市人民政府可以根据本行政区域经济社会发展状况，实行垃圾排放收费制度。收取的费用专项用于垃圾分类、收集、运输、储存、利用和处置，不得挪作他用。国家鼓励通过以旧换新、押金等方式回收废物。

国家实行有利于循环经济发展的政府采购政策。使用财政性资金进行采购的，应当优先采购节能、节水、节材和有利于保护环境的产品及再生产品。

县级以上人民政府及其有关部门应当对在循环经济管理、科学技术研究、产品开发、示范和推广工作中做出显著成绩的单位和个人给予表彰和奖励。企业事业单位应当对在循环经济发展中做出突出贡献的集体和个人给予表彰和奖励。

习题与讨论

［1］哪些企业应当进行强制性清洁生产审核？
［2］简述发展循环经济的原则。

第十章 国际环境法

第一节 国际环境法的基本原则

一、国家主权原则

尽管环境及环境问题的整体性和关联性决定着国际合作的必要性，但此种合作不应排斥国家主权，更不能凌驾于国家主权之上。根据《联合国宪章》和国际法原则，各国拥有按照其本国的环境与发展政策开发本国自然资源的主权权利，并负有确保在其管辖范围内或在其控制下的活动不致损害其他国家或在各国管辖范围以外地区的环境的责任。据此，在任何情况下，均不能以国际环境问题为借口干涉别国主权。

二、国际合作原则

应对国际环境问题需要广泛的国际合作。各国应本着全球伙伴精神，为保存、保护和恢复地球生态系统的健康和完整进行合作。国际社会每一成员国均应参加这种合作，并根据各自经济、技术能力做出贡献。各国应做出具体的实际行动并采取实在的措施，同时考虑到发展中国家充分的、特殊的需要与情况，保证这些国家及时获得其有效参与国际合作的资金与技术。

三、公平原则

"共同但有区别的责任"原则强调区别各国对环境问题的不同责任，并据此分担责任和采取行动。"共同但有区别的责任"原则是在充分考虑历史因素与现实状况的前提下而提出的，体现了历史与现实的公平，是公平原则的一种具体表现形式。

造成今天全球环境恶化的历史责任和现实责任主要归于发达国家，这已是不争的事实。"发达国家承认，鉴于它们的社会给全球环境带来的压力，以及它们所掌握的技术和财力资源，它们在追求可持续发展的国际努力中负有责任"。因此，发达国家应率先采取有效的行动和措施改善其国内环境保护工作，尤其是对危及全球和他国环境的行动的控制。另外，发达国家还应向发展中国家提供资金和技术支持。由于发展中国家整体经济、科技水平落后，人口众多，人均收入低，所以对于发展中国家而言，必须在解决发展问题的前提下参与国际环境合作。

四、预防原则

为了保护环境，各国应按照本国的能力，广泛适用预防措施。遇有严重或不可逆转损害的威胁时，不得以缺乏科学、充分、确实的证据为理由，延迟采取符合成本效益的措施防止环境恶化。

第二节　国际环境法主要领域

一、臭氧层保护

为使人类避免受到因臭氧层破坏而带来的不利影响，并采取适当的国际合作与行动，国际社会于 1985 年 3 月在维也纳通过了《保护臭氧层维也纳公约》，并于 1987 年 9 月通过了《关于消耗臭氧层物质的蒙特利尔议定书》，公约和议定书分别于 1989 年 9 月和 1990 年 1 月生效。目前，所有联合国成员均为公约和议定书的缔约方，已召开 10 次公约缔约方大会和 26 次议定书缔约方会议，联合国 197 个成员国全部加入了议定书，成为"全球普遍参与"的第一个多边环境条约。

蒙特利尔议定书是国际上第一个明确提出在规定的时间内强制性淘汰、削减和控制义务的环境条约，规定了消耗臭氧层物质（ODS）受控物质的种类、控制基准（生产和贸易）、淘汰时间表、贸易、数据报告和运行机制 6 大规定；体现了发达国家和发展中国家"共同但有区别的责任"原则。根据形势的发展，蒙特利尔议定书后来得到 4 次修正，先后通过了《伦敦修正案》《哥本哈根修正案》《蒙特利尔修正案》和《北京修正案》。

蒙特利尔议定书是环境与发展领域国际公认的发展中国家与发达国家合作、务实解决全球环境问题的成功典范。其取得成功的重要原因在于议定书建立了自己独有的多边基金，该基金接受发达国家捐款并向发展中国家提供资金和技术援助。联合国环境规划署、联合国开发计划署、联合国工业与发展组织和世界银行负责多边基金项目的实施。

我国政府十分重视保护臭氧层工作，于 1989 年 9 月加入了公约，1989 年 12 月公约对我国生效；于 1991 年 6 月加入了蒙特利尔议定书及其《伦敦修正案》，1992 年 8 月议定书及修正案对我国生效；于 2003 年 4 月加入了《哥本哈根修正案》；于 2010 年 5 月批准接受了《蒙特利尔修正案》和《北京修正案》。公约和议定书（其中第 5 条规定不适用于我国香港和澳门）及《伦敦修正案》（第 5 条第 1 款不适用于我国香港和澳门）、《哥本哈根修正案》、《蒙特利尔修正案》和《北京修正案》适用于我国香港、澳门。

公约及议定书的实施对我国的臭氧层保护和 ODS 淘汰工作产生了积极的促进作用。我国于 1991 年成立了由国家环境保护局牵头、18 个部委参加的跨部门履约协调机制——国家保护臭氧层领导小组，1993 年制定了《中国逐步淘汰消耗臭氧层物质国家方案》，2010 年颁布实施了《消耗臭氧层物质管理条例》，在化工生产、消防、家电、工商制冷、汽车、泡沫、清洗、烟草、气雾剂、农业、粮食仓储等行业分步骤开展了 ODS 淘汰活动；同时，在政策法规和管理体系方面，形成了以 ODS 生产、消费、进出口配额许可证制度为核心的政策管理体系。为提高社会各界保护臭氧层意识，我国已连续十多年举办了多方参与的国际保护臭氧层日纪念活动。

截至 2014 年 12 月底，为实现 ODS 淘汰，我国自 1992 年开始共申请获得多边基金赠款 12 亿美元。我国是获得多边基金赠款最多的国家，为中国顺利履约发挥了重要作用，同时，赠款带来的先进替代技术的应用显著提高了相关行业技术，并为这些行业的产品出口消除了发达国家限制 ODS 产品出口的绿色壁垒。在淘汰 ODS 的同时，我国替代品产业也逐步发展起来，用量较大的几种主要 ODS 替代品已全部国产化。我国淘汰 ODS 的政策法规和管理体系随着项目的推进得以逐步建立起来。

二、危险物质

1.《控制危险废物越境转移及其处置的巴塞尔公约》

20世纪80年代，工业排放的危险废物日益增多，其中大多数产生于发达国家，危险废物越境转移及其处置造成的污染，严重影响环境和人类健康的事件时有发生，国际社会迫切需要一部法律文件控制危险废物的越境转移和处置。在此形势下，《控制危险废物越境转移及其处置的巴塞尔公约》（以下简称《巴塞尔公约》）于1989年3月通过，1992年5月生效。截至2009年6月，全球共有172个缔约方，目前已召开九届缔约方大会。公约旨在保护人类健康和环境，使其免受危险废物和其他废物的产生和管理（包括转移、利用和处置等）可能造成的危害。公约列出了45类应该加以控制的废物类别和2类需要加以特别考虑的废物类别以及这些废物的14种危险特性。公约建立了危险废物越境转移的通知制度，出口危险废物必须事先得到进口国和过境国主管部门的同意。公约还强调了对危险废物的环境无害化管理，并规定除非有多边或双边协议，否则不允许公约缔约方将危险废物出口到非缔约方，也不许可从非缔约方进口危险废物到其领土。

1995年9月公约第三次缔约方大会通过了《巴塞尔公约》修正案，即禁止从发达国家向发展中国家转移危险废弃物；1999年第五次缔约方大会通过了《巴塞尔公约》责任与赔偿议定书，但截至目前，因缔约方数目未达到修正案和议定书的生效要求，这两项法律文书现在均未生效。

我国于1990年3月签署该公约，1991年9月由全国人大批准缔约；公约自1997年7月起适用于我国香港，自1999年12月起适用于我国澳门。1999年10月我国全国人大批准《巴塞尔公约》修正案，目前尚未批准赔偿责任议定书。

我国作为《巴塞尔公约》的最早缔约方之一，积极参与公约的一切活动，为公约的发展做出了积极贡献。在公约的履行方面，我国政府所做的工作包括制定控制废物进口的法规和标准；严格控制危险废物出口；制定国家危险废物名录；建立危险废物培训和技术转让中心；查处废物非法越境转移。作为对公约的贡献，我国申请设立了公约亚太地区协调中心，为亚太各国在危险废物管理及其处置方面提供技术培训和咨询服务，促进亚太地区提高解决危险废物环境污染的能力。

2.《关于持久性有机污染物的斯德哥尔摩公约》

持久性有机污染物（POPs）由于其环境持久性、生物蓄积性、远距离迁移性和毒性4大特性，对于人类健康和环境构成了严重威胁。联合国环境规划署决定就列入初步清单的12种POPs（艾氏剂、氯丹、滴滴涕、狄氏剂、二噁英、异狄氏剂、呋喃、六氯代苯、七氯、灭蚁灵、多氯联苯和毒杀芬）开展国际行动并着手拟订具有法律约束力的国际文书。2001年5月，联合国环境规划署在瑞典斯德哥尔摩召开了外交全权代表大会，通过了《关于持久性有机污染物的斯德哥尔摩公约》。公约旨在减少和避免持久性有机污染物通过生物蓄积、长距离迁移以及致癌、致畸、致突变、内分泌干扰、破坏免疫系统等作用对人类生存繁衍和生态系统可持续发展构成重大威胁。

2004年5月，公约正式生效。截至2013年5月，公约已有179个缔约方。2009年召开的第四次缔约方大会在上述12种受控POPs基础上，新增了第二批9种POPs（五溴二苯醚、开蓬、林丹、六溴代二苯、全氟辛烷磺酸、六氯环乙烷、六溴二苯醚、五氯苯）。2011年召开的第五次缔约方大会将硫丹增列入附件A，使之成为新的受控POPs物质。目前，我国正在办理上述新增物质修正案的国内批准程序。

2013 年召开的第六次缔约方大会将六溴环十二烷（HBCD）增列入消除类附件 A，但在其使用方面给予建筑行业外墙保温材料发泡聚苯乙烯板材（EPS）和挤塑聚苯乙烯板材（XPS）(HBCD 的主要应用) 特定豁免。

目前，公约受控物质总数达到 23 种。公约是继《关于消耗臭氧层物质的蒙特利尔议定书》之后，第二个明确提出具体淘汰目标和时间的、具有法律约束力的法律文书。受控 POPs 是一开放式名录，以附件 A（消除类）、附件 B（限制类）或附件 C（无意生产）载列于公约中。考虑到各国的实际情况，公约规定了 POPs 使用的特定豁免申请和认可程序。公约明确规定了发展中国家履行公约义务的程度将取决于发达国家提供的资金和技术情况，公约还明确要求缔约方定期提交国家报告并对公约执行成效进行评估。

在控制义务方面，公约规定，各国须查明和禁止未提出豁免的 POPs 的生产、使用和进出口；查明被豁免的 POPs 的生产、使用、进出口和库存等详细情况，并制定逐步削减和淘汰的战略和行动计划；查明含多氯联苯（PCBs）的设备，逐步消除其中的 PCBs、终止新的 PCBs 的生产；制定并实施减少无意排放副产品 POPs 污染物的综合行动计划。在常规义务方面，要求制定国家行动方案并定期审查和更新。

我国政府于 2001 年 5 月签署该公约，2004 年 6 月第十届全国人大第十次会议批准该公约，公约于 2004 年 11 月正式对我国生效，公约适用于我国香港和澳门特别行政区。我国作为化学品生产和使用大国，积极参与了公约的相关进程，为公约的发展做出了积极贡献。

3.《关于在国际贸易中对某些危险化学品和农药采用事先知情同意程序的鹿特丹公约》

1998 年 9 月，在荷兰鹿特丹举行的外交全权代表会议上，《关于在国际贸易中对某些危险化学品和农药采用事先知情同意程序的鹿特丹公约》获得通过，并开放签署。鹿特丹公约于 2004 年 2 月生效。截至 2015 年，公约共有 154 个缔约方。

鹿特丹公约的核心是要求缔约方在国际贸易中对受本公约管制的化学品执行事先知情同意程序，并不禁止缔约方对列入公约管制清单（以下简称"PIC 清单"）的化学品进行国际贸易，由各缔约方政府根据本国国情决定是否对列入 PIC 清单的化学品采取诸如禁止生产、使用、进出口等管制行动。PIC 清单是开放性的，公约通过时列有 27 种化学品，目前已增至 47 种。

公约的最高权力和决策机构是缔约方大会，目前已举行了七次会议。公约还设立化学品审查委员会作为公约的附属机构。公约开展活动的资金来源于普通信托基金（即缔约方按比额缴纳的会费）和特别信托基金（缔约方的自愿捐款以及非缔约方、其他国际组织、非政府组织等捐款）。公约秘书处由设在瑞士日内瓦和意大利罗马的办公室共同组成。

经国务院批准，我国政府于 1999 年 8 月签署了鹿特丹公约。2004 年 12 月，十届全国人大常委会第十三次会议正式批准了鹿特丹公约，公约于 2005 年 6 月对我国生效，并适用于我国澳门特别行政区。2008 年 8 月，国务院批准同意公约适用于我国香港特别行政区。

三、气候变化

全球气候变化是国际环境与发展领域的热点和焦点问题。国际社会先后通过了《联合国气候变化框架公约》及其《京都议定书》，为国际合作应对气候变化提供了基本框架，我国积极参与了其中的谈判和履约工作。

自 1980 年后的 10 年间，国际政府间高层会晤围绕气候变化展开了一系列的讨论。1988

年由联合国环境规划署和世界气象组织联合发起的政府间气候变化专业委员会成立。1992年5月9日，国际社会通过了《联合国气候变化框架公约》，6月154个国家在巴西里约热内卢召开的环境与发展大会上签署了《联合国气候变化框架公约》。《联合国气候变化框架公约》是一项原则公约，它为国际社会在对付气候变化问题上加强合作提供了法律框架，并对发达国家和发展中国家规定了有区别的义务。在该公约中制定的控制气候变化的最终目标是将大气圈中的温室气体的浓度稳定在一个水平上，以防止人类对气候系统的有害干预。该水平应该在一个时间框架内达到，以使生态系统自然地适应气候的变化，保证粮食生产不受威胁，并以可持续的方式发展经济。该公约于1994年3月生效，截至2006年，已有189个国家和地区成为缔约方。

1997年12月，在日本京都召开的《联合国气候变化框架公约》第三次缔约方大会上，形成了关于限制二氧化碳排放量的成文法案。当该大会结束时，此公约已经初具雏形，并以当届大会举办地京都命名，始称《京都议定书》。它被公认为是国际环境外交的里程碑，是第一个具有法律约束力的旨在防止全球变暖而要求减少温室气体排放的国际条约。2005年2月16日《京都议定书》生效。目前全球已有包括我国在内的141个国家和地区签署议定书。

四、海洋环境保护

1. 海洋环境保护公约

世界海洋是一个整体，研究、开发和保护海洋需要世界各国的共同努力。1954年5月，在伦敦召开的防止海洋污染第一次国际外交会议上通过了《防止海洋石油污染国际公约》，这是有关海洋环境保护的第一个多边公约。

我国参与了联合国第三次海洋法会议的历次会议和《联合国海洋法公约》的制定工作，并成为缔约国。1982年12月，《联合国海洋法公约》签订于蒙特哥湾。同日，我国政府代表签署该公约。1994年11月，该公约生效。1996年5月，第八届全国人大常委会第十九次会议决定批准该公约。

截至1999年，我国参与签署的海洋环境保护公约共十三项，可分为六大类：海洋综合类、油污民事责任类、油污事故干预类、油污事故应急反应类、防止海洋倾废类和防止船舶污染类。

油污民事责任类包括1969年11月签订、1980年4月对我国生效的《国际油污损害民事责任公约》和1976年11月签订、1986年12月对我国生效的《国际油污损害民事责任公约的议定书》；油污事故干预类包括1969年11月签订并对我国生效的《国际干预公海油污事故公约》和1973年11月签订、1990年5月对我国生效的《干预公海非油类物质污染议定书》；油污事故应急反应类有1990年11月签订、1998年6月对我国生效的《国际油污防备、反应和合作公约》；防止海洋倾废类包括1972年12月签订、1985年12月对我国生效的《防止倾倒废物及其他物质污染海洋公约》，1993年11月签订的《关于逐步停止工业废弃物的海上处置问题的决议》《关于海上焚烧问题的决议》《关于海上处置放射性废物的决议》以及1996年11月签订的《防止倾倒废物及其他物质污染海洋公约》1996年议定书；防止船舶污染类包括1973年11月签订的《国际防止船舶造成污染公约》和1978年2月签订的《关于1973年国际防止船舶造成污染公约的1978年议定书》。

2. 海洋生物资源保护

1946年12月，《国际捕鲸管制公约》签订于华盛顿，并于1948年11月生效。1980年

9月我国加入《国际捕鲸管制公约》及国际捕鲸委员会,成为该公约当事国。

1966年5月,《养护大西洋金枪鱼国际公约》在里约热内卢签订。1966年6月,我国加入该公约,并参加了《促进公海上渔船遵守国际养护和管理措施的协定》的制定工作。

1994年2月,《中白令海峡鳕资源养护与管理公约》签署于华盛顿,并于1995年12月生效。公约的六个成员国中国、日本、韩国、波兰、俄罗斯和美国均已核准该公约。我国于1995年9月交存了批准书。

1993~1995年,我国参与了联合国《跨界鱼类种群和高度洄游鱼类种群的养护与管理协定》的制定工作。先后与俄罗斯、美国、日本等国就开发和保护白令海峡渔业资源问题进行谈判。1995年12月,《跨界鱼类种群和高度洄游鱼类种群的养护与管理协定》签订,我国于1996年11月签署了该公约。

1988年1月在泰国曼谷签订了《亚洲——太平洋水产养殖中心网协议》,并于1990年1月生效。我国政府于1988年1月签署该协议。1990年1月协议对我国生效。

五、生物多样性

1.《生物多样性公约》

《生物多样性公约》于1992年6月在里约热内卢召开的联合国环境与发展大会期间开放签字,于1993年12月生效。截至2015年,公约已有196个缔约方。

公约的三大目标为保护生物多样性、可持续利用其组成部分,以及公平合理分享由利用遗传资源产生的惠益。公约活动涉及许多专题和跨领域的问题,如森林、山地、内陆水、农业、海洋生物多样性保护,保护区建设,信息交换所机制,能力建设,技术转让与合作,遗传资源获取和惠益分享等。公约活动由全球环境基金提供资金。公约秘书处设在加拿大蒙特利尔。

公约的最高权力和决策机构为公约的缔约方大会,它定期审议公约的履行情况,并就促进公约的有效履行做出必要决定。公约还设有科学、技术和工艺咨询事务附属机构和信息交换所等附属机构。公约针对知识产权的条款、履约审查等重要议题设立了工作组。目前,公约已经召开了十二次缔约方大会。

公约缔约方大会第十次会议于2010年10月召开,通过了《生物多样性公约关于遗传资源获取及公平、公正地分享其利用所产生惠益的名古屋议定书》和公约战略计划(2011—2020年)。该战略计划由共同愿景、任务、战略目标和20个具体目标(统称为"爱知目标")组成,包括2050年远景目标(建立人与自然和谐相处的社会,保护、恢复和明智利用生物多样性)、2020年目标(到2020年应维持生态系统的弹性,使其继续提供必要的服务,从而确保地球上多样化的生命,为人类福祉和扶贫做出贡献。)5个战略目标(将生物多样性纳入整个政府和社会的主流,减少生物多样性的直接压力和促进可持续利用,保护生态系统、物种和遗传多样性,提高生物多样性和生态系统带来的惠益,加强公约执行能力)和20个具体目标,重申了国家对其自然资源拥有主权权利,要求各国酌情将生物多样性的价值纳入国民收入和生产核算体系,到2020年,陆地和内陆水域保护区面积达到其总面积的17%,海洋和海岸生态系统保护区面积达到其总面积的10%,同时维持栽培植物、家养动物及其野生近缘种的遗传多样性。

我国政府于1992年6月签署了公约,于1993年1月交存了批准书,是世界上最早签署并批准公约的国家之一。公约自1999年12月起适用于我国澳门特区,2011年5月起适用于我国香港特别行政区。

我国政府高度重视公约的履行工作。2010年成立了"2010国际生物多样性年中国国家委员会",并审议通过了《中国生物多样性保护战略与行动计划(2011—2030年)》,作为未来20年我国生物多样性保护的行动纲领。2011年,"2010国际生物多样性年中国国家委员会"更名为"中国生物多样性保护国家委员会",由25个部门组成,作为生物多样性保护的工作机制,统筹协调生物多样性保护工作。此外,国家一级还设立了由环境保护部牵头、20多个相关政府部门参加的公约履约协调机制——中国履行《生物多样性公约》工作协调组,专门负责协调和推进国内履约工作。协调组办公室设在环保部生态司。为加强生物物种资源的保护和管理,2004年又建立了物种资源部际联席会议制度。目前我国已颁布了《中国生物多样性国情报告》,制定并实施了《中国生物多样性保护行动计划》,开始着手制定遗传资源获取与惠益分享的有关政策、法规。

2.《卡塔赫纳生物安全议定书》

《卡塔赫纳生物安全议定书》于2003年9月生效,现有缔约方166个。议定书是在迅速发展的现代生物技术产生的改性活生物体(即通常所说的转基因生物体,简称"LMOs")不断增加,其处理和使用可能对生物多样性的保护和可持续利用产生不利影响的大背景下产生的,议定书的目标是遵循公约和《关于环境与发展的里约宣言》的有关规定和原则,协助确保在安全转移(特别是越境转移)、处理和使用凭借现代生态技术获得的、可能对生物多样性保护和可持续使用产生不利影响的改性活生物体领域内采取充分的保护措施,同时顾及对人类健康所构成的风险。

议定书的最高权力和决策机构是缔约方会议,还设有生物安全信息交换所、遵约委员会等附属机构。公约针对第27条下的LMOs越境转移产生的损害的赔偿责任与补救问题、关于直接用作食品、饲料等的LMOs的处理、运输、包装和标识等问题设立了工作组,并针对风险评估与风险管理问题等设立了技术专家组。全球环境基金为议定书的活动提供资金。议定书的秘书处设在加拿大蒙特利尔。目前,议定书已举行了七次缔约方大会会议。

2010年10月召开的公约缔约方大会第五次会议通过了《卡塔赫纳生物安全议定书关于赔偿责任与补救的名古屋-吉隆坡补充议定书》。

我国政府代表团参与了议定书谈判的全过程,并于2000年8月签署了议定书。国务院于2005年4月正式核准我国加入议定书,议定书于2005年9月对我国生效,2011年5月起适用于我国香港特别行政区,目前尚不适用于我国澳门特别行政区。

我国政府高度重视议定书的履行工作。作为履行公约的牵头部门,环境保护部专门成立国家生物安全管理办公室。农业部、质量监督检验检疫总局、国家林业局、卫生部和科技部等履约相关部门也都成立了专门管理机构。1999年,当时的国家环境保护总局联合其他相关部门制定了《中国国家生物安全框架》,提出了我国转基因生物安全管理的政策体系、法规体系和能力建设的国家方案。

我国政府十分重视在开发利用现代生物技术的同时,逐步加强和完善对生物安全的管理。1993年以来,我国先后发布了《基因工程安全管理办法》《农业生物基因工程安全管理实施办法》《烟草基因工程研究及其应用管理办法》《人类遗传资源管理暂行办法》《农业转基因生物安全管理条例》《农业转基因生物进口安全管理办法》《农业转基因生物安全评价管理办法》《农业转基因生物标识管理办法》《转基因食品卫生管理办法》《进出境转基因产品检验检疫管理办法》等管理办法,初步建立了我国转基因生物安全管理的政策体系和法规体系。

3.《濒危野生动植物种国际贸易公约》

1973年3月，21个国家的全权代表在华盛顿签署了《濒危野生动植物种国际贸易公约》，又称《华盛顿公约》，是由各主权国政府参加的一部关于野生动植物及其部分和衍生物国际贸易（包括进口、出口、再出口、海上引进）管理的多边国际条约。1975年7月，该公约正式生效。1981年4月，我国加入该公约。

在履约协调机制方面，我国成立了国家濒危物种进出口管理办公室和国家濒危物种科学委员会，分别作为履行公约的管理机构和科学机构，国家濒危物种科学委员会与国家濒危物种进出口管理办公室紧密配合，完成了《濒危野生动植物种国际贸易公约》规定的濒危物种贸易审核要求；参与或主持了各种著作与刊物的出版，包括在国内外有关领域影响较大的鸟类、兽类、两栖爬行类、鱼类红皮书；组织和承担了各部门委托的濒危物种生物学和贸易调查任务。

在立法和执法方面，我国制定实施了《中华人民共和国野生动物保护法》《野生植物保护条例》和《濒危野生动植物进出口管理条例》等法律法规，制定了《国家重点保护动物名录》《国家重点保护植物名录》。在履行《濒危野生动植物种国际贸易公约》，打击和遏制相关违法犯罪行为方面，我国政府一直在积极努力，并在藏羚羊、虎、豹等濒危物种的保护管理和执法方面取得了长足进步。中国野生动植物及自然保护区建设工程实施以来，濒危野生动植物保护事业得到快速发展，建立了一批规划科学的自然保护区，大熊猫、金丝猴、虎、藏羚羊、兰科植物等濒危物种得到有效保护。

4.《关于特别是作为水禽栖息地的国际重要湿地公约》

1971年2月，来自18个国家的代表在伊朗南部海滨小城拉姆萨尔签署了一个旨在保护和合理利用全球湿地的公约——《关于特别是作为水禽栖息地的国际重要湿地公约》（以下简称《湿地公约》）。该公约于1975年12月正式生效，至2016年，已有150个国家政府成为缔约国。保护和合理利用湿地越来越引起世界各国的高度重视，成为国际社会普遍关注的热点。《湿地公约》的宗旨是通过各成员国之间的合作加强对世界湿地资源的保护及合理利用，以实现生态系统的持续发展。目前《湿地公约》已成为国际重要的自然保护公约之一，1000多块在生态学、植物学、动物学、湖沼学或水文学方面具有独特意义的湿地被列入国际重要湿地名录。

1992年7月，我国政府正式加入《湿地公约》，当年我国有7块湿地被列入国际重要湿地名录，分别是黑龙江扎龙自然保护区、吉林向海自然保护区、湖南东洞庭湖自然保护区、江西鄱阳湖自然保护区、青海鸟岛自然保护区、海南东寨岗自然保护区和香港米埔自然保护区。

在履约协调机制方面，2005年，我国政府在国家林业局成立了国家国际湿地公约履约办公室，全面负责湿地保护履约工作。在立法方面，我国颁布了一系列有关自然资源及生态环境保护的法律法规，与湿地保护有关的主要行政法规有《风景名胜区管理暂行条例》（1985）、《海洋石油勘探开发环境保护管理条例》（1990）、《防止船舶污染海域管理条例》（1990）、《陆生野生动物保护实施条例》（1992）、《水生野生动物保护实施条例》（1993）、《基本农田保护条例》（1994）、《自然保护区条例》（1994）、《风景名胜区条例》（2006）等。

5.《联合国关于在发生严重干旱和/或荒漠化的国家特别是在非洲防治沙漠化的公约》

1992年，发展中国家（由非洲国家牵头）坚持在地球问题首脑会议筹备期间必须适当地关注沙漠化问题。1994年6月,联合国大会在法国巴黎通过了《联合国关于在发生严重干旱和/或荒漠化的国家特别是在非洲防治沙漠化的公约》(以下简称《联合国防治荒漠化公约》)的正式文本。1994年10月,《联合国防治荒漠化公约》在巴黎开放签字。1996年12月,《联合国防治荒漠化公约》正式生效。1997年联合国在肯尼亚首都内罗毕召开世界荒漠化会议,提出了全球防治荒漠化行动纲领。迄今为止,已有191个国家签署并批准了这一公约。这标志着国际社会已充分认识到防治荒漠化和缓解干旱灾害在实施可持续发展战略中的重要地位。

1994年10月,我国代表签署该公约。1996年12月,全国人大常委会决定批准该公约。1997年2月,我国批准了该公约;1997年5月,该公约对我国生效。

在履约协调机制方面,作为首批签署和批准《联合国防治荒漠化公约》的国家,我国自公约谈判之日起就积极参与和促进履约工作,成立了由林业部、外交部等6个部委组成的《联合国防治荒漠化公约》中国执行委员会,并相继组建成了中国荒漠化监测中心、中国防治荒漠化培训中心和中国防治荒漠化研究与发展中心等机构,这些机构做了大量的工作。

在立法与监测方面,我国防治荒漠化立法工作在世界上占领先地位。2002年1月1日正式实施的《中华人民共和国防沙治沙法》是世界上第一部关于防沙治沙的专门法律。同时国务院专门下发了《关于进一步加强防沙治沙的决定》。在法律体系上,各省区也相应地制定了有关防沙治沙的条例或规定,逐步建立起我国防沙治沙的法律体系。法律规定,"防沙治沙实行统一规划。从事防沙治沙活动,以及在沙化土地范围内从事开发利用活动,必须遵循防沙治沙规划。防沙治沙规划应当对遏制土地沙化扩展趋势,逐步减少沙化土地的时限、步骤、措施等做出明确规定,并将具体实施方案纳入国民经济和社会发展五年计划和年度计划。"

1994年以来,我国已经建立了全国荒漠化监测、干旱监测早期预警体系。1994年和1999年先后组织开展了两次全国荒漠化监测,基本掌握了荒漠化的现状、成因和发展趋势。开展了全国性的荒漠化土地普查,编制了中国荒漠化图,提出了《中国荒漠化报告》,建立了国家及省级数据库和图库。

六、核安全

1980年3月,《核材料实物保护公约》在维也纳和纽约同时开放签署,1987年2月生效。1988年12月,我国加入该公约,1989年1月公约对我国生效。

1986年9月,《及早通报核事故公约》(简称《通报公约》)和《核事故或辐射紧急援助公约》(《援助公约》)在维也纳签订。同期,我国政府代表签署了这两项公约。1986年10月,二公约正式生效,1988年12月二公约对我国生效。

1994年6月,《核安全公约》在维也纳通过。《核安全公约》适用于陆基民用核电厂,是第一个直接涉及这类核电厂安全问题的国际法律文件。1996年3月,全国人民代表大会常务委员会第十八次会议决定批准《核安全公约》。1996年4月,我国代表向国际原子能机构总干事提交了国家批准书。自此之后的第九十天起,该公约对我国生效。

作为全球核领域中唯一的政府间国际组织,国际原子能机构在促进和平利用核能及其国际合作方面发挥着重要作用。我国重视国际原子能机构在促进和平利用核能方面的重要作用,并积极参加了该机构的各项活动。我国支持该机构在加强核安全与保安及防范核恐怖主义方面发挥积极作用,支持并积极参与了《核材料实物保护公约》的修订工作。

在立法方面，为了有效地进行核安全与辐射环境监督管理，我国在学习和借鉴世界核能先进国家的经验，并参照国际原子能机构制定的核安全与辐射防护法规、标准的基础上，结合我国国情，在较短的时间内组织、制定并发布了一批核安全与辐射环境监督管理的条例、规定、导则和标准，初步建立了一套具有较高起点，并与国际接轨的核安全与辐射环境管理法规体系。我国现已发布实施《民用核设施安全监督管理条例》《核材料管制条例》《核电厂核事故应急管理条例》等条例以及条例实施细则和核安全管理规定等20多项，核安全导则及技术文件等100多项。其中有关核电厂在选址、设计、运行和质量保证方面的安全规定已经基本配套，有关核材料、研究性反应堆、核承压设备监督管理方面的法规也陆续制定和发布。

对于核设施（军、民）、核技术应用和伴生矿物资源开发，除遵守环境保护法规的基本原则外，还提出了辐射环境管理的特殊要求。我国已经制定并发布了《放射环境管理办法》《放射性同位素与射线装置安全和防护条例》《城市放射性废物管理办法》《核电厂环境辐射防护规定》等50多项辐射环境管理的专项法规、标准。基于核安全与辐射环境科学技术的发展以及实施经验和积累，并适应国际上对核安全、辐射环境和放射性废物管理要求的不断提高，2003年国家环境保护总局颁布了《中华人民共和国放射性污染防治法》，并启动了《中华人民共和国原子能法》的立法工作；在总结我国核安全与辐射环境管理的实践，吸取国际经验，并跟踪国际原子能机构有关法规、标准的基础上，对我国现有的部分核安全与辐射环境管理法规进行了修订和完善。

七、自然和文化遗产保护

1972年11月，《保护世界文化和自然遗产公约》签订于巴黎，1975年12月公约生效。1985年12月，我国成为世界遗产公约缔约国。1986年3月，公约对我国生效。

我国于1987年开始遗产申报工作，同年12月在联合国教科文组织举办的世界遗产委员会第11届全体会议上，首次将我国的故宫博物院、周口店北京人遗址、泰山、长城、秦始皇陵（含兵马俑坑）、敦煌莫高窟六处文化与自然遗产列入《世界遗产名录》。

自1985年12月加入《保护世界文化和自然遗产公约》以来，我国已有31处遗产被列入世界遗产名录，数量居世界第三位。其中文化遗产22项，自然遗产4项，自然和文化遗产双重遗产4项，文化景观1项，长城、故宫、泰山、黄山、九寨沟、苏州园林等闻名世界的文化和自然遗址都已被列入。根据世界遗产中心的报告，没有任何一处中国世界遗产进入濒危目录。

习题与讨论

［1］简述国际环境法调整的主要领域。
［2］简述国际环境法的原则。

参考文献

[1] Robertson, G., *Crimes against humanity: the struggle for global justice*. 2013: The New Press.
[2] 陈德敏.环境与资源保护法.武汉：武汉大学出版社，2011.
[3] 蔡守秋.中国环境法 40 年历程回顾.世界环境，2012（3）：32-33.
[4] 常纪文.环境法前沿问题：历史梳理与发展探究.北京：中国政法大学出版社，2011.
[5] 吕忠梅.《环境保护法》的前世今生.环境资源法论丛，2015，1-26.
[6] 孙佑海.平衡经济与生态价值实现可持续发展——《物权法》中关于环境保护的规定及其对环境保护的影响.资源再生，2007，（4）：6-7.
[7] 乔锟明.我国环境管理行政执法研究.2014，东北大学.
[8] 孟甜.环境纠纷解决机制的理论分析与实践检视.法学评论，2015，（2）：171-180.
[9] 邓一峰.环境诉讼制度研究.2007，中国海洋大学.
[10] 刘蔷蔷.环境犯罪客观方面研究.2010，吉林大学.
[11] 雷鑫.生态现代化语境下的环境刑事责任研究.北京：知识产权出版社，2010.
[12] 贝勒斯.法律的原则——一个规范的分析.北京：中国大百科全书出版社，1996.
[13] Bayles M E.法律的原则——一个规范的分析.北京：中国大百科全书出版社，1996.
[14] 国务院落实科学发展观加强环境保护的决定.2005 年 12 月 3 日.
[15] 竺效.论中国环境法基本原则的立法发展与再发展.华东政法大学学报，2014，（3）：4-16.
[16] 李元.论风险预防原则在我国环境保护立法中的确立.2011，南昌大学.
[17] 万其刚.立法的民主化和公众参与立法.理论前沿，1999，（2）：11-12.
[18] 唐文跃.城市规划的社会化与公众参与.城市规划，2002，（9）：25-27.
[19] 韩沙沙.论环境规划中的公众参与.环境导报，2001，（3）：13-14.
[20] 桑燕鸿.吴仁海，陈国权.中国环境影响评价公众参与有效性的分析.陕西环境，2001，（2）：30-32.
[21] 闵忠荣.丁小兰，郑林.城市规划中的公众参与——以南昌为例.城市问题，2002，（6）：40-43.
[22] 陈立琴.张敏生，胡云江.论公众参与环境保护制度的建设与完善.浙江林学院学报，2002（2）：63-67.
[23] 倪强.浅论我国环境法中的公众参与制度.中国环境管理，1999，（5）：7-9.
[24] 王金南.环境经济学：理论、方法、政策.北京：清华大学出版社，1994.
[25] 王燕.论环境法的公众参与原则.徐州师范大学学报，2002，（1）：136-138.
[26] 金瑞林，汪劲.中国环境法.北京：法律出版社，1998.
[27] 孙平一，孙志逊，逄晓琳.论环境决策的公众参与.山东环境，2001，（2）：10-11.
[28] 孟伟，孙启宏.试论生态文明建设背景下我国环境管理制度创新.环境保护，2015，（1）：34-37.
[29] 王金南，蒋洪强.中国环境保护规划 40 年发展：回顾与展望.重要环境决策参考，2013.9（22）.
[30] 王心芳.关于《国家环境保护"十五"计划》的说明.环境保护，2002，（3）：10-13.
[31] 步娜.国民经济发展规划的环境保护功能.2009，中国海洋大学.
[32] Wu J, et al. Strategic environmental assessment implementation in China—Five-year review and prospects. Environmental Impact Assessment Review. 2011, 31（1）：77-84.
[33] 中央第三巡视组向环境保护部反馈专项巡视情况.
[34] 纪志博等.排污许可证发展趋势及我国排污许可设计思路.环境工程技术学报，2016.6（4）.
[35] 刘淑青.我国污染物总量控制制度研究.2009，中国政法大学.
[36] 乔晓楠，段小刚.总量控制、区际排污指标分配与经济绩效.经济研究，2012，（10）：121-133.
[37] 张文静等.中国水污染物总量控制特色研究.环境污染与防治，2016，（7）：104-109.
[38] 陈宇辉.公开环境信息的世界性运动.环境，2008，（8）：16-19.
[39] Graham M, Miller C. Disclosure of toxic releases in the United States. Environment: Science and Policy for Sustainable Development，2001，43（8）：8-20.
[40] 贺桂珍等.中国政府环境信息公开实施效果评价.环境科学，2011，（11）：3137-3144.
[41] 环境保护部.2015 年度省级环保厅（局）政府网站绩效评估报告.

[42] 王华，郭红燕，黄德生.我国环境信息公开现状、问题与对策.中国环境管理，2016，(1)：83-91.
[43] 王金南等.构建国家环境红线管理制度框架体系.环境保护，2014，(Z1)：26-29.
[44] 王金南等.国家"十三五"资源环境生态红线框架设计.环境保护，2016，(8)：22-25.
[45] 柯坚，破解生态环境损害赔偿法律难题——以生态法益为进路的理论与实践分析.清华法治论衡，2012，(2)：68-84.
[46] 王金南等.加快建立生态环境损害赔偿制度体系.环境保护，2016，(2)：26-29.
[47] 张蕾.让损害生态环境者承担赔偿责任.2015，光明日报.
[48] 环境保护部.2015年全国辐射环境质量报告.2015.
[49] 臧文超.如何理解新修订的《新化学物质环境管理办法》?环境保护，2010，(6)：43-44.
[50] 蒲晓磊.发挥立法对水利改革发展引领作用.法制日报.
[51] 许坚，吴茨芳，高海燕.新中国的土地立法.资源·产业，2002，(4)：38-42.
[52] 魏铁军.矿产资源法律改革初步研究.2005，中国地质大学（北京）.
[53] 中华人民共和国国土资源部.中国矿产资源报告.2011：北京.
[54] 国家林业局.中国森林资源（2009—2013）.
[55] 沈海花等.中国草地资源的现状分析.科学通报，2016，(2)：139-154.
[56] 芳芳.我国草原保护立法问题研究.2015，吉林大学.
[57] 唐栋.我国草原保护法律制度及其完善初探.2014，吉林大学.
[58] 曾梦怡.我国野生动物保护法律问题研究.2016，吉林大学.
[59] 彭继平.《防沙治沙法》贯彻实施情况研究.干旱区资源与环境，2014，(3)：1-5.
[60] 沈孝辉.中国防沙治沙政策的分析与思考.中国林业，2002，(11)：7-15.
[61] 任英欣.清洁生产的立法现状及完善对策研究.唐山师范学院学报，2015，(1)：132-135.
[62] 孙佑海."十二五"规划背景下如何完善循环经济立法.环境保护，2013，41（7）：25-28.